上海社会科学院院课题项目资助

媒介理论视域下互联网自我呈现行为的演化

王月 著

中国广播影视出版社

图书在版编目（CIP）数据

媒介理论视域下互联网自我呈现行为的演化／王月著．－－北京：中国广播影视出版社，2021.8
ISBN 978-7-5043-8673-1

Ⅰ.①媒… Ⅱ.①王… Ⅲ.①互联网络-传播媒介-研究 Ⅳ.①G206.2

中国版本图书馆 CIP 数据核字（2021）第140971号

媒介理论视域下互联网自我呈现行为的演化
王 月 著

责任编辑	许珊珊
责任校对	龚 晨 贾利娜
封面设计	贝壳学术

出版发行 中国广播影视出版社
电　　话　010-86093580　010-86093583
社　　址　北京市西城区真武庙二条9号
邮　　编　100045
网　　址　www.crtp.com.cn
电子信箱　crtp8@sina.com

经　　销　全国各地新华书店
印　　刷　天津和萱印刷有限公司

开　　本　710毫米×1000毫米　1/16
字　　数　201（千）字
印　　张　14
版　　次　2021年8月第1版　2021年8月第1次印刷

书　　号　ISBN 978-7-5043-8673-1
定　　价　52.00元

（版权所有 翻印必究·印装有误 负责调换）

前　言

互联网接入中国近三十年来，重新定义了我们的现实世界。尼尔·波兹曼曾指出：媒介是认识论，它引导我们组织思想、总结生活经历，它影响我们的意识和社会结构，并且左右着我们理解真理和定义真理的方法。互联网不只是一种技术手段、一种媒介，它更是一种思维方式，帮助我们重新审视媒介自身、我们的自我呈现行为以及社会文化。

我们借助网络拓展了与外界的联系，得以与不同阶层、民族、国别、种族的他者互动。在互动中我们不断认识现实自我和投射自我，并不断修正理想自我和现实自我。互联网有时缩小了我们的镜像世界，增加了我们与具有相同能量、问题的用户的互动机会，我们与他们相互吸引、同频互动，只为通过彼此，看见自己。互联网有时放大了我们内心的渴望、向往、恐惧与不安。互联网像一面镜子，为我们提供了更多照见自我的机会。

我们在互联网中以理想自我的状态与用户互动，在互动中通过投射自我，不断调整现实自我和理想自我。用户内在自我的变化，外在则呈现出用户互联网行为的变化。媒介技术的变化引发了用户自我的变化，进而引发用户外在行为的变化，当用户个人行为发展为大多数用户的社会行为时，便引发了社会文化的变化。本书以"媒介——自我呈现——社会行为——文化"为分析模型，探析媒介技术如何影响用户自我，改变用户行为，进而引发社会文化的变化。

媒介理论学者最初从宏观视域关注到媒介对人类文化和文明的影响，梅罗维茨将媒介理论研究从宏观视域转向了微观视域，关注到媒介对社会行为的影响，

| 媒介理论视域下互联网自我呈现行为的演化 |

媒介影响人的社会行为，进而影响社会文化。本书综合传播学的媒介理论和社会心理学的自我呈现理论，探析互联网媒介下的自我呈现行为，建构了"媒介——自我呈现——社会行为——文化"的分析模型，探析媒介如何影响我们的内在自我以及自我呈现，进而影响我们的外在社会行为，并最终影响社会文化。这一分析模型将媒介对人的影响深入到内在自我层面，探析媒介与人、媒介社会中人与人的深层互动。

本书从最初的酝酿构思，到撰写成稿及修改完善，得到了诸多师友的帮助和指正，特向他们表示衷心的感谢！感谢渤海大学新闻与传播学院王莹博士为本书撰写提供的诸多资料。并向本书编辑出版过程中付出辛苦努力的许珊珊老师、庞强老师，致以诚挚的感谢！尽管历经几载的打磨、修正，但作者水平所限，书中仍难免存在错误和不足之处，恳请广大读者批评指正。

王 月

2021年3月29日

目 录

导论 ………………………………………………………… 1

 第一节 学术史回顾 …………………………………… 2
 第二节 研究意义与方法 ……………………………… 18
 第三节 本书主题和结构 ……………………………… 19

第一章 技术：呈现自我的技术之镜 ……………………… 24

 第一节 媒介理论视域下的技术与自我 ……………… 25
 第二节 中国网络媒体发展进程 ……………………… 29
 第三节 互联网与媒体人转型 ………………………… 41
 第四节 互联网与媒体集团转型 ……………………… 72

第二章 人：自我呈现的互动对象 ………………………… 103

 第一节 媒介理论视域下的自我与他者 ……………… 103
 第二节 互联网与用户的网红消费 …………………… 107
 第三节 互联网与用户情感体验 ……………………… 117

第三章 文化：展演自我与群体建构的社会语境 ………… 130

 第一节 媒介理论视域下的文化与自我 ……………… 130

第二节　互联网与参与式文化 ········· 133
第三节　网络流行语与社会心理 ········· 152
第四节　互联网与社会舆论 ········· 177

第四章　结论：万物皆相连，一切皆生成 ········· 185

第一节　块茎与手机 ········· 185
第二节　信息生产者："中心"与"之中" ········· 187
第三节　信息消费者："一"与"多" ········· 189
第四节　信息生产实践："成为"与"生成" ········· 191
第五节　"过去"与"未来" ········· 193

结语 ········· 195

参考文献 ········· 198

后记 ········· 216

导 论

互联网接入中国近三十年，我们的生活、工作早已与其交织在一起。在这个交融、互动过程中，互联网已不只是一种技术手段、一种媒介，更是一种思维方式，帮助我们重新审视生活、社会、媒介环境等我们周围的一切。

我们借助网络拓展了与外界的联系，得以与不同阶层、民族、国别、种族的他者互动。在互动中我们不断认识现实自我和投射自我，并不断修正理想自我和现实自我。互联网有时像一面凸透镜，缩小了我们的镜像世界，增加了我们与具有相同能量、问题的用户的互动机会，我们与他们相互吸引、同频互动，只为通过彼此，看见自己。互联网有时像一面凹透镜，放大了我们内心的渴望、向往、恐惧与不安。互联网像一面镜子，为我们提供了更多照见自我的机会。

我们在互联网中以理想自我的状态与用户互动，在互动中通过投射自我，不断调整现实自我和理想自我。用户内在自我的变化，外在则呈现出用户互联网行为的变化。媒介技术的变化引发了用户自我的变化，进而引发用户外在行为的变化，当用户个人行为发展为大多数用户的社会行为时，便引发了社会文化的变化。本书以"媒介——自我呈现——社会行为——文化"为分析模型，探析媒介技术如何影响用户自我，改变用户行为，进而引发社会文化的变化。

第一节 学术史回顾

目前关于互联网与媒介环境的研究主要集中在互联网传播研究和媒介环境研究两大块。

一、媒介理论的兴起与沿革

对媒介理论有过论述的学派主要有美国学者波兹曼创立的媒介环境学派、德国学者基特勒为代表的媒介技术哲学、法国学者德布雷的媒介学等媒介理论，他们各自对媒介的理解和研究侧重点虽不同，但都认为要高度重视媒介技术、形式，也就是媒介的物质性而不是媒介的内容；他们都认为要把媒介看成是一种无形无象的隐喻而不是一种实体；他们都认为媒介对社会的组织和建构能力强大，而不仅仅是一个信息流动的渠道。[①]

（一）媒介环境学的思想沿革

国外媒介环境学研究始于20世纪60年代，以人、技术和文化的三角关系为研究重点，以泛环境论著称，认为媒介即环境，主要旨趣在技术和媒介对人和社会心理的长效影响。媒介环境学经由三代学人传承，得以完善。第一代学人主要讨论媒介技术对文明的整体影响，对媒介技术持中立或积极的态度。如，哈罗德·英尼斯（Harold innis, 1950）的媒介偏向论；马歇尔·麦克卢汉（Marshall·McLuhan, 1964）的媒介信息论。第二代学人从文化研究视野出发，对媒介技术持悲观态度。如，尼尔·波兹曼（Neil Postman, 1992）的媒介隐喻论、技术垄

---

① 胡翼青、王焕超：《媒介理论范式的兴起：基于不同学派的比较分析》，《现代传播》2020年第4期。

断论；强调文化的重要性，探寻技术与文化社会的平衡（James W. Carey, 1989）。第三代学人积极探索媒介对社会行为的影响，坚信人的主观能动性，人类有办法使用媒介并扬长避短。"将媒介环境学导向了一个新的研究领域——日常人际交往等社会变化的微观层面，与传统媒介环境学研究形成了互补，振兴了媒介环境学派。"如，情境理论（Joshua Meyrowitz, 1985）；媒介进化论（Paul Levinson, 1997）等。通过对媒介环境学派代表人物关注主题的梳理，可以进一步了解媒介环境学理论的演进。

1. 媒介与文明

伊尼斯以媒介作为文明的分期，将文明分为文字时代和印刷时代两个时期。伊尼斯认为传播媒介对知识在时间和空间中的传播产生重要影响。根据传播媒介的特征，某种媒介可能更加适合知识在时间上的纵向传播，尤其是该媒介笨重而耐久，不适合运输的时候；它也可能更加适合知识在空间里的横向传播，尤其是该媒介轻巧而便于运输的时候。所谓媒介或倚重时间或倚重空间，其含义是："对于它所在的文化，它的重要性有这样或那样的偏向。"[①]"我们对其他文明的了解，在很大程度上，有赖于这些文明所用的媒介的性质。"[②]

马歇尔·麦克卢汉是媒介环境学派的另一位代表人物。他1964年出版的《理解媒介：论人的延伸》为他论述媒介的著作奠定了基础，为他论电视对个人和社会的影响提供了一个平台。1988年，他和儿子埃里克合作的《媒介定律》在他去世后出版，成为他学术生涯的拱顶石。该书提出了"媒介四元律"：（1）这个媒介使什么得到提升或强化；（2）它使什么东西过时或取代了什么东西；（3）它使什么过时的东西得到再现；（4）它被极端挤压之后产生了什么东西或变成了什么东西。[③]

媒介环境学派第一代学人从宏观视域关注了媒介对文明的影响，媒介决定文

[①] 哈罗德·伊尼斯：《传播的偏向》，何道宽译，中国人民大学出版社，2009，第27页。
[②] 哈罗德·伊尼斯：《传播的偏向》，何道宽译，中国人民大学出版社，2009，第28页。
[③] 林文刚：《媒介环境学：思想沿革与多维视野》，何道宽译，北京大学出版社，2007，第122—152页。

明的分期，媒介使得某些事物得到提升、过时、再现或转化。跳出单纯的"媒介——内容——受众"模式或者"媒介——内容——权力"模式，将媒介作为一种物质，关注媒介本身对文明的影响。

2. 媒介与文化

尼尔·波兹曼广泛接受麦克卢汉的思想，并从麦克卢汉的著述中抓住了"媒介环境学"这一词。1968年，波兹曼在美国英语教师协会理事会的讲话中，首次公开使用"媒介环境学"这个术语。在讲演中他给媒介环境学做的定义是"把媒介当作环境的研究"。1967—1970年，波兹曼逐渐把媒介环境研究的课程嵌入英语教育的课程范式里，他的课程建设明显转向以传播为中心的学位课程。1970年，波兹曼在纽约大学创建了媒介环境学博士点，并被任命为博士点的负责人。波兹曼的两位博士生特伦斯·莫兰和克里斯琴·尼斯特洛姆是媒介环境学重要的幕后建设者。1986年波兹曼和这两位学生一同创建了传播研究学士学位项目。这个本科专业成为支持媒介环境学研究生教学计划的重要来源。1980年，他出版了"媒介批评三部曲"的第一部《童年的消逝：家庭生活的社会史》，该书论述了电视从三个方面消解了童年和成年的界线，这三个方面都和电视无差别的、能够轻易获取的性质有关：第一，不需要别人传授就可以捕捉其形式；第二，电视对脑子和行为都没有复杂的要求；第三，电视不区隔不同年龄的受众。1985年，波兹曼"媒介批评三部曲"的第二部《娱乐至死》问世，不但作为学术著作走红，而且成为大众畅销书。它的畅销使媒介环境学走进北美主流传播学研究领域。1992年，尼尔·波兹曼出版了"媒介批评三部曲"的第三部《技术垄断：文化向技术投降》，该书指出人类文明演进过程中，我们经历了三个文化阶段：制造工具阶段、技术统治文化阶段和技术垄断文化阶段。我们目前正在经历第三个阶段。波兹曼认为，一切工具使用文化的主要特征是相同的，发明工具的目的主要是做两件事：一是解决物质生活里具体而紧迫的问题，二是为艺术、政治、神话、仪式和宗教等符号世界服务的问题。技术统治阶段到来的原因有两个：一是我们学会了制造和使用先进而复杂的工具和技术，二是工具和技术导致急遽的变革，不仅事物的自然秩序变了，而且我们人类也变了。技术垄断是一个冲撞的过程，冲撞的一方是被赋予技术垄断的人类，另一方是造成技术垄断的人类。技术垄断是技术统治失控的产物；技术垄断是"极权主义的技术统治"，是"机器的暴政"。对于这样的后果，我们要警惕。20世纪90年代，越来越多的纽约大学媒介环境学研究生在全美国内担任教职，拓宽了媒介环境学的学术圈。

1998年，波兹曼在媒介环境学会成立大会上做的《媒介环境学的人文关怀》或许可以帮助我们进一步了解媒介环境学的研究视域。波兹曼提到"人生活在两种不同的环境里。一是自然环境，其构成要素是空气、河流和毛毛虫。二是媒介环境，其构造成分是语言、数字、形象、全息图、一切符号、技术和机器"。[①] 他在会上引用了麦克卢汉说的"我们思考现代媒介时应该持有'它既不是上帝的恩赐，也不应该受到诅咒，它们只不过是在这里而已'这样的立场与态度"。并提出了在理解媒介时应该考虑的四点人文关怀："（1）媒介在多大程度上有助于理性思维的应用和发展；（2）媒介在多大程度上有助于民主进程的发展；（3）新媒介在多大程度上能够使人获得更有意义的信息；（4）新媒介在多大程度上提高或削弱了我们的道义感，提高或减弱了我们向善的能力。"[②] 波兹曼将媒介与技术视为文化。一切技术都强加在自然之上并使之变化；一切媒介/技术都有一种隐而不显的偏向；媒介技术是环境，媒介即环境，媒介就是文化。

媒介环境学的另一位重要思想家是詹姆斯·凯瑞（James W. Carey）。1989年，他出版了代表作《作为文化的传播》。他在书中提出：文化是整个生活方式。仪式性传播无所不在。传播的"仪式观"强调的不是讯息在空中的扩散，而是指在时间上对一个社会的维系；不是指分享信息的行为，而是共享信仰的表征（representation）。[③] 传播是一个符号交换过程，现实就是在这个过程中产生、

---

① 林文刚：《媒介环境学：思想沿革与多维视野》，何道宽译，北京大学出版社，2007，第44页。
② 林文刚：《媒介环境学：思想沿革与多维视野》，何道宽译，北京大学出版社，2007，第47—49页。
③ 詹姆斯·凯瑞：《作为文化的传播》，丁未译，华夏出版社，2005，第7页。

维护、修补和转化的。凯瑞试图辨认各种平衡：离心力与向心力的平衡，全球、地方和国家力量的平衡，个人生活与公共生活的平衡。① 在一次会议讨论中凯瑞说的第一句话是："我同意你们大家的意见，虽然你们彼此不同。""他运用的是最广义的历史研究方法，认为事件和趋势都内嵌在政治/社会/文化的母体之内，预先就排除了分割、孤立和概括的研究方法。是一种跨学科的传播研究方法。"② 他认为"媒介必须放在全国范围内考虑"。③ "技术不仅是一个具体的设备，而且是一个文化系统。"④ 凯瑞把"传播定位成文化，坚决反对把传播简化为意识形态的传输"。⑤

媒介环境学派的第二代学人主要关注了媒介对文化的影响，"媒介通过一种隐蔽但有力的方式定义了现实世界"。⑥ 在传播仪式观下，传播是现实得以产生、维系、修正和转变的符号过程，研究传播就是对该过程的考察，媒介技术作为一种文化系统而存在。

3. 媒介与行为

媒介与行为间联系的研究发轫于美国传播学者约书亚·梅罗维茨（Joshua Meyrowitz）。1985年，纽约大学媒介环境学博士毕业生约书亚·梅罗维茨的《消失的地域》出版。该书获得全国广播教育工作者学会1986年度"最佳电子媒介著作奖"。该书的出版推动了媒介环境学的发展。⑦ 梅罗维茨继承了麦克卢汉的

---

① 林文刚：《媒介环境学：思想沿革与多维视野》，何道宽译，北京大学出版社，2007，第199页。
② 林文刚：《媒介环境学：思想沿革与多维视野》，何道宽译，北京大学出版社，2007，第198页。
③ 林文刚：《媒介环境学：思想沿革与多维视野》，何道宽译，北京大学出版社，2007，第202页。
④ 林文刚：《媒介环境学：思想沿革与多维视野》，何道宽译，北京大学出版社，2007，第203页。
⑤ 林文刚：《媒介环境学：思想沿革与多维视野》，何道宽译，北京大学出版社，2007，第206页。
⑥ 尼尔·波兹曼：《娱乐至死》，章艳译，广西师范大学出版社，2011，第12页。
⑦ 林文刚：《媒介环境学：思想沿革与多维视野》，何道宽译，北京大学出版社，2007，第24页。

媒介技术理论，同时结合美国社会心理学家欧文·戈夫曼的"戏剧理论"，提出了"媒介情境理论"：电子媒介通过改变社会的情境，从而影响了人们的行为方式。① 在梅罗维茨之前，学者的研究关注的是实体场景对行为的影响，其核心概念经历了由"物理屏障"到"信息屏障"的转变。

"场景"通常根据有形地点中的行为来定义。劳伦斯·佩尔温（Lawrence Pervin）将场景定义为"一个特定的地方，在大多数情况下包括特定的人、特定的时间和特定的活动"。罗格·巴克（Roger Barker）认为"场景是有界的、临时的、有形场所"。② 戈夫曼将场景描述为"任何在某种程度上感觉受到屏障限制的地方"。此外，戈夫曼借用戏剧理论，关注到了在社会环境的"前区"与"后台"个体行为的区别：在"前区"，个体更多扮演的是理想社会角色，在"后台"则表现的是更为自然、隐私性的个人行为。③ 这些场景主义者更多是从"物理屏障"来界定场景，而梅罗维茨则从"信息屏障"界定场景。梅罗维茨的媒介情境论超越地域的局限，把场景看作一种信息系统，认为"对人们交往的性质起决定作用的不是物质场地本身，而是信息流动的模式"。④ 如此，新媒介的出现，带来新的信息流动模式，也带来了新的情境。新情境中，原有的后台、前台边界变得模糊，不同场景的融合产生了中区、深后区和前前区等场景，在相应的场景中人们的行为也随之发生了改变。

早期电子媒介使得信息系统场景侵入物理场景。戈夫曼的场景理论预设的前提是"面对面地交流"，"个体在一个特定的时间内只能出现在一个场景中，无法同时现身多个场景"。⑤ 而在梅罗维茨的电子媒介场景中，大众媒介信息系统

---

① 约书亚·梅罗维茨：《消失的地域：电子媒介对社会行为的影响》，肖志军译，清华大学出版社，2002，第12页。
② 约书亚·梅罗维茨：《消失的地域：电子媒介对社会行为的影响》，肖志军译，清华大学出版社，2002，第31页。
③ 欧文·戈夫曼：《日常生活的自我呈现》，冯钢译，北京大学出版社，2008，第19—20页。
④ 约书亚·梅罗维茨：《消失的地域：电子媒介对社会行为的影响》，肖志军译，清华大学出版社，2002，第31—33页。
⑤ 孙玮：《微信：中国人的"在世存有"》，《学术月刊》2015年第12期。

将远方场景带入实体空间,但不能与媒介场景中的人进行即时互动。伴随电子信息技术的发展以及自媒体的迭代,移动传播使得身体同时穿梭于实体、虚拟的多个场景中,个体可以和信息系统场景中的人有即时的、实质的互动。个体相对于任何一个场景都"同时既在里面也在外面"。① 移动传播实现了虚拟场景和实体场景的融合。

一直以来对场景的界定都离不开行为,场景主义者也关注到了场景变化对场景中人物行为的影响。梅罗维茨则关注到了电子媒介重组社会场景所引发的社会角色的变化:包括"群体身份的变化"(男性气质与女性气质的融合)、"角色的转换"(成年和童年的模糊)、"权威的变化"(政治英雄降为普通百姓)。② 梅罗维茨将媒介环境学导向了一个新的研究领域——日常人际交往等社会变化的微观层面,与传统媒介环境学研究形成了互补,振兴了媒介环境学派。

(二)德国媒介技术哲学的兴起

德国媒介技术哲学以学者基特勒为代表。基特勒指出:"重要的已不是信息,也不是在技术时代为所谓灵魂配备的信息或内容,而是(严格按照麦克卢汉的话来说)它们的电路,是感知的图示。"③ 这是对麦克卢汉媒介理论的诠释,基特勒媒介理论是在麦克卢汉媒介理论视野以及约翰·洛克的人类语言与话语传播基础上,从媒介形式发展过程出发,对媒介发展史的解读,阐释媒介从精英走向大众的过程中,媒介与社会权力系统发生的变革。

基特勒媒介理论的关键概念是"话语系统",原指"铭刻系统","所说所做

---

① Meyrowitz, J, "The rise of glocality: New senses of place and identity in the global village," In K. Nyíri (Ed.), *A sense of place: The global and local in mobile communication*, Vienna: Passagen Verlag, 2005: 21—30.
② 约书亚·梅罗维茨:《消失的地域:电子媒介对社会行为的影响》,肖志军译,清华大学出版社,2002,第176—177页。
③ 弗里德里希·基特勒:《留声机 电影 打字机》,邢春丽译,复旦大学出版社,2017,第3页。

的一切都会被记录下来"。① 基特勒借"话语系统"探寻人类历史文化记录系统中的技术、话语和社会结构间的关系。他认为媒介技术导致知识型和话语方式发生转变,并以此作为话语网络的分期,把18世纪和19世纪之交人们的知识型和话语方式称之为话语网络1800;把19世纪和20世纪之交的知识型和话语方式称为话语网络1900。"即从口语到文字的历史性变迁,等同于人际互动(interaction)与传播的相分离,而从文字到技术媒介的变迁,则实际上是传播与信息相分离。"②

第一,文字从手稿到印刷的过程,促使话语传播与控制得以在更大时空范围内进行。首先,文字本身作为存储和传输工具,对存储和传输的改变便会促使文字传播系统的改变,即"语言的连接"及其形成的话语系统本身便随之改变;其次,商业往来与翻译互动,促使文字所在的精英话语空间转变为公共领域,即"希腊的字母表在冗余的辅音化为元音之后,使得口语中的韵律元素成为可以编码的数值";最后,对"'话语'的专治的传输体制与字母联结在一起,促使新的空间秩序的形成"。③

第二,技术从电信模拟技术到数字技术的过程,背后反映着人类思想外在化的过程和逻辑。首先,"从文字到早期电信模拟技术系统传播并没有完全消除语言标准与制式的隔阂,在二级口语名义的掩护下,使得殖民化部落联盟转化为一个个独立的国家";④ 其次,技术的变革进一步改变了时空的界限,社会的分配格局也随之变革;最后,"技术发展的尽头是人类思想的尽头,从弗洛伊德到麦克卢汉都将对象指向人性,即在一个二元化与客观外的世界中人类的智能更加外

---

① Armitage, John, "From discourse networks to cultural mathematics: an interview with Fredrich A. Kittler", *Theory, Culture & Society* 23 (7—8), (2006): 17—38.
② 弗里德里希·基特勒:《传播媒介史绪论》,《文化研究(第13辑)》,社会科学文献出版社,2013,第235—253页。
③ 弗里德里希·基特勒:《传播媒介史绪论》,《文化研究(第13辑)》,社会科学文献出版社,2013,第235—253页。
④ 弗里德里希·基特勒:《传播媒介史绪论》,《文化研究(第13辑)》,社会科学文献出版社,2013,第235—253页。

在化"。①

第三，技术的自动化，使得对真实世界的期待在声光与数据流的合并中"化为泡影"，使了"超越意义的幻象"的传播成为一切，数据也因此成了"一切生命的关键"。首先，打字机作为工具与机器之间的过渡品，使得在标准化的文本里，书写与灵魂（个体）分离，被驯化了的读者在阅读其文字难以形成超越的意义；其次，电影和留声机使得技术形成了媒介的各自数据的分流，19世纪末20世纪初技术的分流"打破了古登堡的书写垄断，人的制造有了可能"；最后，"数据化的发展以及对各种感官效果最佳化的追求，人类的整体与个性都简化为可编辑的各种格式，'人'分裂成生理结构与信息技术本身。不再有浪漫主义，数字成了一切生命的关键"。②

（三）媒介学的媒介化实践

首先德布雷强调媒介形式/技术的重要性，并认为媒介技术影响文化。德布雷认为："媒介学的出发点是研究技术和文化之间的关系，旨在明晰传承（transmission）过程中的各种现象。"③ 其次，德布雷认为媒介是一种整体性的隐喻。"一张餐桌、一个教育系统、一杯咖啡……都不是'媒体'，但是它们作为散播的场地和关键因素，作为感觉的介质和社交性的模具而进入媒介学的领域。没有这些各种各样的渠道，各种各样的'意识形态'就可能不会有我们所了解的社会存在。"④ 最后，德布雷指出了媒介具有媒介化的力量。一方面，思想观念只有借助媒介才能得以呈现，"在特定的物质和技术条件下，载体、关系和运输手

---

① 弗里德里希·基特勒：《传播媒介史绪论》，《文化研究（第13辑）》，社会科学文献出版社，2013，第235—253页。
② 弗里德里希·基特勒：《留声机 电影 打字机》，邢春丽译，复旦大学出版社，2017，第3—20页。
③ 雷吉斯·德布雷：《媒介学引论》，刘文玲等译，中国传媒大学出版社，2014，第1页。
④ 雷吉斯·德布雷：《普通媒介学教程》，陈卫星等译，清华大学出版社，2014，第4页。

段担保思想在每个时代的社会存在"①;另一方面,作为中介,媒介可以型塑思想观念。德布雷指出:"媒介学自认为是媒介化的学问,通过这些媒介化,一个观念成为物质力量。"② 他所说的"媒介化",主要是考察一种观念如何通过媒介域而变成一种社会改造的力量,他想探究的就是这种媒介的社会组织能力是何以可能和如何可能的。③

媒介环境学和德国媒介技术哲学都认为媒介即技术、即形式,以德布雷为代表的媒介学认为"技术——文化"是二元整体。实则三种媒介理论都指出了媒介技术对文化的影响。

二、互联网中用户的自我呈现

国内外关于互联网中用户自我呈现的研究主题主要关涉互联网中自我呈现概念及行为表现、线上自我呈现的特点、线上自我呈现策略、线上自我呈现对线下社会行为的影响、互联网中用户自我呈现的影响因素等。

(一)互联网中的自我呈现概念及行为表现

戈夫曼(Goffman,1959)最早提出了自我呈现(self-presentation)的概念,他将生活比喻成一个戏剧舞台,每个人在不同情景下都是一个"表演者",他们会突出或隐藏某些与自我有关的信息,以形成预期的自我形象。④ 自我呈现(self-presentation)是个体为了与他人交流和自我相关的信息而运用的策略和行

---

① 雷吉斯·德布雷:《普通媒介学教程》,陈卫星等译,清华大学出版社,2014,第7页。
② 雷吉斯·德布雷:《普通媒介学教程》,陈卫星等译,清华大学出版社,2014,第3页。
③ 胡翼青、王焕超:《媒介理论范式的兴起:基于不同学派的比较分析》,《现代传播》2020年第4期。
④ 欧文·戈夫曼:《日常生活中的自我呈现》,冯钢译,北京大学出版社,2016,第15页。

为，旨在构建、维护或形成自己在他人心目中的形象（Baumeister，1982）。[1] 在关于现实生活中自我呈现的研究均指出了自我呈现具有选择性、策略性和目的性等特性。

互联网中的自我呈现是指用户借助互联网进行的自我形象建构。社交媒体为用户提供了构建和管理个人身份的线上平台（Nadkarni & Hofmann，2012；陈浩等，2013）。用户将自我呈现的"舞台"从线下迁移到线上，利用社交媒体的技术平台呈现自我、影响他人，在社交媒体系统内构建独特的个人形象（Mazur & Kozarian，2010；姚琦，2014）。互联网平台的可修改性、与现实生活的差异性等都使得互联网中的自我呈现不同于用户日常生活中的自我呈现。

线上自我呈现行为包括：社交媒体的个人主页（profile pictures）展示、更新状态（updating status messages）、好友列表（displaying friends）、评论（comments on one's wall）、点赞（likes）等（Nadkarni & Hofmann，2012；Zhao & Grasmuck et al.，2008）。此外，也包括对他人反馈的删除、对好友权限的设置等（Ong 等，2011）。如何借助网络技术实现在线自我呈现。英国诺丁汉特伦特大学学者休·米勒（Hugh Miller）以万维网个人主页为研究对象，探讨在技术有限的情况下自我呈现是如何实现，并迅速传播的。[2] 芝加哥大学传播学教授齐齐·帕帕查瑞斯（zizi papachariss）关注用户如何借助内容、自我展示工具、网页设计等在互联网个人主页上展示自己。[3] 霍普·詹森（Hope Jensen）关注了社交媒体用户以何种方式进行自我身份建构，包括为何建立个人账户、想要交流的问题、在自我呈现中运用的策略等。[4]

---

[1] Baumeister, R. F. "A self-presentational view of social phenomena", *Psychological Bulletin*, 91 (1982): 2—36.

[2] Hugh Miller, "The Presentation of Self in Electronic Life: Goffman on the Internet," paper presented at the meeting for Knowledge and Virtual Space Conference, University of London, 1995.

[3] Zizi Papacharissi, "The Presentation of Self in Virtual Life: Characteristics of Personal Home Pages", *Journalism & Mass Communication Quarterly* 79, no. 3, (2002): 643—660.

[4] Hope Jensen Schau, Mary C. Gilly, "We Are What We Post? Self-Presentation in Personal Web Space", *Journal of Consumer Research* 2, (2003): 385—404.

（二）线上自我呈现的特点

沃尔瑟等（Walther J B）学者指出了社交媒体的异步性（asynchronicity）使得用户可以对自我呈现进行优化。[①] 线上的呈现更富选择性、策略性，以及可控性（Gonzalez & Hancock, 2011[②]；Rosanna, Guadagno & Bradley, 2012[③]）。线上自我呈现时，用户不仅可以思考表达方式、编辑内容，还可以管理、删除已呈现的内容（Strano & Wattai, 2012[④]）。用户会在线上呈现自我的不同方面，即"多自我呈现模型"（multiple self-presentation framework）。不同的呈现策略展现了用户不同的自我发展状态，对真实自我的呈现表明了用户一致、稳固的自我认知，对虚假和理想自我的展示则反映了用户自我不断发展的状态（Michikyan et al., 2014[⑤]；Michikyan & Dennis et al., 2015[⑥]）。牛津大学研究者伯尼·霍根（Bernie Hogan）认为，戈夫曼（Goffman）的戏剧理论着重于情境。社交媒体用户经常使用展览（如状态更新列表和照片集）以及情景活动（如聊天）进行自我呈现。社交媒体中的自我呈现从舞台表演（performance）演变成"自我"展览

[①] Walther J B, Van DerHeide B, Kim S Y, et al., "The role of friends' appearance and behavior on evaluations of individuals on Facebook: Are we known by the company we keep?", *Human Communication Research*, 34, (2008): 28—49.

[②] Gonzalez, A. L., Hancock, J. T., "Mirror, mirror on my Facebook wall: Effects of exposure to Facebook on self-esteem", *Cyberpsychology, Behavior, and Social Networking*, 14, (2011): 79—83.

[③] Rosanna E, Guadagno, Bradley M, et al., "Dating deception: Gender, online dating, and exaggerated self-presentation," *Computers in Human Behavior*, 28, (2012): 642—647.

[④] Strano, M. M., Wattai, Q. J., "Covering your face on Facebook: Suppression as identity management," *Journal of Media Psychology*, 24, no. 4 (2012): 166—180.

[⑤] Michikyan M., Subrahmanyam K., Dennis J., "Can you tell who I am? Neuroticism, extraversion, and online self-presentation among young adults," *Computers in Human Behavior*, 33, (2014): 179—183.

[⑥] Michikyan M., Dennis J., Subrahmanyam K., "Can you guess who I am? Real, ideal, and false self-presentation on Facebook among emerging adults," *Emerging Adulthood*, 3, no. 1 (2015): 55—64.

(exhibition)。①

（三）线上自我呈现策略

学者琼斯（Jones，1990）总结了现实生活中的五种自我呈现策略：逢迎、自我能力提升、恐吓、祈求和例证。② 多明尼克（Dominick，1999）将用户社交网站的自我呈现和面对面的自我呈现行为进行比较，发现用户采取的自我呈现策略基本一致，最常使用的是讨好和胜任，③ 学者博特里（Bortree）④、特拉梅尔（Trammell）⑤、凯恩（Kane）也持相同观点。⑥ 克莱默（Kramer）等学者认为逢迎最能获得归属感和同伴支持，恳求最能得到好友支持和帮助⑦。荣格（Jung）等学者认为在社交网络中常用的自我呈现策略依次是胜任、恳求、榜样和讨好。⑧

---

① Bernie Hogan, "The presentation of self in the age of social media: Distinguishing performances and exhibitions online," *Bulletin of Science, Technology & Society*, 30, no. 6 (2010): 377—386.

② Jones E E, Pittman T S, "Toward a general theory of strategic self-presentation," *Psychological perspectives on the self*, 1, (1982): 231—262.

③ Dominick J R, "Who do you think you are? Personal home pages and self-presentation on the world wide web," *Journalism & Mass Communication Quarterly*, 76, no. 4 (1999): 646—658.

④ Bortree D S, "Presentation of Self on the Web: an ethnographic study of teenage girls," *Education Communication & Information*, 5, no. 1 (2005): 25—39.

⑤ Trammell K D, Keshelashvili A, "Examining the New Influencers: A Self-Presentation Study of A-List Blogs," paper presented at the annual meeting for Signal Processing Conference, 343—347, 2005.

⑥ Kane C. M., "I'll See You on Myspace: Self-Presentation in a Social Network Site," MA diss., Cleveland State University, 2008.

⑦ Kramer N. C., Winter S., "Impression management 2.0: The relationship of self-esteem, extraversion, self-efficacy, and self-presentation within social networking sites," *Journal of Media Psychology*, 20, (2008): 106—116.

⑧ Jung T, Youn H, Mcclung S, "Motivations and self-presentation strategies on Korean-based 'Cyworld' weblog format personal homepages," *Cyberpsychology & behavior: the impact of the internet, multimedia and virtual reality on behavior and society*, 10, no. 1 (2007): 24.

（四）线上自我呈现对线下社会行为的影响

利亚姆·布林汉姆（Liam Bullingham）和安娜·C. 瓦斯科塞洛斯（Ana C. Vasconcelos）指出：在线自我呈现中，参与者渴望在网上重新创建离线自我，参与编辑自我的各个方面。① 凯瑟琳·沃克（Katherine Walker）通过分析互联网主页上的自我介绍探索用户身份和交流间的影响。② 詹妮弗·L. 吉布斯（Jennifer L Gibbs）分析在线约会关系背景下的自我揭露，并探析了自我披露的四个维度：诚实、数量、意图和效价，对网上约会成功与否的影响。③ 凯伦·麦克拉格（Karen Mccullagh）指出博客作者会有意地将"私人"信息在网络公共领域公开，因为博客提供的自我表达和社交互动可以提高用户的自我认同感。④ 莫妮卡·T. 莫惠蒂（Monica T. Whitty）探讨了互联网约会网站上的自我呈现，探析哪种类型的自我介绍会带来更成功的线下浪漫关系。⑤ 赵山阳（Shanyang Zhao）指出互联网上的他者构成了独特的"窥镜"，产生的"数字自我"不同于线下自我，青少年在线自我展示是在线自我形成过程中不可或缺的一部分。贝尔克·罗素（Belk Russell）指出互联网上的"亲密的陌生人"或"匿名朋友"在青少年的自我发展中起着重要作用。⑥ 在线提供的资源扩大了我们表达身份的方式和媒

---

① Liam Bullingham, "Ana C, Vasconcelos: 'The presentation of self in the online world': Goffman and the study of online identities," *Journal of Information Science*, 39, no.1 (2013): 101—112.

② Katherine Walker, "'It's Difficult to Hide It': The Presentation of Self on Internet Home Pages," *Qualitative Sociology*, 23, (2000): 99—120.

③ Jennifer L. Gibbs, Nicole B. Ellison, Rebecca D. Heino, "Self–Presentation in Online Personals: The Role of Anticipated Future Interaction, Self–Disclosure, and Perceived Success in Internet Dating," *Communication Research*, 33, no.2 (2006): 152—177.

④ Karen Mccullagh, "Blogging: self–presentation and privacy," *Information & Communications Technology Law*, 17, no.1 (2008): 3—23.

⑤ Monica T. Whitty, "Revealing the 'real' me, searching for the 'actual' you: Presentations of self on an internet dating site," *Computers in Human Behavior*, 24, no.4 (2008): 1707—1723.

⑥ Shanyang Zhao, "The Digital Self: Through the Looking Glass of Telecopresent Others," *Symbolic Interaction*, 28, no.3 (2011): 387—405.

体。当其他人在网上标记、评论或喜欢我们时，自我构建便发生了。①

（五）互联网中用户自我呈现的影响因素

关于自我呈现的影响因素，学者的研究聚集在目标观众、动机、人格特征、国家与文化等方面。关于用户性格对网上自我呈现的影响，艾琳（Eileen Y L Ong）关注了自恋和性格外向与青少年自我呈现的关系。② 索拉亚（Soraya Mehdizadeh）指出自恋程度较高和自尊心较低的人网上活动较多，呈现更明显的自我促销倾向。国内部分学者也关注到心理特质如何影响个体的社交媒体使用行为，如频率、时间及具体行为策略等（张国华等，2008；姚琦等，2014）。性别会影响 Facebook 用户呈现的自我促销内容类型。③ 关于用户性别对网上自我呈现的影响，克里斯汀·E. 雷默（Kristine E. Raymer）指出女性花在 Facebook 上的时间比男性多，在 Facebook 上比男性有更多的朋友，女性的身体形象满意度较低，比男性有更强的瘦体动力。④ 丹尼斯·塞维克·波特雷（Denise Sevick Bortree）借助网络民族志的研究方法探析少女在博客上的自我呈现，关注到她们在自我呈现过程中需要解决网志作为人际交流和大众传播工具的双重性质，在大众媒介中进行人际交流的挑战和危害，用于协商双重受众的自我陈述策略。⑤ 布朗（Brown）关注了少女在网络自我呈现的动机，发现在网络中，少女会自觉或不

---

① Belk Russell, "Extended self and the digital world," *Current Opinion in Psychology*, 10, (2016): 50—54.

② Eileen Y L Ong, etc., "Narcissism, extraversion and adolescents' self-presentation on Facebook," *Personality & Individual Differences*, 50, no. 2 (2011): 180—185.

③ Soraya Mehdizadeh, "Self-presentation 2.0: narcissism and self-esteem on Facebook," *Cyberpsychology Behavior & Social Networking*, 13, no. 4 (2010): 357—364.

④ Kristine E. Raymer, "The effects of social media sites on self-esteem," MA diss., Rowan University, 2015.

⑤ Denise Sevick Bortree, "Presentation of self on the Web: an ethnographic study of teenage girls' weblogs," *Journal: Education, Communication & Information*, (2005): 25—39.

| 导 论 |

自觉地向往观众认可的真实和理想化的自己。① 关于用户线下身份对网上自我呈现的影响，斯特芬（Steffen）关注了政客群体在美国大选期间是如何在 Facebook 中进行自我呈现来获取民众支持的。②

首先，媒介理论的研究经历了从宏观的媒介对文明的影响，到媒介对文化的影响，再到微观的媒介对社会行为的影响。但对社会行为的探索主要关注的是个体的外在行为，个体外在行为直接受内在自我的影响，媒介环境学及其他传播学研究都未能对媒介对个体内在自我的影响给予足够的关注。其次，关于用户的研究范式经历了从行为范式到批判范式，到表演范式，再到实践范式的转变，在范式转换的过程中，日益注重用户的能动性研究，尤其是用户的日常生活实践。从宏大叙事到日常生活微观状态的关注，彰显了对用户个体的重视，但同样局限于用户外在行为，未能探及个体内在自我层面。最后，关于互联网中用户自我呈现的研究，心理学领域的研究多采用问卷调查的研究方法，研究内容方面多关注性格特质对在线自我呈现的影响。社会学多关注线上线下自我呈现的差别、线上自我呈现对线下亲密关系和自我认同的影响等。教育学领域的研究主要关注学生群体的在线自我呈现。新闻传播学领域的研究多关注不同技术平台的自我呈现特质，如抖音、微博、微信等。

本书试图从媒介理论的视域出发，借助社会心理学的"自我呈现"理论，探索媒介如何影响用户的自我呈现，线上自我呈现对线下社会行为以及对整个社会文化的影响。

---

① Adriane J. Brown, "Distinctly Digital: Subjectivity and Recognition in Teenage Girl's Online Self-resentation," PhD diss., Ohio State University, 2011.

② Steffen Dalsgaard, "Facework on Facebook: The Presentation of Self in Virtual Life and Its Role in the US Elections," *Anthropology Today*, 24, no. 6 (2008): 8—12.

第二节　研究意义与方法

一、研究意义

在理论意义方面，本书综合传播学的媒介理论和社会心理学的自我呈现理论，以媒介环境变迁的视角，首次系统地梳理、研究互联网接入中国近三十年的媒体发展情况，丰富了媒介史研究领域。同时，将原有的"媒介——社会行为"的影响进一步细化为"媒介——自我——社会行为"的影响。

在实践价值方面，本书从媒介史的视域，研究"中国互联网接入二十五年的媒介环境变迁"，不仅为网络媒体和传统媒体的发展提供经验借鉴与历史总结，也为国家治理提供新视角、新视域。

二、主要采取的研究方法

首先，个案研究法。选取典型的互联网用户在网络日常实践中建构理想自我，改变个体自我行为，并伴随一定范围社会行为改变的案例；同时，选取标示媒介环境变迁的典型媒体进行研究，阐释不同网络媒体的社会应用与中国媒介环境的互动影响。

其次，深度访谈法。通过深度访谈社交媒体用户，了解用户在网络中的自我建构情况；同进，通过访谈传统媒体和网络媒体的生产者、管理者，探寻互联网与信息生产、媒体经营管理以及媒体格局间的互动关系。

最后，内容分析与文本分析法。以论坛、微博、微信、网易云音乐等用户留言为样本，分析用户的情感体验，探析网络应用对用户自我建构和情感表达的影响。同时，通过分析博客、微博、微信公众平台关于典型个案的媒体报道，探析互联网传播与用户、社会舆论和媒介生态间的互动影响。

第三节　本书主题和结构

一、主题、重点和难点

本书主题是研究互联网中的自我，分别从技术、文化与自我三个视角切入，探析媒介技术的发展，媒介技术对自我和社会行为的影响，媒介技术对文化的影响（媒介——自我和社会行为——文化）。本书对网络媒体的迭代进行了纵向的梳理，包括商业网站、博客、微博、微信等。同时，重点选取了媒体人转型、媒体集团转型、用户网红消费、用户情感体验、社会舆论变迁、融合文化几个角度对互联网接入中国后的媒介环境进行横切面的展现。

在研究重点方面，本书以历史事件和连续性的方式研究互联网与用户的自我及行为演变，具体包括互联网与媒体人转型、媒体集团转型、用户网红消费、用户情感体验、社会舆论变迁、融合文化间的关系。从宏观视角，把握各主题二十余年的"变"，同时又捕捉典型案例，以点概面。

在研究难点方面，新技术的出现与媒介环境的变迁是一个持续互动的过程，如此，对媒介环境变迁结点的把握要权衡多方力量，包括新技术的商业应用，国家政策等。最终本书以新技术出现后引发媒介环境变迁的时间为结点，探析不同结点内用户的网络自我建构。

二、研究结构

本书共分五部分。

第一部分为导论，主要介绍了媒介理论的兴起与沿革和互联网中用户的自我呈现，以及本书的研究意义、研究方法、主题和结构。

对媒介理论有过论述的学派主要有美国学者波兹曼创立的媒介环境学派、德国学者基特勒为代表的媒介技术哲学、法国学者德布雷的媒介学等媒介理论，他们各自对媒介的理解和研究侧重点虽不同，但都认为要高度重视媒介技术、形式，而不是媒介的内容；他们都认为要把媒介看成是一种无形无象的隐喻，而不是一种实体；他们都认为媒介对社会的组织和建构能力强大，而不仅仅是一个信息流动的渠道。

关于互联网中用户自我呈现的研究，心理学领域的研究多采用问卷调查的研究方法，研究内容方面多关注性格特质对在线自我呈现的影响。社会学多关注线上线下自我呈现的差别、线上自我呈现对线下亲密关系和自我认同的影响等。教育学领域的研究主要关注学生群体的在线自我呈现。新闻传播学领域的研究多关注不同技术平台的自我呈现特质，如抖音、微博、微信等。

第一章　技术：呈现自我的技术之镜分四小节分别介绍了媒介理论视域下的技术与自我、中国网络媒体的发展进程、互联网与媒体人转型和互联网与媒体集团转型。第一节媒介理论视域下的技术与自我分别梳理了媒介技术对时间、空间和自我的建构。第二节中国网络媒体发展进程部分选取了四个时间节点：中国网络媒体发展初始阶段，商业网站进军新闻传播领域，博客开启自媒体时代，微博、微信推进媒体社会化进程，借此探析不同代际网络媒体的出现对媒介环境产生的影响。第三节互联网与媒体人转型部分首先介绍了媒体人辞职潮的整体概况，并具体分析了辞职媒体人原供职媒体、城市、年龄、职务、创业行业、创业时间、创业选择的媒体平台，概括了辞职创业媒体人的五种常见类型：资源型、能力型、创业型、休闲型、爱好回归型；其次探析了媒体人辞职创业行为对整个传统媒体行业及中国媒介环境的影响；最后对传统媒体转型发展提出了思考和对策建议。第四节互联网与媒体集团转型部分主要梳理了：媒体内部创业与媒体人离职创业动因，媒体内部创业和媒体人离职创业行为表现，"块茎"理念下主流媒体盈利逻辑，并具体分析了"澎湃新闻"的转型创业实践。

第二章　人：自我呈现的互动对象分三小节分别介绍了媒介理论视域下的自我与他者、互联网与用户的网红消费和互联网与用户的情感体验。第一节媒介理论视域下的自我与他者探讨了媒介中的他者对自我的影响，媒介中的他者即自我，媒介中的自我即他者。第二节互联网与用户的网红消费部分主要分析了伴随网络媒体的迭代消费社会的变化，具体包括消费行为从社会关系的外化到符号消费，消费对象由物品到人、由明星到网红，消费关系由保持神秘到亲密互动，盈利模式从为品牌代言到自建品牌。第三节互联网与用户情感体验部分，首先，将孤独体验进行理论化概括；其次，梳理了互联网出现前后用户孤独体验的演变；再次，探析了社交媒体演进与用户自我认同的建构；最后，探析了网络时代应该怎样面对孤独体验。

第三章　文化：展演自我的社会语境分四小节分别论述了媒介理论视域下的文化与自我、互联网与参与式文化、网络流行语与社会心理和互联网与社会舆论。第一节媒介理论视域下的文化与自我主要论述了媒介对文明的影响，媒介即文化，媒介文化对自我的影响。第二节互联网与参与式文化主要论述了实践范式下的媒介与用户，以用户为中心的参与式文化，用户参与和自我认同，以及用户参与和社会建构。第三节网络流行语与社会心理主要论述了流行语的传播特质，流行语与社会关系，流行语与社会影响。第四节互联网与社会舆论部分首先介绍了互联网、国家、社会的三个维度；其次，探析了互联网与舆论的生成；再次，分析了互联网与舆论的传播；最后，讨论了网络使用痕迹的真实性。

第四章结论部分"万物皆相连，一切皆生成"共分五小节，首先分析了块茎与手机的关系。然后，探讨了信息生产者的"中心"与"之中"。其次，探讨了信息消费者的"一"与"多"。再次，探讨了信息生产实践过程中的"成为"与"生成"。最后，分析了"过去"与"未来"。

美国宾夕法尼亚大学杨国斌教授曾提出：探讨如何使中国互联网（包括手机等新媒体）的研究进一步向纵深发展，并把这种努力称作"中国互联网的深度研究"（Yang，2015）。这里的深度研究主要包括两方面：一方面指互联网研究需要有人的故事，尤其是在主流文化、媒体和政治生活中缺少声音的弱势群体、少数族裔、边缘人群的故事。另一方面是指互联网研究要有历史深度，既包括对互联网自身历史的研究，也包括历史对于社会现实的构建作用，如对理论和概念的建构，以便更好地把握现象的复杂性。杨国斌指出"深度研究"这一提法借用

| 媒介理论视域下互联网自我呈现行为的演化 |

了人类学著作《深度中国》（Deep China）（Kleinman et al., 2011）的书名。该书编者在前言中写道："假如说政府政策、社会机构和市场活动构成变动中的中国的表层，那么，亿万中国人民的感知的、情感的和道德的经验，则构成了我们所说的深层中国。"（Kleinman et al., 2011）"互联网深度研究"的重要内容是研究与互联网等新媒体相关的普通人的经验与社会实践，这也是互联网研究中中国特色的展现。意大利学者 Bahroun 认为，迄今为止关于中国互联网的历史，大多只关注技术以及技术如何影响社会，忽视了用户，因此应该强调用户层面的历史，用户才是互联网信息交流与传播的核心。他认为人们习惯称之为网络空间的互联网，实际上乃是一种新的写作和阅读，网民在网上的行动并非真正的走动，而是读、写、发帖，因此他提出从符号学角度书写中国互联网历史的可能性。[①]互联网、新媒体、社交媒体等，不仅是技术和媒介的问题，更是人的生存状况的问题。而当下媒介叙事和媒介研究都存在一种趋势：人的故事在减少，物（objects, things）的故事却在大量增加。现代社会商品化和物化（objectification）的倾向，不断冲击和侵蚀人内心的、精神的、情感的世界，使人的精神世界单一化、扁平化。因此，强调"互联网深度研究"，是通过对人的经验和社会实践的研究，加深对人的主观和内心世界的探索和发掘。讲人的故事，是对人的主体回归的一种努力。美国弗吉尼亚理工大学教授珍妮特·阿贝特（Janet Abbate, 2017）认为，互联网的历史还可以定义为"内容和社会实践"（contentand social practice）的历史，也可以定义为"本地经验"（locally situated experience）的历史，这样互联网的历史将是多样性的、地方性的，因使用者经验的不同而有所不同。从这个意义上说，中国互联网的历史书写，理应体现中国的历史性和社会、文化、政治等特征。[②]

杨国斌指出"互联网历史学已经实现从互联网技术到互联网内容和文化、从美国中心主义向多元全球互联网历史的转向"。他在网络历史的研究中强调历史

---

① Bahroun, Allan, "Rewriting the history of computerized media in China, 1990s—today," *Studies in Communication & Culture*, 7, no. 3（2016）：327—343.
② 杨国斌：《中国互联网的深度研究》，《新闻与传播评论》2017 年第 1 期。

性及对个人的关注。一方面，对互联网自身历史的研究属于历史叙事范畴，互联网历史研究不仅要描述社会现象，更需要解释社会现象；另一方面，历史性则强调历史对于社会现实的构建作用，这导致相关的理论与概念也具有一定的历史性。"每个人的历史都是社会历史的一部分，研究个人历史就是在关注整个社会的变迁。当我们在关注大数据、网络群体性事件时，有必要关注个人的网络历史。"[①]

因此，本书从媒介环境学的视域出发，探索媒介、人、文化间的动态作用过程。以"人"为关注重点，关注互联网中的自我，探析互联网接入中国后技术的变迁，技术变迁下互联网中自我的变化、社会行为的变化和文化的变化。

---

① 杨国斌：《中国互联网的深度研究》，《新闻与传播评论》2017年第1期。

第一章
技术：呈现自我的技术之镜

精神分析学派的创始人弗洛伊德认为：人格结构包括三部分：本我、自我和超我。本我是人格结构中最原始的部分，构成本我的成分是人类最基本的需求，包括饥、渴、性等。本我遵循的是"快乐原则"。超我在人格结构中属于管制地位的最高部分。构成超我的成分是社会道德规范、个体的良心以及自我的理想等。超我要求自我按照社会可接受的方式去满足本我。超我遵循的是"道德原则""完美原则"或"理想原则"。自我是自己可意识到的，如思考、感觉、判断、记忆等。自我既要寻求本我冲动得以满足，又要在超我的限制内，保护整个机体不受伤害。自我遵循的是"现实原则"。[①] 自我会在本我需求和超我原则间不断调适，寻求平衡，而这种平衡又具有阶段性。一旦新的本我需求产生，或者超我原则发生变化，便会打破原有的平衡，自我需要尝试寻求新的平衡。因此，自我既关联本我和超我，又具有动态性和建构性。对互联网中自我的研究，可探视到本我欲望和超我原则如何在互联网媒介中呈现，自我又如何借互联网媒介探寻本我与超我间的动态平衡。

[①] 西格蒙德·弗洛伊德：《自我与本我》，涂家瑜等译，海峡文艺出版社，2018，第176—198页。

第一节 媒介理论视域下的技术与自我

"当今技术的高速发展引起了时间化（事件化）内部的断裂，使技术问题和时间问题的结合显得非常突出。有机化的无机存在者①在对速度的征服中，速度'先于'时间和空间，时间和空间是速度的组成部分。"② 技术的出现必然对时间与空间产生影响。

一、媒介技术对时间的建构

媒介具有时间或空间偏向。媒介环境学派的学者关注到了媒介技术的出现对于时间和空间的影响。媒介环境学派的奠基人伊尼斯提出了著名的媒介决定论："我们对其他文明的了解，在很大程度上，有赖于这些文明所用的媒介的性质。"③ 在媒介如何影响文明方面，他又提出了"传播偏向论"，不同的媒介具有或时间或空间的不同偏向。"倚重时间的媒介，其性质耐久，羊皮纸、黏土和石头即为其例……倚重空间的媒介，耐久性比较逊色，质地比较轻。后者适合广袤地区的治理和贸易……倚重空间的材料，有利于集中化……"所谓媒介或倚重时间或倚重空间，其含义是："对于它所在的文化，它的重要性有这样或那样的偏向。"④ 媒介的时空偏向影响到所传播知识的特征，最终带来文化的偏向。一个稳定的社会需要在时间偏向和空间偏向中保持一种平衡，否则将出现文明的危

---

① 属于技术物体一类，贯穿着特有的动力，它既和物理动力相关，又和生物动力相关，但不能被归结为二者的"总和"或"产物"。
② 贝尔纳·斯蒂格勒：《技术与时间：爱米比修斯的过失》，裴程译，译林出版社，2000，第1—21页。
③ 吴国盛：《技术哲学讲演录》，中国人民大学出版社，2016，第28页。
④ 吴国盛：《技术哲学讲演录》，中国人民大学出版社，2016，第27页。

机。当时间偏向或空间偏向占主导时，会产生知识垄断。随着这种垄断发展到极限，则会出现另一种媒介对垄断进行抵消，从而解决偏向另一端的问题，社会进入短暂的间歇平衡期。

媒介使时间从自然界中抽离出来。麦克卢汉认为：受时钟强化的书面文化，造成了抽象时间，导致人不是因为饥饿了才吃饭，而是在"该吃饭的时间去吃饭"。① 钟表把人从四季节律和循环的世界中拽出来，② 机械化是社会从听觉——触觉型转向视觉价值型的过程。③ 麦克卢汉指出了钟表作为一种技术对时间的规训，它使得时间从自然界中抽象出来。机械而抽象的时间模式延伸为衣服款式的周期变化。钟表通过协调和加速人的会晤和行动，增加了人际交往的数量。钟表通过加快人际组合，成了转换工作任务、创造新的工作和财富的机械手段。④

交通工具和电子网络强化了时间的多元化趋势。轮子、自行车和飞机增强了人的力量，使人的行动范围和速度得到延伸，缩短了路上的时间。照片保存下了瞬间的影像，使现在随时能回到过去。"多元化的时间接替了大一统的时间。"⑤ 互联网出现后，多元化的时间日益明显。屏幕两端的交流跨越空间，也跨越了时差。在国外出差、旅行时，手机会自动显示两个时间，当地时间和本国时间。移动通信工具和互联网使得身处异国，也能够和本国的亲朋联系。另外，这种便捷性也使得联系成为一种需要和责任。在异国早起工作前，匆忙和国内刚放学的孩子视频通话，简单问候。既要考虑到当地的时间安排，也要考虑到国内的生活节奏。媒介技术使时间呈现出多元性和复合性。

---

① 马歇尔·麦克卢汉：《理解媒介——论人的延伸》，何道宽译，译林出版社，2011，第178页。
② 马歇尔·麦克卢汉：《理解媒介——论人的延伸》，何道宽译，译林出版社，2011，第179页。
③ 马歇尔·麦克卢汉：《理解媒介——论人的延伸》，何道宽译，译林出版社，2011，第169页。
④ 马歇尔·麦克卢汉：《理解媒介——论人的延伸》，何道宽译，译林出版社，2011，第179页。
⑤ 马歇尔·麦克卢汉：《理解媒介——论人的延伸》，何道宽译，译林出版社，2011，第177页。

二、媒介技术对空间的建构

技术的高速发展在引起时间化内部断裂的同时,"伴随而来的是非地域化过程"。① 技术在改变时间的同时,塑造了新的空间。

交通工具改变了空间。"汽车使乡村消亡,代之而起的是一种新的风景,汽车成为一种参加越野跑的赛马。汽车毁灭了闲适环境的城市,连城市的人行道都呈现出紧张的场景,致使孩子们不能在轻松的嬉戏中成长。城里挤满了流动的陌生人,连隔壁邻居都互不相识。"② 人们借助汽车、飞机等可实现远距离旅行,但城市日常生活中的活动空间并没有变大。"大型商业中心的兴起是为了适应有车一族的需要,使无车代步的行人产生没有朋友、被人肢解的感觉。汽车使行人感到烦恼。汽车完全改变了一切空间,包括使人结合和分离的空间。"③

电子媒介消除了空间距离,建构了电子空间,以及电子空间与物理空间的混合空间。麦克卢汉曾指出:"美国人的空间形态观念,自电台问世以来已经大变,自电视问世以来已经剧变。"④ 电报使得当地信息快速到达异地。电话和广播使得声音穿越空间间隔,互联网则使得地球成为一个村落,大洋两岸的信息、声音、影像实现实时共享。随着电子媒介技术的迭代,空间成为约书亚·梅罗维茨所说的"消失的地域",物理空间的区隔被打破,电子空间及电子空间与物理空间的混合空间形成。

---

① 贝尔纳·斯蒂格勒:《技术与时间:爱米比修斯的过失》,裴程译,译林出版社,2000,第1—21页。
② 马歇尔·麦克卢汉:《理解媒介——论人的延伸》,何道宽译,译林出版社,2011,第255页。
③ 马歇尔·麦克卢汉:《理解媒介——论人的延伸》,何道宽译,译林出版社,2011,第256页。
④ 马歇尔·麦克卢汉:《理解媒介——论人的延伸》,何道宽译,译林出版社,2011,第250页。

三、媒介技术对自我的建构

技术哲学认为："人类先天本能的缺失是技术的真正起源，没有不存在技术的文明史。"[①] "技术是构造人和世界的环节。"[②] 人通过技术进行自我构造，"技术是人的存在方式",[③] 如何理解技术意味着如何理解人。[④]

媒介环境学打破了经验研究和批判研究注重内容研究的范式，强调技术形式的重要性，强调技术对于文化及社会行为的影响。麦克卢汉认为："每一种技术在造就它的人的身上，都造成新的紧张和新的需要；新的需要及其新的技术回应，是由于我们拥抱现在的技术而诞生的——这是一个生生不息的过程。"[⑤] 尼尔·波兹曼的学生梅罗维茨继承了麦克卢汉的"媒介即信息"理论，同时结合美国社会心理学家欧文·戈夫曼的"戏剧理论"，提出了"媒介情境理论"：电子媒介通过改变社会的情境，从而影响了人们的行为方式。在梅罗维茨之前，媒介环境学派的学者关注的是实体场景对行为的影响，其核心概念经历了由"物理屏障"到"信息屏障"的转变。梅罗维茨将媒介环境学导向了一个新的研究领域——日常人际交往等社会变化的微观层面，与传统媒介环境学研究形成了互补。

技术作为一种"外移的过程"，运用生命以外的方式来寻求生命,[⑥] 赢得能动性。一方面，技术不断捕捉、满足用户需求，升级迭代，提高自身能动性。论坛时代，人们渴望与陌生人交流，看到不同的观点。但公共论坛空间内，个人的声音很容易被淹没。博客的出现，满足了用户拥有个人独立网络空间的需求，但

[①] 吴国盛：《技术哲学讲演录》，中国人民大学出版社，2016，第4页。
[②] 吴国盛：《技术哲学讲演录》，中国人民大学出版社，2016，第11页。
[③] 吴国盛：《技术哲学讲演录》，中国人民大学出版社，2016，第1—2页。
[④] 吴国盛：《技术哲学讲演录》，中国人民大学出版社，2016，第2页。
[⑤] 马歇尔·麦克卢汉：《理解媒介——论人的延伸》，何道宽译，译林出版社，2011，第211页。
[⑥] 贝尔纳·斯蒂格勒：《技术与时间：爱米比修斯的过失》，裴程译，译林出版社，2000，第1—21页。

大多数博客少人问津，博客用户"被关注"与"互动"的需求日益凸显。微博的诞生，满足了个人拥有独立网络空间和用户间随时关注与互动的需求，但微博开放性广场的属性使得用户隐私保护的需求被凸显。微信在保证关注、互动等社交功能的基础上，增强了用户互动的私密性，看不到非好友的信息、点赞、评论情况。社交媒体发展迭代的过程中，可窥见用户需求的变化，以及用户需求与技术间的互动和调适。

另一方面，用户在使用电子媒介的过程中，也在不断提高自己驾驭媒介的能力。用户会在微博、微信、豆瓣发布不同内容、不同风格、不同状态的信息。用户会在社交媒体平台做印象管理，上传美图过的照片，只分享精彩的瞬间……用户借助社交媒体平台建构网络理想自我的形象。

第二节　中国网络媒体发展进程

将时间纳入分析框架，是增强社会科学研究历史纵深感的常用方法。"通过历史分期的策略，将连绵不断的历史分解为较小的时间段进行分析。通过划分历史时期，识别普遍性和特殊性，凸显每个时间段与其前后时段的延续和变化。"[①]同时，互联网学者也意识到，研究互联网需要有"互联网时间"观，"十年的时间在社会科学研究的时间段上只是一瞬间，但在互联网时间上堪比万年"（Loader and Dutton，2012）。[②]中国互联网接入二十余年来，媒介环境进入"一个持续改变和重塑的过程"。

一、中国网络媒体发展的初始阶段

这一阶段主要是指 1993 年至 1998 年，向海外传播中国声音的需要促使中国

---

① 杨国斌：《中国互联网的深度研究》，《新闻与传播评论》2017 年第 1 期。
② 杨国斌：《中国互联网的深度研究》，《新闻与传播评论》2017 年第 1 期。

| 媒介理论视域下互联网自我呈现行为的演化 |

出现了第一批网络媒体。世界最早的互联网起源于1968年。美苏冷战期间,美国国防部意图设计一个个分散的指挥点,彼此间又能通过通信网联系,以保证部分指挥点被摧毁后其他指挥点仍能正常工作。由此,美国国防部高级研究计划局组建了计算机网"ARPANET"(Advanced Research Projects Agency Network),又称"阿帕网"。此后,从1986年至1993年,中国科学院高能物理研究所的吴为民等科研人员先后尝试通过卫星链接、搭建电子邮件节点等方式从中国发出电子邮件。随后,中国开始尝试申请接入互联网。"1992年,中国科学院钱华林研究员约见美国国家科学基金会国际联网部负责人,第一次正式讨论中国连入Internet的问题,但被告知,由于网上有很多美国的政府机构,中国接入Internet有政治障碍。"① 之后,我国政府将互联网建设工程提上议程。"1993年3月12日,朱镕基副总理主持会议,提出和部署建设国家公用经济信息通信网(简称金桥工程)。"② "李鹏总理批准使用300万美元总理预备费支持启动金桥前期工程建设。"③ 直到"1994年,中美科技合作联委会在美国华盛顿举行。中国科学院副院长胡启恒代表中方向美国国家科学基金会(NSF)重申连入Internet的要求,才得到认可"。④ 1994年,互联网正式接入中国,开启了国家、社会的网络化进程。

"1994年5月,国家智能计算机研究开发中心开通曙光BBS站,这是中国大陆的第一个BBS站。"⑤ "1995年,《中国日报》成为中国第一份网络报纸。随后,触网的报纸有《神州学人》《中国贸易报》《中国日报》《人民日报》《华声

---

① 中国互联网信息中心:《1986年~1993年互联网大事记》,http://www.cnnic.net.cn/hlwfzyj/hlwdsj/201206/t20120612_27414.htm。

② 中国互联网信息中心:《1986年~1993年互联网大事记》,http://www.cnnic.net.cn/hlwfzyj/hlwdsj/201206/t20120612_27414.htm。

③ 中国互联网信息中心:《1986年~1993年互联网大事记》,http://www.cnnic.net.cn/hlwfzyj/hlwdsj/201206/t20120612_27414.htm。

④ 中国互联网信息中心:《1994年~1996年互联网大事记》,http://www.cnnic.net.cn/hlwfzyj/hlwdsj/201206/t20120612_27414.htm。

⑤ 中国互联网信息中心:《1994年~1996年互联网大事记》,http://www.cnnic.net.cn/hlwfzyj/hlwdsj/201206/t20120612_27414.htm。

报》等。"① 媒体网站第一次触网，主要以网络版的形式扩大其传统媒体影响，且主要针对海外受众。1995年江泽民主席提出了"科教兴国"战略，大力发展电信系统，为互联网在国内的普及创造了基础设施条件。"1996年12月，中国公众多媒体通信网（169网）开始全面启动，广东视聆通、四川天府热线、上海热线作为首批站点正式开通。"②"1997年1月1日，人民日报主办的人民网进入国际互联网络，这是中国开通的第一家中央重点新闻宣传网站。"③ 人民日报网络版的诞生是中央级国家媒体触网的重大信号与举措。④"1997年2月，瀛海威全国大网开通，3个月内在北京、上海、广州、福州、深圳、西安、沈阳、哈尔滨8个城市开通，成为中国最早、也是最大的民营ISP、ICP。"⑤"1997年5月20日，国务院颁布了《国务院关于修改〈中华人民共和国计算机信息网络国际联网管理暂行规定〉的决定》，对《中华人民共和国计算机信息网络国际联网管理暂行规定》进行修正。"⑥ 1997年，中国互联网络信息中心开始对我国互联网络发展情况进行统计调查，全面记录了互联网在我国的发展历程。

二、商业网站进军新闻传播领域

这一阶段主要是指1999年至2004年，在此期间网络媒体奠定了在媒体格局中的地位。这一阶段以门户网站和新闻网站的发展为代表，且门户网站"更快、更多、更精"的信息报道原则，更中性的报道立场，更灵活的信息处理方式，如

---

① 彭兰：《网络媒体的第一个十年》，清华大学出版社，2005，第23—33页。
② 中国互联网信息中心：《1994年~1996年互联网大事记》，http：//www.cnnic.net.cn/hlwfzyj/hlwdsj/201206/t20120612_27414.htm。
③ 中国互联网信息中心：《1997年~1999年互联网大事记》，http：//www.cnnic.net.cn/hlwfzyj/hlwdsj/201206/t20120612_27414.htm。
④ 人民日报网络版于2000年8月更名为人民网。2010年6月，成立人民网股份有限公司，2012年4月在上海证券交易所上市交易，成为第一家在国内A股整体上市的新闻网站。
⑤ 中国互联网信息中心：《1997年~1999年互联网大事记》，http：//www.cnnic.net.cn/hlwfzyj/hlwdsj/201206/t20120612_27414.htm。
⑥ 中国互联网信息中心：《1997年~1999年互联网大事记》，http：//www.cnnic.net.cn/hlwfzyj/hlwdsj/201206/t20120612_27414.htm。

媒介理论视域下互联网自我呈现行为的演化

"非典"疫情、孙志刚案、刘涌案等报道,满足了网民的信息需求,开始冲击传统媒体。同时,传统媒体开启了第二轮触网潮。传统媒体纷纷创建新闻网站,不仅触网媒体规模壮大,网站新闻业务取得进展,并开始探索运作模式。此外,政府开始重视互联网舆论,并修正相关政策制度。2003 年全国宣传部长会议及十六届四中全会决议都提出:加强互联网宣传队伍建设,形成网上正面舆论的强势。并根据互联网舆论,进行了相关政策制度的调整,如收容遣送制度的废除、新闻发言人制度的完善等。

在这一阶段,政府相关部门一方面不断出台文件着力发展信息产业,以此带动工业发展;另一方面,也出台了一系列的网络信息刊载规定,规范互联网的信息生产。"2000 年 12 月 12 日,人民网、新华网、中国网、央视国际网、国际在线网、中国日报网、中青网等获得国务院新闻办公室批准进行登载新闻业务,率先成为获得登载新闻许可的重点新闻网站。"① 2000 年 10 月 11 日,中国共产党第十五届中央委员会第五次全体会议就信息化建设做出重大决策,全会审议并通过的《中共中央关于制定国民经济和社会发展第十个五年计划的建议》明确指出:"大力推进国民经济和社会信息化,是覆盖现代化建设全局的战略举措。以信息化带动工业化,发挥后发优势,实现社会生产力的跨越式发展。"② "2000 年 12 月 28 日,九届全国人大常委会第十九次会议表决通过《全国人民代表大会常务委员会关于维护互联网安全的决定》。"③ 2000 年 11 月 6 日,国务院新闻办公室、信息产业部发布《互联网站从事登载新闻业务管理暂行规定》。2000 年 11 月 6 日,信息产业部发布《互联网电子公告服务管理规定》。④ "2001 年 7 月 11

---

① 中国互联网信息中心:《2000 年~2001 年互联网大事记》,http://www.cnnic.net.cn/hlwfzyj/hlwdsj/201206/t20120612_27417.htm。

② 中国互联网信息中心:《2000 年~2001 年互联网大事记》,http://www.cnnic.net.cn/hlwfzyj/hlwdsj/201206/t20120612_27417.htm。

③ 中国互联网信息中心:《2000 年~2001 年互联网大事记》,http://www.cnnic.net.cn/hlwfzyj/hlwdsj/201206/t20120612_27417.htm。

④ 中国互联网信息中心:《2000 年~2001 年互联网大事记》,http://www.cnnic.net.cn/hlwfzyj/hlwdsj/201206/t20120612_27417.htm。

第一章 技术：呈现自我的技术之镜

日，中共中央在中南海怀仁堂举办法制讲座，内容是运用法律手段保障和促进信息网络健康发展。中共中央总书记江泽民主持讲座并做重要讲话。江泽民总书记强调指出，要抓住机遇，加快发展中国的信息技术和网络技术，并在经济、社会、科技、国防、教育、文化、法律等方面积极加以运用。既要积极推进信息网络基础设施的发展，又要大力加强管理方面的建设，推动信息网络化迅速而又健康地向前发展。"[①] "2001年7月，《国民经济和社会发展第十个五年计划信息化重点专项规划》出台。"[②] "2001年8月23日，国家信息化领导小组重新组建，中央政治局常委、国务院总理朱镕基任组长。2001年9月7日，《信息产业'十五'规划纲要》正式发布，这是国家确立信息化重大战略后的第一个行业规划。"[③] 随着互联网对社会生活卷入度的增强，国家出台相关政策法规的频率也随之增强，并且越来越细化。

在这一阶段，四大门户网站获得了飞速扩张与发展。"2004年2月3日至18日，新浪、搜狐和网易先后公布了2003年度的业绩报告，分别实现了1.14亿美元、8900万美元和8000万美元的全年度营业收入，以及3100万美元、3900万美元和2600万美元的全年度净利润，首次迎来了全年度盈利。"[④] "2004年3月4日，手机服务供应商掌上灵通在美国纳斯达克首次公开上市，成为首家完成IPO的中国专业SP（服务提供商）。此后，TOM互联网集团、盛大网络、腾讯公司、空中网、前程无忧网、金融界、e龙、华友世纪和第九城市等网络公司在海外纷纷上市。中国互联网公司开始了自2000年以来的第二轮境外上市热潮。"[⑤]

[①] 中国互联网信息中心：《2000年~2001年互联网大事记》，http：//www.cnnic.net.cn/hlwfzyj/hlwdsj/201206/t20120612_27417.htm。

[②] 中国互联网信息中心：《2000年~2001年互联网大事记》，http：//www.cnnic.net.cn/hlwfzyj/hlwdsj/201206/t20120612_27417.htm。

[③] 中国互联网信息中心：《2000年~2001年互联网大事记》，http：//www.cnnic.net.cn/hlwfzyj/hlwdsj/201206/t20120612_27417.htm。

[④] 中国互联网络信息中心：《2004年中国互联网发展大事记》，http：//www.cnnic.net.cn/hlwfzyj/hlwdsj/201206/t20120612_27419.htm。

[⑤] 中国互联网络信息中心：《2004年中国互联网发展大事记》，http：//www.cnnic.net.cn/hlwfzyj/hlwdsj/201206/t20120612_27419.htm。

"2004年11月29日,新浪、搜狐、网易公布中国无线互联网行业'诚信自律同盟'的自律细则,该同盟的网站(www.ctws.org.cn)同时开通。该同盟的成立标志着我国无线信息服务行业自律工作的深入开展。"[1]

在我国媒体纷纷触网的时候,地方性事件开始时常在全国范围内产生影响,甚至促进制度规范的调整。较为典型的便是"孙志刚事件"。"2003年3月20日,湖北青年孙志刚在广州被收容并遭殴打致死。事件首先被地方报纸媒体曝光。随后,我国各大网络媒体积极参与报道,引起社会广泛关注与反响。6月20日,国务院发布《城市生活无着的流浪乞讨人员救助管理办法》,同时废止《城市流浪乞讨人员收容遣送办法》。"[2] 该事件开启了网络舆论引发国家制度修正的先河。

三、博客开启自媒体时代

这一阶段主要是指2005年至2009年,在此期间博客削弱了大众对传统媒体的敬畏。这一阶段以博客、播客(视频分享)的发展为代表。2005年的博客元年正式开启了自媒体时代,社会传播力量从机构转移到个人。"公民新闻"的出现,削弱了大众对传统媒体的敬畏。同时,传统媒体在内容生产中借力自媒体。这一阶段,博客颠覆了信息的内容生产过程,传统媒体与博客网站形成一种互补竞争、相互渗透的关系。此外,政府意识到与人民联系模式的转变。2008年,胡锦涛主席在视察人民日报社的讲话中提到"互联网已成为思想文化信息的集散地和社会舆论的放大器"。

在这一阶段,中国政府部门开通政府网站,中国新闻奖开始向网络新闻作品抛出橄榄枝,政府开始重视并积极处理网上舆论问题。"2005年11月7日,北京奥组委宣布,搜狐成为北京2008年奥运会互联网内容服务赞助商。这是奥运

---

[1] 中国互联网络信息中心:《2004年中国互联网发展大事记》,http://www.cnnic.net.cn/hlwfzyj/hlwdsj/201206/t20120612_27419.htm。

[2] 中国互联网信息中心:《2002年~2003年互联网大事记》,http://www.cnnic.net.cn/hlwfzyj/hlwdsj/201206/t20120612_27418.htm。

会历史上第一次设立互联网内容赞助类别。"① 也是商业网络媒体得到国际认同的一次公开亮相。"2006 年 1 月 1 日，中华人民共和国中央人民政府门户网站（www.gov.cn）正式开通。该网站是国务院和国务院各部门，以及各省、自治区、直辖市人民政府在国际互联网上发布政务信息和提供在线服务的综合平台。"② "2006 年 7 月 18 日，中华全国新闻工作者协会主办的第 16 届'中国新闻奖'揭晓，网络新闻作品首次纳入该奖评选，13 件网络新闻作品获奖。"③ 此外，《人民日报》除了"人民网"的触网外，开始发行手机报。"2007 年 2 月 28 日，中国最大的综合性平面媒体、中共中央机关报《人民日报》面向全国正式发行手机报，成为现代通信技术与新闻传媒融合的标志性事件。"④ "2007 年 12 月 18 日，国际奥委会与中国中央电视台共同签署了'2008 年北京奥运会中国地区互联网和移动平台传播权'协议。这是奥运史上首次将互联网、手机等新媒体作为独立转播平台列入奥运会的转播体系。"⑤ "2007 年 1 月 23 日，中共中央政治局就世界网络技术发展和中国网络文化建设与管理问题进行集体学习。胡锦涛总书记在主持学习时指出，能否积极利用和有效管理互联网，能否真正使互联网成为传播社会主义先进文化的新途径、公共文化服务的新平台、人们健康精神文化生活的新空间，关系到社会主义文化事业和文化产业的健康发展，关系到国家文化信息安全和国家长治久安，关系到中国特色社会主义事业的全局。"⑥ "2007 年

---

① 中国互联网络信息中心：《2005 年中国互联网发展大事记》，http://www.cnnic.net.cn/hlwfzyj/hlwdsj/201206/t20120612_27420.htm。

② 中国互联网络信息中心：《2006 年中国互联网发展大事记》，http://www.cnnic.net.cn/hlwfzyj/hlwdsj/201206/t20120612_27421.htm。

③ 中国互联网络信息中心：《2006 年中国互联网发展大事记》，http://www.cnnic.net.cn/hlwfzyj/hlwdsj/201206/t20120612_27421.htm。

④ 中国互联网络信息中心：《2007 年中国互联网发展大事记》，http://www.cnnic.net.cn/hlwfzyj/hlwdsj/201206/t20120612_27422.htm。

⑤ 中国互联网络信息中心：《2007 年中国互联网发展大事记》，http://www.cnnic.net.cn/hlwfzyj/hlwdsj/201206/t20120612_27422.htm。

⑥ 中国互联网络信息中心：《2007 年中国互联网发展大事记》，http://www.cnnic.net.cn/hlwfzyj/hlwdsj/201206/t20120612_27422.htm。

10月15日，胡锦涛总书记在中国共产党第十七次全国代表大会报告中指出：'全面认识工业化、信息化、城镇化、市场化、国际化深入发展的新形势新任务'；'大力推进信息化与工业化融合'；'加强网络文化建设和管理，营造良好网络环境'；对信息化和互联网的发展提出明确要求。"[①] "2008年6月20日，国家主席胡锦涛通过人民网强国论坛同网友在线交流。互联网作为信息交流的重要渠道，正受到中国党政高层越来越多的重视。"[②] "2008年9月17日，国务院总理温家宝对《有博客刊登举报信反映8月1日山西娄烦县山体滑坡事故瞒报死亡人数》做出批示，要求核查该起重大尾矿库溃坝事故。互联网的舆论监督功能进一步受到党政中央领导的重视。"[③] "2009年2月28日，在十一届全国人大二次会议和全国政协十一届二次会议召开前夕，国务院总理温家宝与网友在线交流并接受中国政府网、新华网联合专访。"[④]

在这一阶段，商业网络媒体开始走上国际舞台。门户网站继快速发展后，在经济上也取得不菲的收益，但也引发了一些新的社会问题。"2005年8月5日，百度公司在美国纳斯达克挂牌上市。股票发行价为27美元，在首日的交易中，以66美元跳空开盘，股价最高达151.21美元，收盘价122.54美元，涨幅达354%，创下2000年互联网泡沫以来五年间纳斯达克IPO首发上市日涨幅最高的纪录。"[⑤] "2005年8月11日，雅虎宣布以10亿美元以及雅虎中国的全部资产换取阿里巴巴40%的股份及35%的投票权，雅虎在中国的全部业务交给阿里巴巴

[①] 中国互联网络信息中心：《2007年 中国互联网发展大事记》，http：//www.cnnic.net.cn/hlwfzyj/hlwdsj/201206/t20120612_ 27422.htm。

[②] 中国互联网络信息中心：《2008年中国互联网发展大事记》，http：//www.cnnic.net.cn/hlwfzyj/hlwdsj/201206/t20120612_ 27423.htm。

[③] 中国互联网络信息中心：《2008年中国互联网发展大事记》，http：//www.cnnic.net.cn/hlwfzyj/hlwdsj/201206/t20120612_ 27423.htm。

[④] 中国互联网络信息中心：《2009年中国互联网发展大事记》，http：//www.cnnic.net.cn/hlwfzyj/hlwdsj/201206/t20120612_ 27424.htm。

[⑤] 中国互联网络信息中心：《2005年中国互联网发展大事记》，http：//www.cnnic.net.cn/hlwfzyj/hlwdsj/201206/t20120612_ 27420.htm。

经营管理。开创了国际互联网巨头的中国业务交由中国本地公司主导经营的先例。"①"2007年,腾讯、百度、阿里巴巴市值先后超过100亿美元。中国互联网企业跻身全球最大互联网企业之列。"②"2008年12月22日,新浪网宣布以约13亿美元收购分众传媒旗下的户外数字广告业务,这是目前中国互联网最大的一桩并购案。"③"2008年11—12月,中央电视台连续曝光国内两大搜索引擎百度和谷歌商业模式的弊端。该事件引发网民对搜索引擎的信任危机,搜索引擎竞价排名模式的利弊也成为社会舆论关注的热点。"④

"2005年,以博客为代表的Web 2.0概念推动了中国互联网的发展。Web 2.0概念的出现标志互联网新媒体发展进入新阶段。在其被广泛使用的同时,也催生出了一系列社会化的新事物,比如Blog、RSS、WIKI、SNS交友网络等。"⑤据中国互联网络信息中心(CNNIC)发布的《2006年中国博客调查报告》显示,"截至2006年8月底,博客作者规模达到1748.5万人。"⑥"2007年7月,在中国股市热浪中号称'天下第一博客'的'带头大哥777'博主王晓被吉林警方刑事拘留,案件定性为'新型涉众型经济犯罪'。表现出博客产品的负面效应,同时也表现出社会舆论形成过程的新的复杂性。"⑦"2007年8月21日,《博客服务自律公约》在北京正式发布,该《公约》提倡实名制。10多家知名博客服务提

---

① 中国互联网络信息中心:《2005年中国互联网发展大事记》,http://www.cnnic.net.cn/hlwfzyj/hlwdsj/201206/t20120612_27420.htm。

② 中国互联网络信息中心:《2007年中国互联网发展大事记》,http://www.cnnic.net.cn/hlwfzyj/hlwdsj/201206/t20120612_27422.htm。

③ 中国互联网络信息中心:《2008年中国互联网发展大事记》,http://www.cnnic.net.cn/hlwfzyj/hlwdsj/201206/t20120612_27423.htm。

④ 中国互联网络信息中心:《2008年中国互联网发展大事记》,http://www.cnnic.net.cn/hlwfzyj/hlwdsj/201206/t20120612_27423.ht。

⑤ 中国互联网络信息中心:《2005年中国互联网发展大事记》,http://www.cnnic.net.cn/hlwfzyj/hlwdsj/201206/t20120612_27420.htm。

⑥ 中国互联网络信息中心:《2006年中国互联网发展大事记》,http://www.cnnic.net.cn/hlwfzyj/hlwdsj/201206/t20120612_27421.htm。

⑦ 中国互联网络信息中心:《2007年中国互联网发展大事记》,http://www.cnnic.net.cn/hlwfzyj/hlwdsj/201206/t20120612_27422.htm。

供商在发布会现场共同签署了该公约。"① "从 2008 年 5 月开始,开心网、校内网等 SNS(Social Networking Service)网站迅速传播,SNS 成为 2008 年的热门互联网应用之一。"② "截至 2008 年 5 月 23 日,在四川'5·12'抗震救灾报道中,人民网、新华网、中国新闻网、中央电视台网已发布抗震救灾新闻(含图片、文字、音视频)约 123000 条,发挥了主导作用;新浪网、搜狐网、网易网、腾讯网整合发布新闻 133000 条。上述 8 家网站新闻点击量达到 116 亿次,跟帖量达 1063 万条。互联网在新闻报道、寻亲、救助、捐款等抗震救灾过程中发挥了重要作用,我国网络媒体的发展进入到了一个新的阶段。"③

四、微博、微信推进媒体社会化进程

这一阶段主要是指 2010 年至今,在此期间微博、微信触发了网络空间生态的变革。这一阶段以微博、微信、移动客户端的发展为代表。2010 年被称为微博元年,微博开创了社会交往的新模式,引发了传播模式、传播观念、舆论格局、媒介生态和社会治理等一系列的社会变革。同时,传统媒体的内容传播方式受到挑战。微博使个人媒体具备了大众媒体的传播力,微信则使人际传播具备了大众传播的能力。同时,传统媒体在社会化媒体的逼迫下转型需求更迫切。此外,政府提出运用网络传播规律,创新网络宣传。对传播媒介的控制是实施社会和政治控制的手段,互联网媒体则打破了这种控制的有效性。2014 年,习近平主席在"建设社会主义文化强国"的讲话中强调:把网上舆论工作作为重中之重来抓,善于运用网络传播规律,改进创新网上宣传。

"从 2009 年下半年起,新浪网、搜狐网、网易网、人民网等门户网站纷纷开

---

① 中国互联网络信息中心:《2007 年 中国互联网发展大事记》,http://www.cnnic.net.cn/hlwfzyj/hlwdsj/201206/t20120612_27422.htm。
② 中国互联网络信息中心:《2008 年中国互联网发展大事记》,http://www.cnnic.net.cn/hlwfzyj/hlwdsj/201206/t20120612_27423.htm。
③ 中国互联网络信息中心:《2008 年中国互联网发展大事记》,http://www.cnnic.net.cn/hlwfzyj/hlwdsj/201206/t20120612_27423.htm。

第一章　技术：呈现自我的技术之镜

启或测试微博功能。微博吸引了社会名人、娱乐明星、企业机构和众多网民加入，成为2009年热点互联网应用之一。"①"2009年，互联网的舆论监督价值被广泛认知，'躲猫猫''邓玉娇''天价烟''钓鱼执法'等一系列事件因为网络曝光而成为社会关注的热点。"②其中，"躲猫猫"成为"2009年度网络第一热词"。2009年全国两会上，"躲猫猫"事件在不同的场合被多次提及，并开启了在全国严打牢头狱霸，加强驻所检察的进程。2010年1月，"躲猫猫"被收入上海译文出版社新编的《汉英大词典》，译为hide-and-seek。邓玉娇事件激发了广大网友的创作热情，涌现出了一批歌颂侠女邓玉娇的优秀网络作品，如《玉娇曲》《浪淘沙·咏娇》《邓玉娇传》《邓玉娇列传》《烈女邓玉娇传》《侠女邓玉娇传》和《生女当如邓玉娇》等大量赞美作品，舆论呈现了一边倒，纷纷攻击淫官黄德智、邓贵大等人。导演贾樟柯的电影《天注定》也出现了对邓玉娇事件的相似描述。最终，2009年6月16日，湖北省巴东县法院一审判决在娱乐场所刺死镇干部的女服务员邓玉娇"有罪免处"。网友借此事感受到了网络舆论的力量。天价烟事件发生于2009年3月，事件当事人为南京江宁区房产局局长周久耕，被网友称为"史上最牛房产局长"。周久耕起初因媒体采访时的不当言论"对于开发商低于成本价销售楼盘，下一步将和物价部门一起进行查处"，而遭网友人肉搜索。搜出了其开会照片中1500元一条的"九五至尊"天价烟，随后又有网友晒出了周久耕开会时戴的约10万元的"江诗丹顿"手表，上班开的凯迪拉克豪华车，弟弟是房地产开发商，儿子是建材商等个人信息。2009年2月13日，江宁区纪委对周久耕立案调查。2009年10月10日，周久耕被南京市中级人民法院一审以受贿罪判处有期徒刑11年。③天价烟事件展现了人肉搜索的能量以及网友的巨大合力。"2010年，网络舆论的社会影响力加深，'王家岭矿难

---

① 中国互联网络信息中心：《2009年中国互联网发展大事记》，http://www.cnnic.net.cn/hlwfzyj/hlwdsj/201206/t20120612_27424.htm。
② 中国互联网络信息中心：《2009年中国互联网发展大事记》，http://www.cnnic.net.cn/hlwfzyj/hlwdsj/201206/t20120612_27424.htm。
③ 崔洁，肖水金：《"天价烟局长"周久耕案的前前后后是是非非》，《检察日报》2009年10月20日。

救援''方舟子打假''宜黄强拆自焚''我爸是李刚'等一系列事件通过网络曝光后引起社会的广泛关注。"① 2011年初,"微博打拐"活动发起,"随手拍照解救乞讨儿童"的微博行动引起全国关注,形成强大舆论传播力量。7月23日"甬温动车事件"通过微博快速传播,引发热议。

中国互联网络信息中心（CNNIC）数据显示,"2011年我国微博客用户已达2.5亿,较上一年增长了296.0%。"②"2011年5月,国家互联网信息办公室正式设立。这一机构的设立,其目的是进一步加强互联网建设、发展和管理,提高对网络虚拟社会的管理水平,体现出国家层面对互联网的高度重视。"③ 2011年12月16日,《北京市微博客发展管理若干规定》出台,规定任何组织或者个人注册微博客账号,应当使用真实身份信息。随后广州、深圳、上海、天津等地亦采取相同措施。多项事件表明,微博已成为我国重要舆论平台。"2013年1月4日,国家广播电影电视总局下发了2013年1号文《广电总局关于促进主流媒体发展网络广播电视台的意见》,要求将网络广播电视台提升到与电台电视台发展同等重要地位,鼓励电台电视台与宽带互联网、移动通信网等新兴媒体结合,发展新形态广播电视播出机构——网络广播电视台,经过三至五年的努力,确立网络广播电视台在新媒体传播格局中的主流地位。"④

随着微博等网络平台影响力的不断增强,国家也加速了网络问政的步伐。"2010年1月13日,国务院总理温家宝主持召开国务院常务会议,决定加快推进电信网、广播电视网和互联网三网融合。6月30日,国务院三网融合工作协

---

① 中国互联网络信息中心:《2010年中国互联网发展大事记》,http://www.cnnic.net.cn/hlwfzyj/hlwdsj/201206/t20120612_27425.htm。
② 中国互联网络信息中心:《2011年中国互联网发展大事记》,http://www.cnnic.net.cn/hlwfzyj/hlwdsj/201206/t20120612_27426.htm。
③ 中国互联网络信息中心:《2011年中国互联网发展大事记》,http://www.cnnic.net.cn/hlwfzyj/hlwdsj/201206/t20120612_27426.htm。
④ 中国互联网络信息中心:《2013年中国互联网发展大事记》,http://www.cnnic.net.cn/hlwfzyj/hlwdsj/201405/t20140521_47077.htm。

调小组审议批准,确定了第一批三网融合试点地区(城市)名单。"① 2010 年 6 月 8 日,国务院新闻办公室首次发表《中国互联网状况》白皮书,说明了中国政府关于互联网的基本政策:"积极利用、科学发展、依法管理、确保安全。"②"2010 年 9 月 8 日,人民网·中国共产党新闻网正式推出'直通中南海——中央领导人和中央机构留言板'。该留言板突出互动性,旨在让网友对中央领导人倾诉心声,给中央机构提出意见建议。"③

第三节 互联网与媒体人转型

互联网接入中国以来,每次自媒体的迭代,都会引发媒体人的辞职潮。微信出现后,则出现了最大规模的媒体人辞职潮和创业潮。媒体人辞职创业的示范效应使得更多的新闻从业者越来越趋向于认同营利者的角色,以加速度的方式推动着传统媒体人的辞职潮,并强化对传统媒体整个行业的否定,对传统媒体内部创业项目形成一定的舆论压力。本部分运用目的性抽样的方法,选取了 2010 年至 2016 年媒体曝光较高的 101 位辞职媒体人为样本,梳理了媒体人辞职潮的具体表现、影响,并据此对传统媒体转型发展提出了相应的对策建议。

首先,本研究立足于媒体人离职潮 3.0 时代,传统媒体开始尝试内部转型创业以及媒体人大规模辞职创业的 2010 年至 2016 年,并选取这几年中媒体曝光较高的辞职媒体人展开研究。采取目的性抽样的方法,在谷歌检索平台分别以"媒体人辞职"和"媒体内部创业"为关键词进行标题式检索,检索时间为 2010 年

---

① 中国互联网络信息中心:《2010 年中国互联网发展大事记》,http://www.cnnic.net.cn/hlwfzyj/hlwdsj/201206/t20120612_27425.htm。
② 中国互联网络信息中心:《2010 年中国互联网发展大事记》,http://www.cnnic.net.cn/hlwfzyj/hlwdsj/201206/t20120612_27425.htm。
③ 中国互联网络信息中心:《2010 年中国互联网发展大事记》,http://www.cnnic.net.cn/hlwfzyj/hlwdsj/201206/t20120612_27425.htm。

| 媒介理论视域下互联网自我呈现行为的演化 |

1月1日至2016年9月1日,并在检索结果中进行抽样。先按相关性选取检索结果的前100条进行阅读,再根据这100条结果中所提供的所有相关调查对象进行滚雪球式抽样,然后按照媒体曝光量分别选出101个样本。并根据所选样本在谷歌平台和重要报纸数据库中发表的文本、接受的访谈等作为补充性数据来源,再对所获得文本进行话语分析。

其次,本部分对重要辞职媒体人和专家进行了一对一访谈。访谈对象涉及纸媒、广电和传统互联网的辞职媒体人,以及目前留在媒体内部进行创业的新媒体项目负责人、主要参与者等,共10人,以便进一步梳理媒体人辞职现状、媒体内部创业和媒体人辞职创业动因及行为表现等。

一、媒体人辞职潮的整体概况

（一）按互联网技术发展史,媒体人的辞职潮可分为三个阶段

第一,媒体人辞职潮1.0时代,一批优秀的传统媒体采编人才加入互联网媒体,成为内容部门核心负责人。[①] 虽然当时传统媒体依然处于相对强势地位,门户网站仍需转载传统媒体的内容,但一些媒体从业者嗅到新机会,尝试性加入互联网媒体,担当副总编辑以及新闻总监等职务,主要负责新闻把关工作。随着业务壮大,他们逐渐成为门户网站内容部门的核心负责人,并协助网站继续从传统媒体中吸纳优秀人才。随后,经过互联网公司技术、产品、运营业务的洗礼,第一批进入门户网站的传统媒体人纷纷走出去创业,包括网易帮、搜狐帮等创业群体。目前留在门户网站内容部门总监以上职位的多是后续几批招入的传统媒体人。

第二,媒体人辞职潮2.0时代,一些较"活"的媒体从业者辞职创办自己的公关公司、广告公司,或加入大企业和公关公司,从事品牌以及公关业务。[②] 从

---

① 栾春晖：《媒体人的几次离职潮》,《青年记者》2015年第3期。
② 栾春晖：《媒体人的几次离职潮》,《青年记者》2015年第3期。

事品牌以及公关业务的辞职媒体人其核心优势在于与传统媒体业务体系的良好关系，能充分发挥其资源人脉的价值，甚至利用体制外的身份，与体制内部曾经的同事进行合作或项目转包。

第三，媒体人辞职潮 3.0 时代，一些拥有新思维和新理念的媒体人，纷纷向甲方企业流动，从事诸如市场、运营、销售、战略、新媒体、电商等多个领域的具体工作。[①] 同期辞职的另外一批媒体人则进行独立创业，围绕新媒体以及文化创意产业进行自主创业，真正投身到商海之中。媒体人辞职潮 3.0 时代，不仅发生了自媒体的迭代，出现了最大规模的媒体人辞职潮，且出现了最大规模的媒体人创业潮。这些辞职后进行自媒体创业的媒体人，他们在传统媒体获得了优秀的专业技能及强大的资源整合能力，辞职后他们获得了更多驾驭市场、资本及媒介的主动权，他们的辞职创业行为一定程度上对现有媒体格局和媒介生态都产生了影响。

（二）媒体人辞职情况的具体分析

1. 辞职媒体人主要来自纸媒，占近六成

从样本分析中看，近 58% 的辞职媒体人来自纸媒，可见纸媒从业者忧患意识最强。其次是来自电视台的辞职媒体人，占比近 22%。从传统互联网辞职的媒体人也占了将近 16%，尤其是来自网易的辞职媒体人最多，而这部分媒体人在到网易工作前多供职在南方报业集团。也有部分参与媒体内部创业项目的新媒体人才辞职，而样本中来自电台的辞职媒体人最少。

2. 辞职媒体人曾供职地点集中在北、广、上一线城市

从样本分析中发现，五成辞职媒体人来自北京，近三成来自广州，来自上海的占比近 15%。其他辞职媒体人零散来自西安、杭州、重庆、黑龙江、香港等二、三线城市及特区。辞职媒体人集中在一线城市，这与一线城市媒体人对媒体格局及用户变化更为敏感、选择机会更多有一定的关系。

---

① 栾春晖：《媒体人的几次离职潮》，《青年记者》2015 年第 3 期。

| 媒介理论视域下互联网自我呈现行为的演化 |

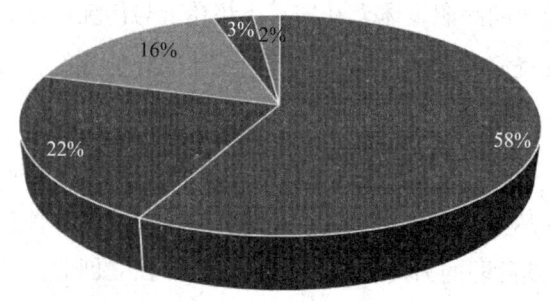

图1-1 辞职媒体人曾供职媒体类型

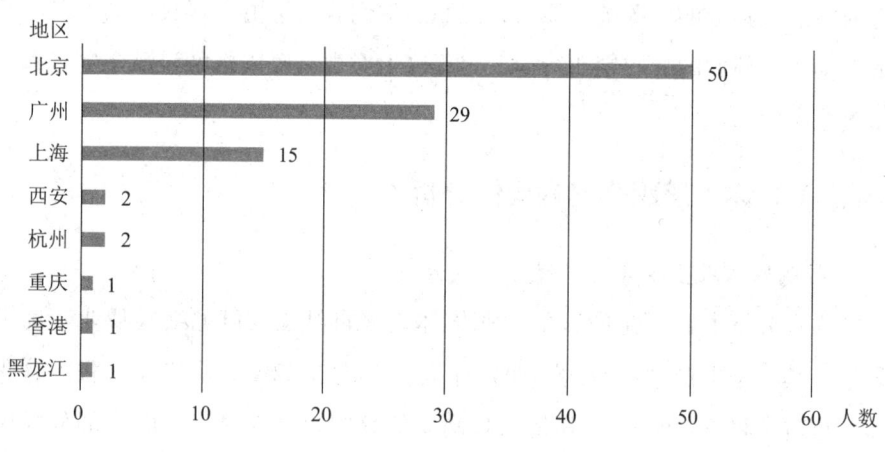

图1-2 媒体人辞职前供职城市

3. 五成辞职媒体人年龄集中在35—45岁

从样本分析中看,辞职媒体人中35—40岁最多,占比近35%;41—45岁和46—50岁次之,占比近15%;31—35岁,占比近12%;51—55岁,占比近8%;26—30岁及56—60岁占比最少。即辞职媒体人主要为中年人,青年及老年占比较少。

4. 辞职媒体人近六成在原媒体拥有中高层职务

从样本分析中看,辞职媒体人中总裁/副总裁/副社长占3%,总编/副总编占19%,主编/副主编/高级记者占18%,总监/副总监/主任编辑/顾问占16%。

| 第一章 技术：呈现自我的技术之镜 |

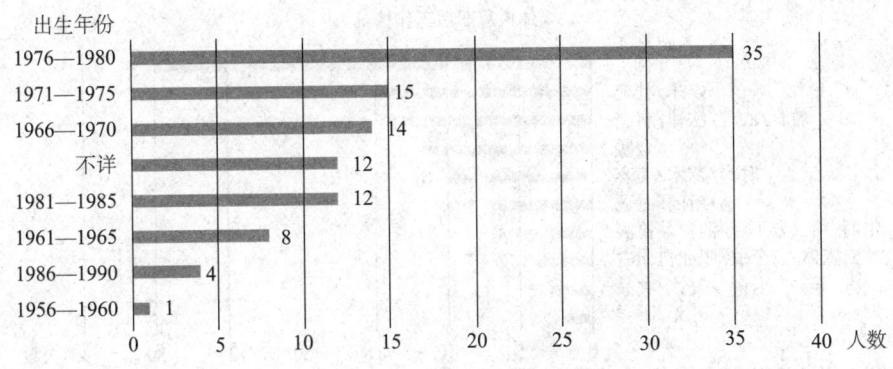

图1-3 辞职媒体人年龄分布情况

统计可见，辞职媒体人中五成多在原媒体拥有中高层职务。其余四成多为记者/编辑/主持人等普通职员，但他们多业绩优秀，做过较有影响的报道，或为报刊主笔。

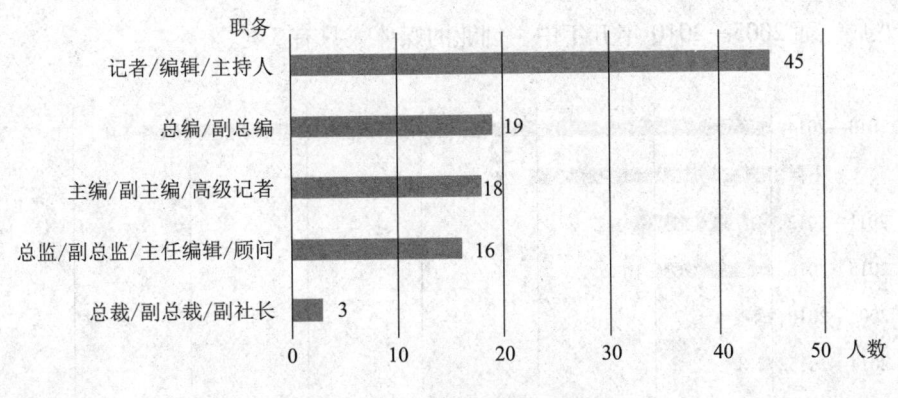

图1-4 辞职媒体人原职务

5. 七成媒体人辞职后选择自己创业，且主要从事娱乐、教育和金融行业

从样本分析中发现，三成媒体人辞职后选择到其他公司就职，其中大半进入公司高层管理层，另有一部分进入公司负责公关工作。另外，样本中七成媒体人选择了自己创业。他们的创业行业中，娱乐/社交占比近22%，教育/心理等占比近19%，金融占比近17%，时尚/艺术等占比达14%，仍有10%的辞职媒体人坚持做新闻资讯。

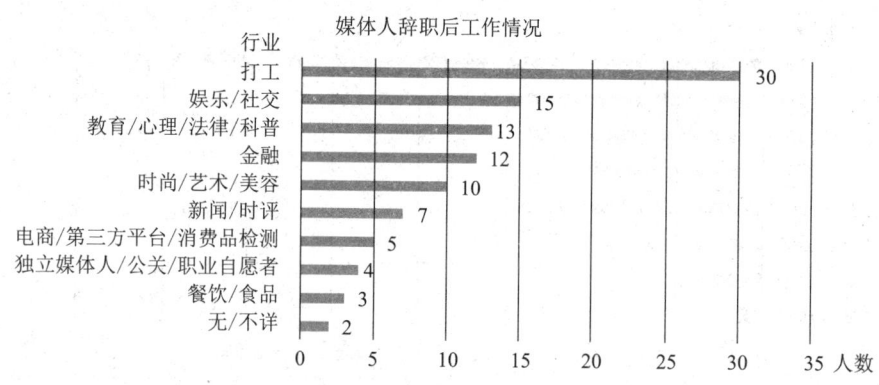

图1-5 媒体人辞职后就业情况①

6. 媒体人辞职创业主要集中在2011—2016年

从样本分析中发现,近五年是媒体人辞职创业的高峰期。2013—2014年辞职创业的媒体人占54%。2011—2016年五年内,辞职创业的媒体人占76%,将近八成。而2005—2010年五年中,创业的媒体人只有3%。

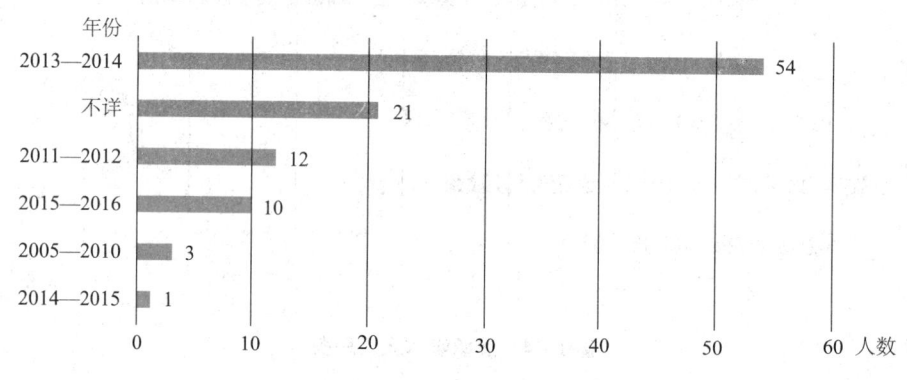

图1-6 辞职媒体人创业时间段

7. 媒体人辞职创业后选择的媒体平台以微信、微博、网站为主

数据分析中发现,媒体人辞职创业后所选择的媒体平台中微信占比最高,达50%;微博占42%;网站占39%,开发App的达34%。媒体人辞职创业后,在

---

① 除"打工"外,其他均为自主创业项目。

运用微信、微博等新媒体平台进行推广宣传的同时，仍通过建立网站展现公司实力。部分公司同时建立了网站、微博、微信和 App 等宣传平台，辞职创业的媒体人较重视公司的媒体推广与宣传。

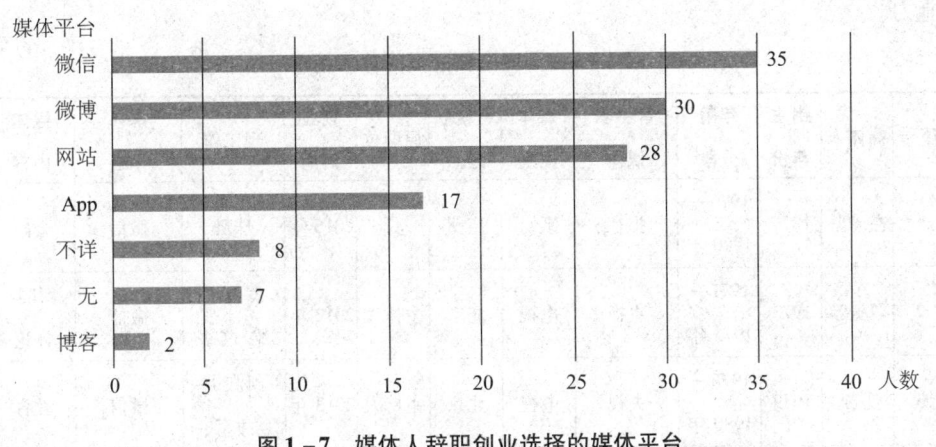

图 1-7　媒体人辞职创业选择的媒体平台

8. 辞职创业媒体人类型概括

辞职后选择创业的媒体人大致可分为资源型、能力型、创业型、休闲型、爱好回归型几种，有些创业者则是几种类型的杂糅。资源型的辞职创业者多在原媒体处在高层管理层，身为总裁、副总裁、总编、主编、重点项目总监等，他们在行业内积累了一定的声誉，会有风投主动动员他们辞职创业，或者一辞职便可获得风投，他们多选择进军新媒体文化集团，如兴格传媒和梨视频的创始人等。能力型的创业者年龄多在 35—45 岁，在原媒体处于中层职位，身为主任编辑、项目总监等，专业能力强，并对行业有自己独特的判断和坚守，他们所选择的创业项目多与原工作经历相结合，如一条和作文导师团的创始人等。创业型的创业者多业绩优秀，具有一定的阅历，在业内取得了一定的知名度，工作努力，但安全感低。对创业抱着试一试的态度，如左志坚辞职后先创建了拇指阅读，转卖京东后又尝试众筹，目前创建了金融产品珠玑。这一类型的创业者会出现终止创业或反复创业的情况。休闲型创业者在业内已不乏名与利，渴望走出体制，在新天地中再次证明自己，同时他们也是资源型的创业者，如华人文化产业投资基金董事

47

长等。爱好回归型的创业者年龄多在31—40岁，他们因工作经历、家庭原因或个人爱好对某一领域产生了兴趣，便选择以此进行创业。如凯叔讲故事和石榴婆报告的创始人等。这一类型的创业者在兴趣驱动下有着持续的创业热情和创新能力。

表1-1 国内主要辞职媒体人情况

序号	媒体人	出生年份	年龄分段	曾供职媒体	媒体类别	曾就职地点	原职位	创业时间	现工作	媒体平台	媒体内容
1	左志坚	1979	1976—1980年	报社	纸媒	广州	总监	2016年	珠玑	微信	金融
2	罗振宇	1973	1971—1975年	央视	电视	北京	主持人	2012年	罗辑思维/网站	微信	新闻/评论
3	王凯	1979	1976—1980年	央视	电视	北京	主持人	2013年	凯叔讲故事	微信	教育
4	张华	1982	1981—1985年	报社	纸媒	广州	记者	2013年	少年商学院	微信	教育
5	张军	不详	不详	羊城晚报	纸媒	广州	记者	2013年	腾讯公司	网站/微博/微信	打工/公关
6	程艳	1980	1976—1980年	报社	纸媒	上海	编辑	2013年	石榴婆报告	微信	时尚/娱乐
7	徐沪生	1970	1966—1970年	报社	纸媒	上海	主编	2014年	一条	微信/微博/App	艺术
8	赵凌、邓瑾	不详	不详	报社	纸媒	广州	记者	2014年	博雅小学堂	微信/微博/App	教育
9	连清川	1972	1971—1975年	报社(IBTIMES)	纸媒	上海	总编	2015年	一道自媒体	微信/网站	第三方平台
10	王力为、杨文红	1979、1971	1971—1975年	上影集团	电视	上海	副总裁	2015年	兴格传媒	微信/网站	娱乐
11	王凤梅	1980	1976—1980年	上海法治声音	新媒体	上海	主编	2015年	律新社	微信/网站	法律

第一章 技术：呈现自我的技术之镜

(续表)

序号	媒体人	出生年份	年龄分段	曾供职媒体	媒体类别	曾就职地点	原职位	创业时间	现工作	媒体平台	媒体内容
12	秦朔	1968	1966—1970年	第一财经日报	纸媒	上海	总编	2015年	秦朔朋友圈	微信/微博	金融
13	何力	1962	1961—1965年	界面	新媒体	上海	总编	2014年	乐钱	网站/微博/微信/App	打工/投资
14	孙二爽	1981	1981—1985年	中国报道	纸媒	黑龙江	记者	2012年	上海普兰金融服务有限公司	网站	打工/公关
15	孙春龙	1976	1976—1980年	瞭望东方周刊	纸媒	北京	主任编辑	2011年	职业自愿者	无	职业自愿者
16	陈亮	1980	1976—1980年	南方日报	纸媒	广州	记者	2008年	蚂蚁金服商学院	微博/网站	打工/管理
17	王克勤	1964	1961—1965年	经济观察报	纸媒	北京	主任编辑	2013年	职业自愿者	无	职业自愿者
18	邱兵	1968	1966—1970年	澎湃	新媒体	上海	总监	2016年	梨视频	微信/网站/微博/App	新闻
19	陈金铭	不详	不详	小学语文教师	纸媒	上海	编辑	2015年	作文导师团	微信/微博	教育
20	何伊凡	1979	1976—1980年	中国企业家	纸媒	北京	总编	2016年	今日排行榜	微博/网站	娱乐
21	刘东华	1963	1961—1965年	中国企业家	纸媒	北京	顾问	2012年	正和岛	网站/微博/App/微信	社交
22	牛文文	1966	1966—1970年	中国企业家	纸媒	北京	总编	2014年	牛投网	网站/微博/微信/App	金融

49

(续表)

序号	媒体人	出生年份	年龄分段	曾供职媒体	媒体类别	曾就职地点	原职位	创业时间	现工作	媒体平台	媒体内容
23	方三文	1975	1971—1975年	网易	传统互联网	广州	副总编	2010年	雪球网	网站/微博/微信	金融
24	黎瑞刚	1969	1966—1970年	SMG	电视	上海	总裁	2015年	华人文化产业投资基金	不详	金融
25	于困困	1980	1976—1980年	纽约时报中文网	传统互联网	北京	副总编	2015年	玲珑沙龙	App/微博/微信	娱乐
26	魏寒枫	1976	1976—1980年	东方企业家	纸媒	上海	主编	2016年	现代农匠	微信	农业/食品
27	李志刚	1975	1971—1975年	东方企业家	纸媒	上海	记者	2014年	新经济100人	网站/微博/微信	财经/金融
28	曹筠武	1980	1976—1980年	南方周末	纸媒	广州	总监	2014年	聚美优品	网站	打工/副台长
29	郑福利	1977	1976—1980年	新世纪周刊	纸媒	北京	总监	2013年	福图社	网站	艺术
30	杨婧	不详	不详	东方企业家	纸媒	上海	主任编辑	不详	360淘金	网站/微博/App	打工/市场总监
31	李铁	不详	不详	财经天下周刊	纸媒	广州	副主编	2016年	盖得排行（Guide Rank）	网站/App/微信	电商导购
32	哈文	1969	1966—1970年	央视	电视	北京	主任编辑	2015年	读博（中国传媒大学）	无	教育
33	李学凌	1973	1971—1975年	网易	传统互联网	北京	总编	2013年	YY	网站	娱乐
34	唐岩	1979	1976—1980年	网易	传统互联网	广州	总编	2011年	陌陌	网站	社交
35	申音	不详	不详	创业家	纸媒	北京	主编	2014年	怪杰	无	娱乐

(续表)

序号	媒体人	出生年份	年龄分段	曾供职媒体	媒体类别	曾就职地点	原职位	创业时间	现工作	媒体平台	媒体内容
36	杨磊	不详	不详	21世纪经济报道	纸媒	北京	总监	2013年	阿里	网站/App	打工/公关总监
37	罗昌平	1980	1976—1980年	财经	纸媒	北京	副主编	2014年	优客	不详	消费品检测
38	王玉德	1976	1976—1980年	金融观察	纸媒	广州	主编	2015年	无冕财经	微信	创投
39	郑蔚	1972	1971—1975年	央视经济频道	电视	北京	副总监	2015年	爱奇艺	网站	打工/首席信息官
40	伊险峰	不详	不详	第一财经周刊	纸媒	上海	总编	2014年	好奇心日报	网站	新闻
41	马东	1968	1966—1970年	央视	电视	北京	主持人	2015年	米未传媒	微博	娱乐
42	马一木	1978	1976—1980年	南方都市报	纸媒	广州	编辑	2014年	短裤视频	网站/微信	娱乐
43	蔡崇达	1982	1981—1985年	中国新闻周刊	纸媒	北京	主编	2013年	名堂	不详	时尚
44	曾航	1986	1986—1990年	21世纪经济报道	纸媒	广州	记者	2015年	光速时光网络CEO	网站	科普
45	张泉灵	1973	1971—1975年	央视	电视	北京	主持人	2015年	紫牛基金	网站/微博	金融/投资
46	娄池	1984	1981—1985年	腾讯科技频道	传统互联网	广州	副主编	2015年	VR公司焰火工坊	网站/微博	虚拟现实
47	赵莹	1977	1976—1980年	网易	传统互联网	广州	总编	2014年	美黛拉	App/微博/微信	美容
48	陈峰	1973	1971—1975年	网易	传统互联网	广州	总编	2015年	GetFun	网站/微博/App	社交

(续表)

序号	媒体人	出生年份	年龄分段	曾供职媒体	媒体类别	曾就职地点	原职位	创业时间	现工作	媒体平台	媒体内容
49	龙志	1982	1981—1985年	网易	传统互联网	广州	总监	2015年	大码女装App"凹凸曼"	App	时尚
50	杨继斌	1979	1976—1980年	新京报	纸媒	北京	记者	2014年	拉勾网	网站/微博/微信	打工/公关
51	方可成	1987	1986—1990年	南方周末	纸媒	广州	记者	2013年	威斯康星大学读博士	无	教育
52	王利芬	1960	1956—1960年	央视	电视	北京	主持人	2009年	优米网	网站/微博/微信/App	教育/培训
53	傅剑锋	1978	1976—1980年	南方周末	纸媒	广州	记者	2011年	腾讯大浙网	网站/微博/微信	打工/总裁
54	简光洲	1973	1971—1975年	东方早报	纸媒	上海	记者	2012年	上海庄凌文化传播公司	网站	公关
55	郎朗	1978	1976—1980年	21世纪经济报道	纸媒	广州	记者	2013年	腾讯	网站/微信/微博	打工/公关
56	李咏	1968	1966—1970年	央视	电视	北京	主持人	2013年	高校老师（中国传媒大学）	无	打工/教育
57	黄章晋	1970	1966—1970年	网易新闻中心	传统互联网	北京	副主编	2013年	大象公会	网站/微博/微信/博客/App	新闻/评论
58	徐洁云	1978	1976—1980年	21世纪商业评论	纸媒	广州	主编	2013年	小米	网站/微信	打工/市场总监
59	王晓亮	1977	1976—1980年	华商报	纸媒	西安	记者	2013年	高考艺考培训班	不详	教育

第一章 技术：呈现自我的技术之镜

(续表)

序号	媒体人	出生年份	年龄分段	曾供职媒体	媒体类别	曾就职地点	原职位	创业时间	现工作	媒体平台	媒体内容
60	王青雷	1977	1976—1980年	央视	电视	北京	记者	2013年	泛高影视文化有限公司董事长CEO	网站	娱乐
61	崔永元	1963	1961—1965年	央视	电视	北京	主持人	2013年	高校老师（中国传媒大学）	无	打工/教育
62	叶伟民	1983	1981—1985年	南方周末	纸媒	广州	记者	2014年	开通金融品牌公关总监	网站	打工/创投
63	刘建宏	1968	1966—1970年	央视	电视	北京	主持人	2014年	乐视体育	网站/微博/微信/App	打工/首席内容官
64	王涛	1980	1976—1980年	央视	电视	北京	主持人	2014年	北半球传媒	微博/微信	娱乐
65	麻宁	1985	1981—1985年	北京人民广播电台	广播	北京	主持人	2014年	城觅网	App	打工/副总裁
66	田颖	1989	1986—1990年	新京报	纸媒	北京	记者	2014年	北京拉链互动科技有限公司副总裁	网站	时尚
67	张国栋	不详	不详	南方都市报	纸媒	广州	高级记者	2014年	迪蒙网贷	网站/微信/微博	打工/公关总监
68	江雪	1975	1976—1980年	华商报	纸媒	西安	记者	2014年	独立媒体人	无	独立媒体人
69	张俊彦	1983	1981—1985年	南方周末	纸媒	广州	记者	2014年	醍醐艺术联合创始人	微博	艺术

(续表)

序号	媒体人	出生年份	年龄分段	曾供职媒体	媒体类别	曾就职地点	原职位	创业时间	现工作	媒体平台	媒体内容
70	陈朝华	1969	1966—1970年	南都周刊	纸媒	广州	总编	2015年	搜狐	网站/微博/微信/App	打工/副总裁、总编辑
71	张力奋	1962	1961—1965年	FT中文网	传统互联网	北京	总编	2015年	高校老师（复旦大学）	无	打工/教育
72	闾丘露薇	1969	1966—1970年	凤凰卫视	电视	香港	总监	2015年	读博（宾州州立大学）	无	教育
73	康少见	1981	1981—1985年	京华时报	纸媒	北京	主任编辑	2015年	腾讯	网站/微博/微信	打工/新闻内容运营主编
74	封新城	1963	1961—1965年	新周刊	纸媒	广州	总编	2015年	华人文化产业投资基金	不详	打工/首席内容官
75	黄长怡	1980	1976—1980年	南方都市报	纸媒	广州	记者	2015年	麻麻在这里	微信	教育
76	张寒	1983	1981—1985年	新京报	纸媒	北京	副主编	2015年	今日头条	App	打工/深度运营
77	胡赳赳	1978	1976—1980年	新周刊	纸媒	广州	副主编	2015年	开始众筹	网站/App/微博	创投
78	朱建	1964	1961—1965年	都市快报	纸媒	杭州	副总编	2015年	隐食网络	微博/微信/App	餐饮
79	武卿	1976	1976—1980年	央视	电视	北京	主持人	2015年	奇霖传媒	网站/微博/微信	金融
80	李洪洋	1962	1961—1965年	北京日报社	纸媒	北京	副社长	2015年	美菜网	网站/微博/微信/App	打工/副总裁

第一章 技术：呈现自我的技术之镜

(续表)

序号	媒体人	出生年份	年龄分段	曾供职媒体	媒体类别	曾就职地点	原职位	创业时间	现工作	媒体平台	媒体内容
81	刘炳路	1979	1976—1980年	新京报	纸媒	北京	副总编	2015年	蚂蚁金服商学院	网站/微博/微信/App	打工/副院长
82	曾湉	1980	1976—1980年	央视	电视	北京	主持人	2015年	一段	不详	娱乐
83	龙志	1980	1976—1980年	网易	传统互联网	广州	总监	2015年	不详	不详	电商
84	青音	1975	1971—1975年	中央人民广播电台	广播	北京	记者	2015年	心联网科技有限公司	网站/App/微信	心理
85	卞君君	1980	1976—1980年	新华社浙江分社	纸媒	杭州	记者	2015年	出版公司	不详	打工
86	王以超	1974	1971—1975年	财新网	传统互联网	广州	主编	2011年	36氪	网站/App/微信/微博	打工/副总裁
87	柴静	1976	1976—1980年	央视	电视	北京	主持人	2014年	独立制作人	不详	不详
88	白燕升	1968	1966—1970年	央视	电视	北京	主持人	2012年	香港卫视	电视台/App/微博	打工/副台长
89	邱启明	1971	1971—1975年	央视/湖南卫视	电视	北京	主持人	2013年	搜狐新闻	网站/微博/微信	打工/财经中心总监
90	曹宗文	1980	1976—1980年	京华时报	纸媒	北京	记者	不详	腾讯网	网站/微博/微信	打工/编辑
91	王晓磊（六神磊磊）	1984	1981—1985年	新华社重庆分社	纸媒	重庆	记者	2015年	六神磊磊读金庸	微信/微博/博客	读书/时评

55

(续表)

序号	媒体人	出生年份	年龄分段	曾供职媒体	媒体类别	曾就职地点	原职位	创业时间	现工作	媒体平台	媒体内容
92	郎永淳	1971	1971—1975年	央视	电视	北京	主持人	2015年	找钢网	网站/App/微博	打工/副总裁兼首席战略官
93	李小萌	1973	1971—1975年	央视	电视	北京	主持人	2015年	全职在家	无	无
94	孔璞	1986	1986—1990年	新京报	纸媒	北京	记者	2015年	什么值得买	网站	导购
95	张伟	1981	1981—1985年	博客天下	传统互联网	北京	主编	2013年	桃花岛	App/微博	时尚
96	苗炜	1968	1966—1970年	三联生活周刊	纸媒	北京	副主编	2015年	刻画视频	微博/微信	娱乐
97	丁秀洪	1979	1976—1980年	网易	传统互联网	北京	总编	2015年	不详	不详	金融
98	陈萌沧	不详	不详	网易新闻中心	传统互联网	北京	总监	2012年	饭本	微博/微信/App	餐饮
99	于威	不详	不详	搜狐网	传统互联网	北京	总编	2014年	"微在"（WeZeit）	网站/微博/微信/App	新闻
100	徐宁	1978	1976—1980年	芭莎艺术	纸媒	北京	主编	2014年	云图	网站/微博/微信	艺术

二、媒体人辞职创业与媒体内部创业比较

互联网接入中国以来，伴随自媒体的不断迭代，受众在媒介场中的权力场域不断增加，媒体与受众间关系的变化加剧了媒体格局的变化。传统媒体在转型过程中开始探索内部创业模式。同时，自媒体的出现与不断迭代，引发了媒体人的离职潮。微信出现后，则出现了最大规模的离职潮和创业潮。媒体人离职创业与媒体内部创业成为理解当下媒体转型的有力样本。虽同是媒体人创业，但二者所

获与所遇困境都不同。本部分图运用梅罗维茨的媒介情境论，按照媒介——情境——行为的研究思路，解读媒体人离职创业和媒体内部创业行为。

媒体内部创业是指"在组织内部以创造价值为目的开发新业务的过程被称为内部创业，它是传统媒体适应新环境，实现数字化转型并维持经营成功的关键"。[1] 王武彬（2015）把创业项目与母体组织结构和主营业务之间的关系作为线索，将目前传统媒体的创业道路概括为三种："第一条是内生式增长之路。创业项目没有脱离传统媒体母体，主要借助自有力量推动，围绕原有主营业务开展，以微信公众号和移动客户端为代表。第二条是外延式扩张之路。创业项目基本脱离传统媒体母体，主要借助资本力量推动，通过并购、投资等手段快速进入相关领域，以网游业务为代表。第三条是一条折中的道路，虽然还坚守新闻信息服务这一媒体最熟悉和擅长的业务领域，但却引入外部资本，成立独立实体，推出全新品牌，完全是创业公司应该有的样子。走在这条道路上的代表性项目主要有：澎湃新闻、界面、并读新闻和热门话题。"[2] 从运营管理和内容生产的创新性考虑，本书分析的媒体内部创业行为主要指的是第三条引入外部资本、成立独立实体、推出全新品牌的内部创业行为。

按梅罗维茨的媒介情境论，不同的媒介提供不同的社会信息传播模式，进而构建了不同的社会情境。媒介中对信息进行编码或解码所需的技能和常识越多，需要记忆的符号越多，能够掌握它的人越少，印刷媒介区隔的作用越强，用户选择印刷品的差异性也越明显。同时，"印刷媒介复杂的书写符号系统有助于文化阶层控制文化信息和礼仪"。[3] 与印刷媒介相比，电视的电子信号代码复制了日常生活的图像和声音，所涉及的接触代码较为单一，用户区隔并不明显。但印刷媒介和电视媒介都不能使现实场景中的用户与虚拟场景中的人形成互动。而网络

---

[1] 朱松林：《分化与整合：传统数字化转型中的创业组织模式》，《国际新闻界》2014年第1期。

[2] 王武彬：《传统媒体创业的三条道路》，《中国记者》2015年第8期。

[3] 约书亚·梅罗维茨：《消失的地域：电子媒介对社会行为的影响》，肖志军译，清华大学出版社，2002，第68页。

媒介则是一种多对多，台上台下不断互动、融合的媒介。这样的一种动态媒介其前区、后台、台上、台下的界限都已变得模糊。随着移动终端的出现，发布系统更为简单容易，用户可以转发语音、文字、随手拍视频等，当每个用户都可以走到前区、台上时，原有的文化阶层便难以控制文化信息了。传播媒介越融合，媒介社会中的交往形式越平等。媒介情境的变化，使传统媒体人职业荣誉感、满足感逐渐降低，出现了身份认同的危机，开始尝试内部创业和辞职创业，但两种创业的动因不尽相同。

（一）转型与创业：掌握话语权与争取生存权

媒介情境的变化不仅使媒体人出现了身份认同的危机，也给媒体集团、党的宣传部门提出了重夺话语权、提高主流媒体舆论引导力等问题，媒体转型成为自上而下的决策性举措。党的十八大、十八届三中全会以及习总书记8·19讲话都明确指出：要整合新闻媒体资源，推进传统媒体和新兴媒体融合发展。2014年8月，中央审议通过了《关于推动传统媒体和新兴媒体融合发展的指导意见》。部分报业集团响应中央号召，进行集团重组，布局媒体融合，推出新媒体品牌，尝试媒体内部创业。2013年10月上海原解放报业集团、文汇新民联合报业集团合并组建上海报业集团，并相继推出了澎湃新闻、上海观察、界面等新媒体项目。有了上报集团的先行先试，在政策、资本的助推以及自身转型的巨大压力之下，国内其他传统媒体机构才逐渐尝试内部创业，主要项目见表1-2。但媒体内部创业志在引导舆论，打通两个舆论场。这一终极目标预设的媒介场景仍停留在大众媒体时代，是有台上和台下区隔的——传统媒体在台上引导台下用户的舆论。

互联网3.0时代，自媒体和社交媒体的传播使得信息生产场景和信息接收场景的界限发生了变化，UGC和PUGC的出现使得信息生产者和信息接收者间的界限发生了移动。不同场景间界限的移动意味着传统的前区行为和后台行为随之发生变化，出现了区别于二者的中区行为。对于传统媒体人和媒体集团而言，用户进入到信息生产和传播场景中，使他们不得不调适原有的后区行为，更好地捍卫原有的权威性。捍卫权威性的方式有两种：一是守住原有的界限，二是在中区重新树立权威性。由传播技术带来的场景界限的移动是不可逆转的，传统媒体集团和传统媒体人想重夺话语权只能在中区树立权威性。传统媒体集团做出的选择是媒体内部转型创业，传统媒体人做出的选择较为多样：留在集团相对传统的部门、参与集团内部创业、辞职到公司、辞职创业等。然而，内部创业却出现了高层需求和行动层需求不一致的尴尬。传统媒体内部创业主要是国家政策使然，而对于参与媒体转型的媒体人个体而言，他们则是心怀新闻理想，服从党和媒体组织的安排。但媒体内部创业的三年来，很多参与创业的媒体人甚至项目负责人相继辞职。他们称参与媒体内部创业是无奈之举，退出内部创业尝试辞职创业则是没有选择的选择。根据马斯洛的"需求层次理论"，为掌握话语权而进行的转型居于需求层次的第四层——尊重的需求，党和国家希望其所管媒体在大众中能够获得尊重，拥有话语权，追求的是高层次的需求。而很多参与内部创业的媒体人个体则大多没有这么高层次的需求，他们考虑的是自己在传统媒体能否待到退休，生存成本不断上涨，自己的收入却不涨，甚至传统媒体转型后原有的车马费和采访费不再有了，收入缩减。一定程度上可以说，内部创业的媒体人面临的是个体生存层面的需求。因此，媒体内部创业面临着高层需求和行动层需求不一致的尴尬，这种创业势必是缺乏动力的奔跑。

表1-2 国内主要媒体内部创业项目

序号	新媒体项目	所在城市	依托传统媒体	创建时间
1	澎湃新闻	上海	东方早报	2014.07
2	并读新闻	广州	南方报业	2015.04
3	九派新闻	武汉	长江日报报业集团	2015.06
4	封面	成都	华西都市报	2015.10
5	上游新闻	重庆	重庆晨报	2015.11
6	大河	郑州	大河报	2016.01
7	上海观察	上海	解放日报	2014.01
8	界面新闻	上海	第一财经周刊	2014.09
9	热门话题	北京	新京报	2015.05
10	浙江新闻	杭州	浙江日报报业集团	2014.06

媒介理论视域下互联网自我呈现行为的演化

微信的出现和用户移动终端使用习惯的形成，共同成就了网络媒体向移动媒体的迁移。微信作为开发较为完善的 App，在功能上兼容了 QQ 的发送图片、语音、视频，又具有博客的上传长信息、多信息分类等功能，较好地满足了媒体创建功能。但微信成就媒体创业最为核心的因素是它关联用户的手机联系人，这样便锁定了手机这一移动终端。微信出现的第二年，即 2012 年便出现了最大规模的媒体人离职创业潮。关于辞职原因，媒体人和研究者对此都有论述。首先，辞职媒体人关于辞职原因的论述主要集中在：一是不看好传统媒体的发展前景，自己的能力在传统媒体平台中未能如愿施展；二是热衷互联网行业，并想借此实现自己的媒体理想。另外，有学者在对离职新闻人的告别话语分析中指出："离职新闻人在告别书中除了表明这是一种个体的理性选择外，他们还把自己的离开与整个的行业背景勾连起来，试图将个体的困境与结构性困境联系起来。"[①] 有调查指出当下新闻人遭遇的困境主要包括："报业黄昏、公信力一天不如一天、盈利危机的重压、机构因素等。"[②] 媒体从业者除了工作的物质回报外，还在乎名望，包括读者影响力和业内影响力。新媒体技术的迭代，产生了新的媒介情境，用户行为发生了变化，传统媒体出现行业困境；媒体组织在整合过程的人员变动中未能给予个体充分的选择等。媒体从业人员出现深层职业身份焦虑，消磨了媒体从业者的组织忠诚度，但仍坚定新闻理想，这便促成了媒体人的离职创业潮。

从场景理论出发，传统媒体人辞职源自他们意识到了媒介场景的变化，互联网出现前的旧媒介场景已不复存在，已与新媒介场景出现了融合。如果传统媒体人想继续以信息影响用户，必须投身到新媒介场景中，掌握新场景的规则，并重新获得安身立命之处。传统媒体集团中，能够迅速看清并掌握新媒介场景规则的多是业务能力较强的媒体人。他们在传统媒体中习得的专业素养，以及对新媒介场景规则的洞悉，让他们看到了在新媒介场景中获取个人话语权、影响力，以及

[①] 白红义：《"下个路口见"：中国离职新闻人的告别话语研究》，《上海传媒发展报告 2015》，社会科学文献出版社，2015，第 286 页。

[②] 丁丁舟：《"理想"与"新媒体"：中国新闻社群的话语建构与权力关系》，《新闻与传播研究》2015 年第 3 期。

文化资本和经济资本的希望。辞职媒体人年龄多集中在30岁至40岁之间（6个样本），在原媒体集团处于中层职位，多为总监、主编等关键岗位，在业界和受众中具有一定的知名度，他们属于辞职创业媒体人中的"能力型"代表。41岁至50岁之间（4个样本），在原媒体集团处于管理层高层，多为总编、新媒体项目CEO等，在业界和受众中具有较高的知名度，阅历丰富，他们多是一辞职便获得高额风投，他们属于辞职创业媒体人中的"资源型"代表。概观这些获得较高媒体曝光率的辞职创业媒体人，他们以中青年居多，且在媒体部门居于中高层关键岗位，阅历丰富，具有一定的知名度。他们能够掌握媒体运营数据，因职位等原因常思考自己所属项目的发展方案，并且表示在现有条件下项目运营已触及天花板，因此下决心辞职。

表1-3 国内主要媒体人离职创业项目

序号	创建人	曾供职媒体	创建时间	自媒体名称	媒体平台	媒体内容
1	左志坚	报社	2016年	财技俱乐部	微信	财经
2	罗振宇	央视	2012年	罗辑思维	微信、视频	知识分享
3	王凯	央视	2013年	凯叔讲故事	微信广播	教育
4	张华	报社	2013年	少年商学院	微信	教育
5	杨文红	上影集团	2015年	兴格传媒	微信、网站	文化娱乐
6	程艳	报社	2013年	石榴婆报告	微信	时尚娱乐
7	徐沪生	报社	2014年	一条	微信视频	艺术
8	赵凌、邓瑾	报社	2014年	博雅小学堂	微信微电台	教育
9	邱兵	报社（新媒体）	2016年	梨视频	微信、网站	短视频
10	秦朔	报社	2015年	秦朔朋友圈	微信、微博	经济、金融和商业领域

媒体内部创业是新媒介场景下政府主导、资本助推、自身转型压力驱使的集团创业。内部创业的媒体人同样感受到了新媒介场景的冲击，但他们或因坚守新闻理想，或因不愿冒险离开单位体制的保护，决意尝试媒体内部创业。他们要在舆论引导、市场运营和媒体创新（习得新媒介场景规则）多种力量的撕扯中探

寻一条大路。而辞职创业的媒体人是在产生身份认同危机或看到内部创业项目的天花板后，决定到新媒介场景中追求职业荣誉感。辞职创业媒体人的目标是在尝试媒体创新（习得新媒介场景规则）、服务用户的同时，实现创业的经济回报和社会影响力等。他们面对的挑战是洞悉、掌握新媒介场景规则，并引领用户。在新媒介场景中，媒体人离职创业更像一个如互联网般开放的场域，而媒体内部创业则是在新媒介情境中的封闭式创业，如下图。

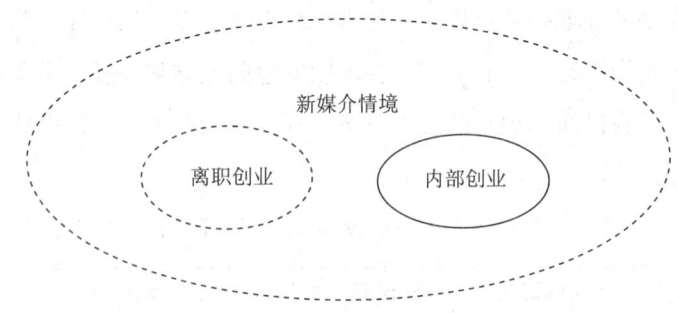

图1-8 新媒介情境中离职创业和内部创业业态

虽然媒体内部创业和媒体人辞职创业面对的传播技术和新媒介场景的冲击是一样的，但为掌握话语权而进行的内部创业，媒体仍处于"台上"的位置，并期待用户静止在"台下"，即便和用户互动，用户也只是配合完成台上的任务。而为争取生存权而进行的辞职创业，意图通过自媒体的信息系统场景服务于用户的物理场景，这一服务意识使得媒体和用户的互动是即时的、实质性的，媒体建构的虚拟场景和用户的实体场景是流动的，不断交叉、融合的。

（二）侵入与融合：资讯与服务

媒体内部创业坚持做新闻资讯，媒体人辞职创业则做自媒体服务。尽管互联网接入中国以来，媒介生态与媒体格局不断变化，我国传统媒体仍是国家新闻宣传传播活动的主要载体，是新闻专业主义的主要践行平台。传统媒体中的从业者则是社会的观察者、事实的报道者,是信息流通的"把关人"。[①] 分析表 1-2 中的国内主要媒体内部创业项目,它们都紧抓内容优势,做新闻资讯。不管是"专注时政与思想"的澎湃,"汇聚向上力量"的上游,"精选生活资讯"的并读,"资讯奔流,激越中国"的九派,它们都分为十个左右不同的资讯版块,并以内容作为版块分类的标准。在手机上划动这些新媒体项目的版块,它们虽有了新媒体的形式,但某种程度上却只是传统媒体的客户端化。即单纯做资讯只能吸引用户关注虚拟场景,并不能使其与用户现实场景糅合到一起,用户黏性不强。

新媒介情境中,辞职媒体人渴望借自媒体平台重造媒体及个人影响力。2001 年,美国科技作家和专栏作者丹·吉摩尔(Dan Gillmor)首次使用了"自媒体"这一概念。2003 年,美国新闻学会媒体中心出版了由谢因·波曼与克里斯·威理斯联合提出的"自媒体(We Media)"研究报告,报告指出:"自媒体是一个普通市民经过数字科技与全球知识体系相连,提供并分享他们真实看法、自身新闻的途径。"(Chris Willis & Shayne Bowman, 2003)本书所指的自媒体是"传播个体或组织通过电子化手段,以固定的节目形式和时间向群体或个人传递信息的新媒体"。[②] 新媒介情境中,现实与虚拟场景,信息生产者和用户是互动、交融的。辞职创业媒体人在转变了职业身份、媒介组织的运作方式以及专业规范后,自媒体已没有"社会公器"的属性,追求的是用户量和影响力,在互联网时代,这两者意味着经济资本和文化资本。因此,出走创业的媒体人多选择黏性较强的用户服务为创业方向。表 1-3 中的辞职创业项目都与创业者的兴趣爱好或生活结合起来,创建自媒体的典型特征是小切口、大格局。"少年商学院"定位于儿童人文教育整体解决方案供应商;"凯叔讲故事"定位于给孩子讲睡前故事;"石榴婆报告"主要提供外国明星街拍、时尚服饰搭配及好莱坞娱乐八卦;"博雅小学堂"作为中国第一家儿童人文电台,通过讲故事的方式给中国小学生提供

---

① 陆晔、潘忠党:《成名的想象:中国社会转型过程中新闻从业者的专业主义话语建构》,《新闻学研究》2002 年第 71 期。

② 兰洁:《自媒体视频节目的传播特性与竞争力提升——以〈晓说〉和〈罗辑思维〉为例》,《青年记者》2014 年第 11 期下。

学校教育之外的人文、科学和公民教育；只有"一条"仍坚持内容生产，但做的也不是新闻，而是高端杂志化视频，核心竞争力是审美；"罗辑思维"做的则是评论和意见生产。做服务意味着与用户互动，并关注、满足用户需求。因此，做自媒体服务能够保证媒体建构的虚拟场景与用户的现实场景勾连到一起，并实现融合。

（三）静态与液态：图文与音频和视频

媒体内部创业仍采用旧媒介场景中图文为主的内容表现形式，媒体人辞职创业则选择了接触编码较为容易的视频、音频为主的内容表现形式。分析表1-2中的媒体内部创业项目，他们的内容表达以图文为主。相较视频，图文信息的接触编码较为复杂。接触编码越复杂，便会形成很多互不相通的信息系统，对用户要求便越高，用户消费信息时的付出也越多。用户主要通过内部创业新媒体的微信公号和App获取信息。此外，这些微信公号和App主要通过其他媒体的转载实现信息扩散，用户难以卷入信息传播，不能与信息系统中的人物进行互动，仍处于"台下"的位置。

辞职媒体人创建的自媒体内容呈现出图文消息向视频、音频的升级，并主要借助社交媒体和视频、音频分享平台等自媒体平台进行传播。视频和音频的接触编码相较图文更为单一、容易，对用户年龄、教育背景和接触时间的要求不多，满足了新媒介场景中的用户需求。微信平台的出现促成了微视频、微广播媒体的兴盛。分析表1-3中的自媒体，少年商学院、博雅小学堂、凯叔讲故事等以少儿为主要用户的自媒体以微广播为主要表现形式，梨视频、一条等以成人为主要用户的自媒体则以微视频为主要表现形式。辞职创业的自媒体主要采用接触编码较为简单的视频、音频形式，这样容易形成相通的信息传播通道。另外，辞职创业的自媒体借助视频、音频分享平台，和微信、微博这些UGC平台进行传播，能够在内容生产及传播上和用户进行互动，实现信息系统场景和物理场景的融合，满足了新媒介情境中的用户需求。

(四)助力和阻力:体制与市场

媒体内部创业最大的助力和阻力来自体制,辞职创业最大的动力和压力来自市场。在旧媒介场景中,信息的生产与传播主要呈线性。媒体集团依舆论引导需求,生产、传播信息。传统媒体集团线性生产的优势是目的明确——舆论引导,执行力强。澎湃初期投资就高达3到4亿元,一部分来自政府,一部分来自财团,成立之初便有超过300人的创业团队,其中接近六成的员工源于《东方早报》的核心层。重庆文化产业投资集团有限公司向"上游新闻"注资6000万元,用以推动《重庆晨报》全媒体集群转型升级融合发展。① 封面注资5000万元。政府和财团投资是媒体内部创业的最初助力,但这种助力后期往往会成为阻力。媒体集团的强执行力是为了实现舆论引导的首要任务,其他目标都要为此让路。这在内容生产、资本引入、运营管理、人才引进上都使内部创业受到限制。目前媒体内部创业项目并未实现股权激励和薪酬市场化,这也是导致部分媒体内部创业项目负责人和参与者相继辞职的一个因素。

而辞职创业最大的动力和压力都来自资本市场。是否能融到资本是媒体人能否顺利创业的第一步,辞职媒体人借助在传统媒体获得的社会资本获取风投并不难,但是否盈利则是创业能否继续的决定因素。新媒介场景中信息的生产与传播是呈网状的,每一位用户都可能是信息生产者和传播者,且不受时间、地点的限制而移动。网状信息生产系统的主要特点是不确定性和多样性。创业媒体人想与流动的用户形成互动,捕捉用户需求,并实现盈利,不是一件容易的事。原《21世纪经济报道》新闻总监左志坚辞职创业的第一个项目"拇指阅读"尽管在业内产生的影响较大,但在公司财务到达极限,主力工程师出走后,最终选择了被京东收购。自媒体为了维持稳定的内容产出,需要清晰的盈利机制,这也是辞职媒体人脱离体制后需要面对的最大问题。分析表1-3中的自媒体,创业之初多

---

① 杨岳:《获注资6000万,"上游新闻"靠什么争得上游?》,蓝媒汇,2016年2月4日,http://lanmeih.com/show/10000566。

获得了天使投资，后期盈利则主要呈现以下几种模式：原生广告、电商、线下活动、打赏和收取会员费等，有的自媒体则杂糅多种盈利模式。视频分享网站Sharethroug 的 CEO Dan Greenberg 认为：原生广告无论在形式上还是在功能上，都使得用户的广告体验与他们使用媒体其他内容的体验相一致。这种能够融入用户体验的广告会被消费者视为信息性的（Informative），可能使消费者随即产生注意、记忆、分享等积极反应。① 表1-3 中一条和石榴婆报告是靠原生广告盈利的大户。石榴婆报告从为淘宝卖家做营销，目前发展到为凯迪拉克、宝马、捷豹、路虎等大牌做原生广告，近一年广告的成交单价在5万元左右。一条创始人徐沪生透露：VC看中的不是其制作能力，也不是高达百万元的视频广告报价，而是其500余万粉丝的消费能力，这群对生活品质有高要求的中产，是包括美食、旅行、奢侈品在内的消费主力人群。② 电商模式并非是通过自媒体平台建构电子商城，多是只售卖与媒体内容相关的产品。凯叔讲故事在售"听故事"中的纸质版绘本。博雅小学堂在售美国分级阅读有声应用，同时开设线下付费课程。罗辑思维在微信公号上卖书、卖杂粮、月饼，甚至募捐。其最初采取收取会员费的社群模式，但这一模式并不具备普适性，目前"知识付费"模式正遭受用户的质疑。少年商学院则从线上走到了线下，通过少年海外游学团获得收入，但这对团队的活动组织能力要求较高。目前自媒体盈利模式虽较为多元，但最可观的收入仍源自原生广告。

（五）撕扯与融合：理想、市场和舆论

媒体内部创业要面临多种力量的撕扯，既要谈新闻理想，又要市场化运营，也要做舆论引导，不同力量间的撕扯使媒体内部创业行为越发纠结。在近三年的传统媒体集团转型重组过程中，关停了一些报纸媒体，裁减了一些新闻记者。媒体集团在动员留守下来进行内部创业的媒体人时，认为团队的最大优势是坚守

---

① 康瑾：《原生广告的概念、属性与问题》，《现代传播》2015年第3期。
② 徐达内：《微信公众号的五类商业"变现"模式》，《新闻与写作》2015年第7期。

第一章 技术：呈现自我的技术之镜

"新闻理想"。内部创业项目的发刊词也多以"理想"开篇。"理想"成了留守媒体人用以缓解身份认同危机的最重要符号资源，并以此区隔自身与辞职媒体人，并将"理想"继续神话，巩固为新闻职业存在的正当性基础。[①] 但传统媒体转型进行内部创业的终极目标是提高舆论引导力，重夺话语权。这势必要与商业媒体进行竞争，而对手不再仅是几大门户，还有更多分散、庞杂的自媒体。因此，为保证内部创业项目的市场竞争力，集团承诺内部创业项目进行市场化运营。但真正的市场化运营最终影响舆论的将会是资本。因此，在具体执行过程中舆论引导和市场化运营成了一对悖论。在舆论引导的至高目标下，市场化运营只能暂时搁浅。而"理想"也在市场逐步加大诱惑下逐渐破灭，内部创业媒体人相继辞职。因此，媒体内部创业行为面临"新闻理想的践行平台""党的舆论引导阵地"和"市场的盈利企业"多重身份的冲突。媒体内部创业行为成为媒介情境融合大背景下，多方力量的一场撕扯战。媒体内部创业自身多方力量不断冲撞的同时，又要面对外部大媒介情境不断融合的挤压。外部越是挤压，内部空间越狭窄，自身冲撞的力量便越强大。

辞职媒体人在洞悉新媒介场景规则，并结合自身优势选择创业切入口时，相对较为容易地实现了用户和消费者身份的融合、平台和企业身份的融合，满足了媒介社会中用户信息化生存的需求。自媒体兴盛的同时，也带来了信息的泛滥，用户对信息的需求由大量变成了高质。他们需要有组织、机构为他们筛选信息，提供他们感兴趣的某个方向的丰富、纵深的专业信息。这些小切口大格局自媒体的出现，提供了更多元、分众的信息和服务，使得用户更容易根据自己的兴趣、爱好、关注、接收到个性化的信息和服务。范东升指出：美国廉价报纸创造出报业的经典经营模式，通过阅读报纸这种行为方式，培育出"三位一体"的"读者群"——既是报纸的忠实读者，也是广告商的市场目标，同时也是企业通过广告所推销的商品和服务的潜在消费者，三者缺一不可。[②] 辞职媒体人创建的自媒

---

① 丁方舟：《"理想"与"新媒体"：中国新闻社群的话语建构与权力关系》，《新闻与传播研究》2015年第3期。

② 范东升：《用户联结：拯救纸媒的"诺亚方舟"》，《新闻记者》2015年第9期。

67

体不仅是推销媒介也是销售企业,用户不仅是受者也是消费者。美国学者 Jake Batsell 指出:"新闻业经营需要有受众为中心的思维模式,不仅把新闻业看作是为公众服务,而且也是为消费者服务。"① 媒体人作为中产阶层、知识精英,他们创办的自媒体主要也是服务中产阶层,且具有一定的精英色彩,如知识分享类的罗辑思维和拇指阅读。少年商学院、博雅小学堂和凯叔讲故事针对的主要用户是较认同其文化价值观的中产家庭。这几个自媒体平台不仅提供国际教育信息、分享西方博雅教育、播放西方经典绘本,而且提供相关的海外游学、分组阅读应用、线下课程、绘本销售等服务。辞职创业项目把握了新媒介情境的特质,满足了媒介社会中用户信息化生存的需求,将信息与服务叠加到一起。媒体人离职创业的自媒体在与传统媒体的竞争中赢得了用户市场,这与传统媒体的内容质量无关,实则是"信息+服务"战胜了信息。

(六)小结

电子媒介所引起的许多原来不同形式场景的融合,对群体身份产生同化影响,出现了群体经历的融合。② 群体身份是基于"共享但特殊"的信息系统。媒介场景融合后,不同信息系统的数量越少,不同群体身份的数量也就越少。通过电子媒介的广泛使用,非新闻专业生产者与专业生产者的社会场景或者"信息系统"产生融合,媒体"信息系统"与企业"信息系统"融合,出现了媒体平台和企业的融合,媒体开始做服务,企业日益精通建设自己的宣传推广平台;同时相应出现了传者和受者,用户和消费者身份的融合。电子媒介使不同场景的边界模糊,随之便产生了不同群体身份的融合,很多中介身份消失,导致不同组织运营规则的重构。

媒体内部创业是在这样的媒介情境下由政府主导的自上而下的,以传统媒体

---

① Jake Batsell, Engaged Journalism: Connecting with Digitally Empowered News Audiences, Columbia University Press, 2015, pp. 42—78.
② 约书亚·梅罗维茨:《消失的地域:电子媒介对社会行为的影响》,肖志军译,清华大学出版社,2002,第123页。

集团为主体的内部转型创业。媒体内部创业最终能否重夺话语权，要看其能否在融合的信息系统中，重新认识媒体和用户，并实现媒体身份的融合。目前尚不能说媒体人离职创业行为实现了媒体平台和企业身份的融合、用户和消费者身份的融合，适应了新媒介情境的场景规则，便是创业成功。只能说媒体人离职创业为新媒介情境提供了更多样的媒体样本。实则，一定程度上媒体人辞职创业进一步促进了媒体的商业化。媒体内部创业多方力量撕扯的现状，也是理解我国媒体转型更接地气的样本。如果旧媒介场景只是暂时被打破，只会导致阶段性的迷惑和混乱，但永久或长期的打破则会导致新行为模式的诞生。由技术变革所带来的移动传播场景未来一段时间仍会存在，直到被新的媒介场景所取代。而新媒介场景中的媒体人，无论是内部创业还是辞职创业，都需要调适自己的行为模式适应新的媒介场景。否则无论是舆论引导，还是创业，都可能只是自说自话。

三、媒体人辞职创业行为的影响与思考

（一）媒体人辞职创业行为的影响

1. **媒体人辞职创业项目满足了媒介社会中用户信息化生存的需求，也使得舆论更加多元**

媒体人辞职创业项目多选择"信息+服务"的路径，切口小，方向多元，发出了不同的舆论声音，一定程度上填补了传统主流媒体声音的单一。另外，创业媒体在生存和盈利压力下，传统媒体人辞职后仍保留着自我审查的惯性，创业项目都不涉政治话题。

2. **辞职媒体人多为传统媒体中骨干、优秀人才，致使传统媒体人才梯队出现断层现象，进一步削弱传统媒体竞争力**

辞职媒体人以中青年居多，在传统媒体内处于关键岗位，业绩优秀，阅历丰富，在业内和用户中具有一定的知名度和影响力。他们多是传统媒体的骨干、中坚力量，他们的离开将导致传统媒体人才梯队出现断层，这在传统媒体转型探索的关键期无异于釜底抽薪。如果这种辞职潮继续蔓延下去，最终留在传统媒体的

将是年纪较大或刚刚毕业尚无从业经验、阅历较少、职务较低的媒体新兵，他们或者对所从事职业已无创新激情，或者一切尚在起步学习中。人才队伍的不健全将导致传统媒体竞争力进一步削弱。

3. 传统媒体人辞职创业行为具有一定的示范效应，会使得更多的新闻从业者越来越趋向于认同营利者的角色，并以加速度的方式推动着传统媒体人的辞职潮

传统媒体的行业困境以及传统媒体人身份认同的危机，使得部分辞职创业媒体人的成功及媒体对该现象的热炒都进一步推动了传统媒体人的离职潮。自媒体对传统媒体最大的冲击并不是夺走了传统媒体的用户，恰恰是吸引走了优秀的传统媒体人，将使得传统媒体逐渐失去活力。

4. 部分媒体人辞职创业项目产生较大影响，强化了对传统媒体整个行业的否定

以前媒体人离开或许只是换份工作或个人职业规划层面的事情，但在传统媒体行业（尤其是纸媒）普遍陷入危机时，媒体人的大规模出走就演变成对行业的一种否定。转型、创业的媒体人越多，媒体人辞职创业项目的社会影响越大，这种否定意味也就表达得越强。尤其是那些原来在体制内不为用户所熟悉的媒体人辞职后，他们的创业项目产生较大影响，同时使得创业者为用户所熟知后，更强化了对传统媒体行业的否定。

5. 部分媒体人辞职创业项目快速在用户市场中产生了一定的影响力，并对传统媒体内部创业项目形成了一定的舆论压力

媒体内部创业是政府主导、资本助推、自身转型压力驱使下的集团创业。内部创业的媒体人同样感受到了新媒介情境的压力，但他们或因坚守新闻理想，或因不愿冒险离开单位体制的保护，决意参与尝试媒体内部创业。他们要在舆论引导、市场运营和媒体创新多种力量的撕扯中探寻一条大路。但角色间的力量角斗使得目前国内媒体内部创业项目产生的影响都不大，且只局限在信息资讯方面的影响，但媒介社会中用户对单纯的信息已不再敏感。媒体人辞职创业则较为容易地实现了用户和消费者身份的融合、媒体平台和企业身份的融合，满足了媒介社

会中用户信息化生存的需求,适应了新媒介社会的规则。媒体人辞职创业在与媒体内部创业的较量中赢得了用户市场,这与传统媒体的内容质量无关,实则是"信息+服务"战胜了信息。新媒介情境中,媒体人辞职创业更像一个如互联网般开放的场域,而媒体内部创业则是在新媒介情境中的封闭式创业。

(二)媒体人辞职创业行为的思考

媒体人辞职创业行为所引发的关注及其反映出来的问题值得传统媒体深思。

1. 媒体经营需要有以受众为中心的思维模式,不仅把传媒业看作是为公众服务,而且也是为消费者服务

传统媒体丢失用户的一部分原因在于只把用户当作信息接收的公众,而不是消费信息的消费者。电子媒介重组了现实社会的组织,不同组织边界日益模糊——自媒体"信息系统"与企业"信息系统"融合,出现了自媒体平台和企业的融合,企业日益精通建设自己的宣传推广平台,自媒体开始尝试盈利性服务;不同群体身份逐渐融合[1]——非新闻专业生产者与专业生产者的"信息系统"产生融合,相应出现了传者和受者,用户和消费者身份的融合。媒介社会中,很多中介身份消失,不同组织运营规则开始重构。传统媒体需要改变只做资讯不做服务,用户只是受众而非消费者的思维,否则可能成为中介角色。

2. 传统媒体应重点关注集团中关键岗位、阅历丰富、具有一定知名度的中青年媒体人,了解他们的深层职业身份焦虑,并进行相应的改善和解决,提高其组织忠诚度

在物质回报方面,是否给予了从业者相较移动新媒体更具市场竞争力的薪酬、股权激励及发展空间等。此外,还需要考虑影响从业者职业荣誉感和满足感的因素,包括名望、用户影响力和业内影响力等,努力使其获得满足。如,媒体组织在整合过程的人员变动中给予个体充分的选择,为个体提供相应的发展空间

---

[1] 约书亚·梅罗维茨:《消失的地域:电子媒介对社会行为的影响》,肖志军译,清华大学出版社,2002,第123页。

等，帮助其减轻职业焦虑，减少优秀人才的流失。

3. 传统媒体应进一步关注媒体人辞职创业项目，媒体内部创业项目参考其取长补短或尝试进行合作

主动辞职创业的传统媒体人，多具有优秀的专业技能及强大的资源整合能力。辞职后，他们获得了更多驾驭市场、资本及媒介的主动权，他们的信息生产活动、资本来源、舆论影响都值得关注。此外，媒体内部创业项目应结合自身情况，借鉴媒体人辞职创业项目的经验，取长补短或尝试进行部分内容生产或项目运营的合作，这样可以提高自身影响力，与媒体人辞职创业项目实现合作共赢。

4. 改革传统媒体管理体制，给媒体内部创业项目提供更宽广的创业空间

现有媒体管理体制，对内过严，对外过松，形成了"体制性竞争不公"，妨碍了体制内媒体人的信息和舆论生产力。媒体人辞职创业项目产生的影响表明，如果不给媒体创业项目提供更宽广、灵活的创业空间，将进一步加剧优秀传统媒体人的流失，并进一步增加丢失舆论主导权的风险。

第四节 互联网与媒体集团转型

一、主流媒体盈利模式探索

本部分旨在探讨媒体融合时代背景下，转型较为成功的传统主流媒体的盈利逻辑，及其背后的指导理念与运作规律。目前我国有数十家传统主流媒体成功转型，成为新传播时代的新主流媒体。转型后的主流媒体与网络原生主流媒体盈利模式及背后的指导理念有着本质的区别。除体制框架及运营模式的差异外，转型后的主流媒体仍担负着公共传播的责任。从2008年各传统主流媒体纷纷转型，至今已有十余年。在网络原生媒体多重挤压，旧有经济体系断崖式跌落，新模式亟须大量投入的背景下，成功转型的主流媒体如何涅槃成为新传播时代主流媒体，并实现多元长期盈利？其背后的指导理念及逻辑是什么？这些理念及范式与

第一章 技术：呈现自我的技术之镜

时代有哪些关联？未来的走向如何？

本部分探讨成功转型的传统主流媒体的盈利理念及运作规律，既可助其认清自身运营规律，观瞻未来发展走向，又可为正在摸索前进的传统主流媒体提供一定的经验借鉴。由此，本部分主要以国内几大成功转型主流媒体为案例，分别为新华通讯社、浙江日报报业集团、上海报业集团、南方报业传媒集团、四川日报报业集团，涵盖我国东、西、南、北，以及沿海和内陆等不同地区。经研判，不同地域转型成功媒体的背后隐含着相似的"块茎"逻辑，即强调多元并存，并相互链接，互助成长。本部分想进一步探讨"块茎"思维如何在上述几大媒体成功转型中发挥作用，此类理念指导下的实践隐含了哪些必然走向成功的规律，进而挖掘内容、产业、渠道、盈利模式与社会文化变迁之间的动态关系。

（一）块茎思想及盈利逻辑

块茎思维是什么？因何特性与当今主流媒体的盈利模式相关联？Deleuze 和 Guattari（1987）提出的块茎思维是相对于"树状思维"而言的。"树状思维"体现中心化、系统化及层级化。而马铃薯等块茎类植物不同于树扎下永久的根，而是先由一个块茎（种植时使用的）长出藤叶在地面无限蔓延，每一根藤蔓又扎下无数临时的根，根上生成新的块茎。因而，无结束可言，每一个块茎都是中间状态。每一个块茎都可独立存活，又相互联系。Deleuze 和 Guattari（1987）指出了块茎的六大特征：连接性（connection），即任何两个块茎都可以追溯出它们的关联；生成性，任何一个块茎所生成的新块茎都随时等待成为新的生成体；多元性，块茎之间并非主客关系而是平等的多元互连关系；反意指断裂性（asignifying rupture），任何人为的断裂都只会相反地促使块茎生出新的根须与藤蔓并独立存活；地图制作（cartography），区别于单一路线，生成的地图没有起点与终点，相互联系又随时更新。[①]

---

① 吴姿娴：《从中间开始：论日常中的媒介使用》，博士学位论文，台湾政治大学新闻研究所，2014，第20—21页。

媒介理论视域下互联网自我呈现行为的演化

块茎正是因为上述六大特征而与主流媒体盈利范式产生勾连。那么当今主流媒体运营发展中表现出哪些块茎特征？因何而实现盈利？首先，无单一主体或共为主体。自传统纸媒或电视媒体为第一块茎进行生根发芽后形成新传播时期的块茎网以来，中心便逐渐消散。如上海报业集团新媒体上海观察的受众及流量远超过其母体《解放日报》。以此类推，多个及多层新的独立个体生成新文化产业后，共同形成主体网络。2018年，上报集团现有营业总收入中，媒体业务约占三分之一，文化产业业务约占三分之二。① 值得一提的是，这种新生成的关系，并非只在生产系统之间消解主客对立的关系，而是将受众以大数据的形式也纳入生产者范畴（大数据分析及相关内容生产），从而消解传统生产权利关系。其次，无限蔓延与生成。"内容创业可包括除新闻内容之外多元的话语体系平台，以其连接各类产业，形成垂直的或连接特定领域的服务平台。"② 如"《浙江日报》通过开设咨询、文化与金融投资、传媒电商、娱乐、教育培训等增值服务来延长传媒产业链并提升内容价值"。③ 再次，多元独立又勾连的平台。如上报集团在财经服务领域推出了"摩尔金融"，提供90后定制化信息产品"唔哩"；推出了市民生活综合信息服务平台"周到"。④ 最后，资源的任意拼接。南方报业传媒集团2017年至2018年加快建设集团智慧化管理系统、中央数据库、基础架构云平台及总体网络安全防护体系四大项目，聚合及优化技术资源配置管理方式，引入多元化的激励模式，不断增创新价值。除了内部资源整合之外，2017年12月，南方报业传媒集团携手BAT等共建五大融合媒体平台。⑤ 资源因为拼贴而实现节约，因蔓延与生成而形成独立且多元的个体，因链接而存在广阔的盈利空间。

---

① 裘新：《潮来潮往　皆为光辉岁月　争当上海文化品牌龙头》，《新闻战线》2018年第3期。
② 范以锦：《传统媒体：为何还要坚守？如何坚守？》，《青年记者》2017年第12期。
③ 钱奕李：《浙江日报报业集团转型的探索与实践》，《新媒体研究》2018年第11期。
④ 裘新：《潮来潮往　皆为光辉岁月　争当上海文化品牌龙头》，《新闻战线》2018年第3期。
⑤ 范以锦：《人工智能在媒体中的应用分析》，《新闻与写作》2018年第2期。

（二）蔓延、生成与内容生产的三维度

移动传播时代，从历时性看，转型较成功的几大主流媒体其内容生产表现出三个圈层：分别是以传统新闻媒体及以新闻为核心的两微一端所生产的传统内容；以生产团队专业优势所衍生出的金融、教育等信息服务平台为主的"泛内容"①；以内容及泛内容为基础，以 IP 及品牌为核心竞争力，与实体产业合作的旅游、出国、医疗及地产等相关的"泛内容+"业务。从历时性看各传统集团的发展呈现从内容、泛内容到泛内容+交叠的三个圈层，即由传统新闻内容及相关品牌为源头诞生外围产业。但从共时性来看，在空间上呈现多元并行状态。即在历史发展过程中由中心走向多元化，中心在过程中慢慢消解。除了块茎图，三圈层图谱也表明三者均为中心，任何一个圆圈消失都不直接影响其他圆圈的独立存在。

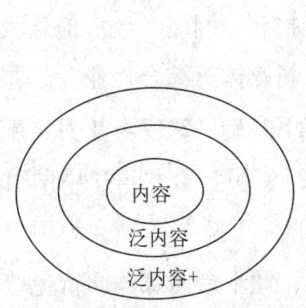
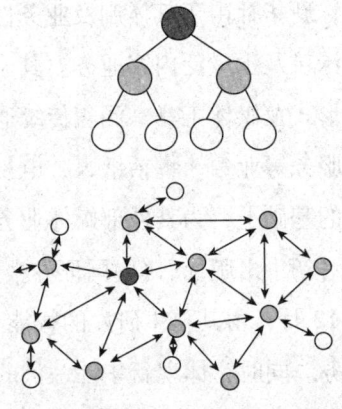

图 1-9　历时性内容生产图谱　　图 1-10　共时性内容生产图谱

---

① 范以锦在 2018 年第 4 期《新闻与写作》上发表的《"泛内容"变现：延伸媒体产业链的新路径》一文中将泛内容定义为"相对于只做新闻内容的'窄'，扩大到各种内容都做而出现的内容'泛化'现象。'泛内容'运营是媒体在转型中介入相关多元化经营，以摆脱生存发展困境的一条重要路径"。其将泛内容视为除新闻内容之外的、能够带来盈利的所有内容产品及相关平台。本文根据几大主流媒体发展实际情况再次将泛内容划分为信息平台为主的泛内容及以内容与泛内容的 IP 或品牌为依托并与实体产业结合的泛内容+，如地产、旅游等。

| 媒介理论视域下互联网自我呈现行为的演化 |

各传媒集团依据自身资源及发展环境在三圈层内进行各自布局。关于三圈层的整体布局与操作可经由"中央厨房"实现，但目前各传媒集团的"中央厨房"功能普遍只发挥在第一圈层，尚待开发在中、外圈层的作用。三圈层间盈利运转为互融互通、相互滋养关系。但区别于"树型"旧体系的核心大脑决定生存的旧模式，如传统报业倒闭，围绕其所产生的广告便无以寄托。三圈层模式的盈利关系为共融但各自独立生存。其他哪一个圈层失掉部分都不影响本身圈层存在及基本盈利能力，独立成圆。

从整体布局视角看，所有内容都是可组装的模块，既包括人力资源，也包括素材。因此，人才可以在各部门之间流动或身兼多职；素材可以按传播需求非线性地组装。人才与素材在三圈层之间流动，既节约资源，又相互补充。

通过收集、整理几大主流媒体集团官方网站信息，不难发现它们盈利模式的"块茎"思维。

首先，新华社由于其体制及业务性质，目前它的盈利项目主要集中在新闻内容的多元深耕及少量泛内容业务。其志在建设现代全媒体集团，开拓性使用各种新闻发布形式及媒体工具，涵盖传统通讯社、报刊、网络、经济信息服务、数据库、搜索服务等业务，囊括纸媒、电视媒体、新媒体等综合性业务。在重点培育新闻块茎的基础上，为其外部媒体业务延伸打下基础。2017年1月，新华社经国务院批准对新华出版社、《中国证券报》等进行资源整合并组建中国财富传媒集团。同年12月，由其自主研发的智能平台"媒体大脑"落地，为用户提供精准的内容服务。同时，体现新华社一贯的链接性，此平台向媒体同行免费开放。国内各媒体机构均可认证后通过 mp.shuwen.com 的官方网址使用"媒体大脑"的各项功能和产品。其在新闻内容资源上深耕的动作从未停止，2018年2月，新华社新闻信息中心又在内容分发、人工智能、搜索等方面与百度百家号展开合作。新华社的块茎布局与其他媒体不同，从宏观上看，其作为块茎，将全国乃至国外媒体都纳入蔓延链接的块茎范畴。

其次，上海传统主流媒体的两大龙头为上海文化广播影视集团和上海报业集团。上海报业集团形成以"三二四"为基础的整体布局。三张历史名片即《解放日报》《文汇报》《新民晚报》，两个现象级平台澎湃和界面，以及四个新生代布局：90后阅读平台唔哩，面向全球的中国新声，财经平台摩尔金融，生活指南平台周到。三和二属于内容范畴，而四可归为泛内容。其泛内容+业务体现为在前两者基础上对社会实体地产及社会实体生活的链接，由前两者垂直蔓延出的盈利项目。

南方报业传媒集团以《南方日报》《南方周末》《南方都市报》《21世纪经济报道》领头的传统媒体及南方+、并读新媒体客户端为源头。实现跨媒体、跨地区、跨行业经营战略，以"品牌媒体创新力量"为轴，以平面媒体、网络媒体、移动媒体、图书出版、文化会展、文化实业和传媒的社会公益活动为"七大舰队"，使南方报业传媒集团呈现出更加丰富的品牌群体架构。在南方报业里更能看到块茎图谱里权利关系的流转，即由品牌战略逐步转向与IP（知识产权）同行的战略。

浙江日报报业集团于2000年成立，并于2009年组建浙报传媒控股集团公司。现有《浙江日报》《钱江晚报》等传统主流媒体33家，新兴媒体300多个。全力打造"三圈环流"①的新媒体布局，包括以浙江综合新闻为主的核心圈，以专业新闻及相关产业为主的紧密圈，以及与其他信息产业协作的协同圈。② 其资本运营与市场化管理走在全国报业前列，在2011年成为全国第一家媒体经营性资产整体上市的省级报业集团。2018年，浙报传媒控股集团有限公司连续两年进入"全国文化企业30强"。因其在稳固第一圈层的同时，充分延伸并蔓延二、三圈层。如生成其块茎图谱，可清晰看到其传统中心的分解及多元主体的形成。

四川日报报业集团以《四川日报》及《华西都市报》两大传统报纸为依托，链接川观及封面两个新闻新媒体，共同形成其新闻内容圈层；其泛内容主要依托

---

① 浙江日报报业集团的"三圈环流"是对其新媒体而言的，分别为浙江综合新闻为主的核心圈，以专业新闻及相关产业为主的紧密圈与其他信息产业协作的协同圈。其新媒体的三圈是按新闻内容划分的三维度，并没有囊括其所有产业，本文与其含义不同，本文从宏观经营角度囊括媒体所有业务包括新媒体业务，并将其作为整体划分。

② 陈白云：《浙江日报报业集团：以资本之手叩开融合之门》，《中国新闻出版报》2014年9月2日。

华西都市网，打造满足多元需求的平台。并与地产、展馆、旅游等项目合作，整体以"小前端，大前台，富生态"为理念运营。其为以上提到的媒体中唯一一个内陆媒体，生产与盈利模式更加地方化、精美化。如若生成其块茎图谱可看到细致而密集的蔓延网络。

表1-4 五大主流媒体内容、泛内容及泛内容+情况

内容类型	媒体	新华通讯社	上海报业集团	南方报业传媒集团	浙江日报报业集团	四川日报报业集团
内容	传统新闻媒体	新华每日电讯、经济参考、国际先驱导报、参考消息	解放日报、文汇报、新民晚报	南方日报、南方都市报、南方周末、21世纪经济报道	浙江日报、钱江晚报	四川日报、华西都市报
内容	新闻新媒体	新华网、新华社、新华每日电讯	澎湃、界面、SHIN、Sixth Tone	南方+、并读	浙报新闻、浙数文化、浙江在线	川观、封面
泛内容	服务型新媒体信息平台及产品	中国证券网、新闻出版社官网、新华频媒	唔哩、中国新声、摩尔金融、周到、蓝鲸·财联	实验室、应用研究院、数据库；南方名医帮、南都"阁壁"、"南粤清风"、"上学了"	腾讯大浙网、边锋浩方网	华西都市网运营社交产品（摄影、亲子美食）、华西商务资讯（成都红娘、会买房、华西淘等）

(续表)

内容类型 \ 媒体	新华通讯社	上海报业集团	南方报业传媒集团	浙江日报报业集团	四川日报报业集团
泛内容+	以内容及泛内容IP为依托与实体产业合作的多元事业	吸引VR、AR、MR等虚拟现实相关的硬软件产品入驻；吸引并与多种媒体平台合作	上海城市动漫出版传媒有限公司、"光的空间"新华书店、上海国际童书展、宣传推广、政府服务、项目合作、承接上游客户广告	南方财经全媒体集团、289艺术园区、发行物流公司、南都文化娱乐、南方舆情数据服务、南方+房地产、汽车、医疗教育等图书出版、文化会展、文化实业和传媒、主题园区、实体产业、金融投资等多元文化产业	浙江传媒控股集团有限公司：浙江日报新闻发展有限公司、钱江报系有限公司、浙报数字集团文化股份有限公司等包括大数据产业园、媒体电商、网络医疗、养老产业、创投、置业等41个公司的多元项目	华熙528文博区、绿地468文创中心、新华之星、川报文创综合体等涉及地产、博物馆、产业园区的多元业务

（三）多元式的链接、边界及权利关系

媒体有了内容，还需要将内容充分链接出去，最终实现盈利。业界称为与内容相对应的渠道，但渠道作为名词，并不能展现其动态样貌。在块茎经营理念中，块茎生成同时便酝酿产生新的链接，吸收更多的养分并转化成新的块茎。因此，链接与生成更能体现这一动态过程。

块茎的链接不是毫无原则的模糊不清的一片，而是界限清晰而又彼此动态勾连的过程。几大主流媒体盈利的转化也经历了这样的过程。通过划定边界建立独

| 媒介理论视域下互联网自我呈现行为的演化 |

立体，并提升价值；同时经由赠予获得流量与多元链接可能；从而，媒体如块茎体一样，提供最佳内容。同时，获得营养供给，实现盈利。

表1-5 几大主流媒体实现盈利的链接与生成模式

	边界	赠予（无偿产品及服务）	有偿产品及服务
直接变现	会员 专业内容 专业生产主体	打赏 赞助 加盟 入股	有形及无形品牌衍生线上线下产品及服务为主：新闻稿、各类短视频、虚拟产品、各类咨询培训比赛等平台、中介费、资源转让或分销
间接变现	品牌或IP	公益性、品牌性、服务性的平台性等形成流量、信誉、用户认知及黏性、大型投融	平台及虚拟增值服务为主：智库、教育、游戏、内容电商、会议活动等；吸引大型投融

首先，划分边界。边界的划定与坚守意在表明差异并实现区隔，是某群体区隔他者的尺度，而此种区隔通过树立社会共识实现。[①] 几大主流媒体在三组主体间划分边界：会员与非会员，专业内容与非专业内容，专业队伍与非专业队伍。会员与非会员区别既可以直接变现，又可增加用户黏性，带来更多的会员；专业内容与非专业内容在内容的精细深耕及包装上都具有消费吸引力；专业队伍与非专业队伍的区隔使媒体推出专业"网红"队伍，但这一专业的区隔同时透露着身份的模糊，在专业性上"我"区别于"他者"，而在身份认同上"我"却是"你们"甚至是"我们"，如南方报业传媒集团打造的南方网红、上海观察的小观、新华社的机器人小新。并不是每个媒体都通过这种方式划界，大部分媒体保留传统媒体的运作方式，保留记者、编辑、评论员等专业人员的名字。尤其硬新闻类作品，以此强调客观性。

---

① 方文：《群体符号边界如何形成？——以北京基督新教群体为例》，《社会学研究》2005年第1期。

其次，提供无偿产品及服务，借此获得流量与多元链接。主流媒体以其公益性、品牌性、服务性、平台性等形成流量、信誉、用户认知及黏性。而这正如块茎蔓延并形成链接的过程，是盈利转化的关键，形成内容、技术、资金、人才、产业内外循环的盈利布局。新华社的智能平台"媒体大脑"向同行开放各项功能和产品便是最好的体现。

新传播时代优质的内容仍然是吸引资金的前提。上海报业集团党委书记裘新认为，主流媒体想要吸金，"首先拿出有高度市场竞争力的全球产品。第二，不能忽略媒体机构在公信、品牌、政府资源、牌照、行政背景方面的优势，当前这些优势是商业性网站的短板"。换言之，内容、其形成的 IP 及品牌等社会资本是盈利之本。裘新认为"在标题党横行、垃圾资讯泛滥的时代，专业的独家报道，有见地的评论，能够体现对公平正义捍卫及对真善美追求的内容产品，依然稀缺，且具有强大生命力"。[①] 因此，内容至上在新传播时代仍是铁律。只是现在的内容与传统的内容不同。新传播语境下，现在的内容是以创意文本为核心，集结横纵向资源的内容系统。"2015—2016 年两年中，南风窗杂志社整合营销收入约占整体收入的 20%，其中的客户包括南方电网、广州市外办、南沙区政府、广州市残联等。连续 20 余年占据全国报纸广告收入第一名的《广州日报》，这几年也推出了不同形式的'整合营销'服务……浙报传媒 2015 年公告显示，在主营业务收入构成中，其中'信息服务'营收 1.3 亿人民币，占总收入的比例达到了 8.82%。"[②]

最后，积极探索资本运营。大型资金流入的方式主要有统筹收购、转让、投融三种。如"浙报集团通过上市公司资本平台助力集团转型。在收购边锋与浩方后，2016 年再次通过定增方式募集 20 亿元用于建设大数据交易相关项目。翌年又通过向股东浙报控股出售所持的新闻传媒类资产再获 20 亿元资金。而后，公

[①] 裘新：《转型发展与产业变局——打造新型主流媒体集团》，2016 年 4 月 11 日，https://www.chinaventure.com.cn/cmsmodel/news/detail/294580.shtml。

[②] 浙报传媒集团股份有限公司：《浙报传媒集团股份有限公司 2015 年度审计报告》，http://pg.jrj.com.cn/acc/CN_DISC/STOCK_TIME/2016/04/09/600633_nb_1202157595.PDF。

司更名为'浙数文化',重点布局以优质 IP 为核心的数字娱乐产业、以电子竞技等为主的垂直直播业务和大数据产业等三大领域"。除了浙报,上海报业集团也成立了三支不同定位的投资基金:八二五新媒体产业基金、瑞力创新股权投资基金及众源文化产业母基金,"管理总规模累计达到 106 亿元"。[①]

(四) 主体及权利关系的转变

主流媒体在转型过程中,内容生产方式及相应的权利关系均发生了变化。目前,几大主流媒体盈利模式变化主要体现在两方面:首先,广告转为服务。转型前,主流媒体多抱持从盈利视角出发,寻找客户的广告思维。转型后,转变为服务思维——从服务出发,体察社会需求,并为受众寻找有效的平台及解决问题的途径。例如,新华社及各报业集团分别施行精准营销、O2O 服务、媒体电商及生活信息服务等。其次,由品牌优先转为多元 IP(知识产权)引导潮流。品牌虽天然不是 IP,但 IP 天然是品牌。传统主流媒体时期,广告塑造品牌,品牌意味着权威及商机。但移动媒体时代,每一个 IP 便可形成一个独立的内容生产系统。如企业打造自身 IP,逐步取代传统重金投资广告模式。

由于定位及内容的转变,相应权利关系随之流转。首先,传受关系转为社群关系。如上报集团的摩尔金融作为专业金融学习平台。使用者关注专业撰稿人,便可第一时间收到发文提醒,题材包括宏观策略、行业科学、个股等投资领域的投资理念及操作建议。关注者既可以阅读学习,又可与专业高手讨论交流。通过查看收益榜单,可看到撰稿人的文章周、月动态收益排行,帮关注者筛出真正的投资专家,从而形成稳定的社群关系。同时,作为金融平台,可以添加自选股,实现相关信息实时查询,成为多维服务的金融之家。各主流媒体的泛内容+平台及相关产品最容易培养稳定社群关系,即受众由原来的主体所对应的客体转化成共同体中的良好沟通的主体间性之间关系。在这一过程中,生产者既培养受众的

[①] 裘新:《潮来潮往 皆为光辉岁月 争当上海文化品牌龙头》,《新闻战线》2018 年第 3 期。

需求，生产者的目标又与受众需求融为一体。甚至，受众也成为生产的一部分，受众使用信息全部成为生产材料。其次，买卖关系转为合作众筹。各媒体都进行各种形式的投融资布局。从宏观角度看，媒体以自身品牌吸引新的资金群成为各媒体资金的重要来源。从微观角度看，小范围或者个别媒体人进行着相关操作，如Kickstarter和Indiegogo平台是国外较流行的综合众筹平台，其提供新闻记者众筹版块。同时，有针对深度调查项目的Uncoverage面向摄影记者的Sponsume，国内以投融为主题的投融界及以项目为主题的众筹网，主要有奖励众筹、公益众筹、区块链等热门版块。

通过以上对几大成功转型的传统主流媒体的分析发现，历时性上看，传统主流媒体经历了打造内容、泛内容到泛内容+的变化；从共时性绘图发现，呈现出块茎式图谱。审视三个内容圈层，发现核心渐渐消散或转移，即以盈利权重而论，盈利的核心从内圈向中、外圈转化，传统中心权利消解。这与共时性块茎图谱不谋而合，即共为主体。通过块茎式的生产关系运作而成的内容，在盈利生成与转化过程中主体及权利关系也随之流转：传受关系转为社群关系；买卖关系转为合作众筹。几大传统主流媒体的成功转型不仅是对内部资源的重整，更是在重新审视其与整个历史及社会关系之后，进行了凤凰涅槃式的思想蜕变。不仅改变着时代，更与时代相互构成。

二、"澎湃新闻"转型创业实践

澎湃新闻自2014年7月创建以来，以内容优势聚集了大量优质用户群体，以"移动互联"思维初步实现了主流舆论引领力，借新闻互动实现了线上与线下的融合。但在转型创业过程中仍面临"新闻理想的践行平台""党的舆论引导阵地"和"市场的盈利企业"多重身份的冲突；盈利模式单一和人才紧缺等困难。

2013年10月上海原解放报业集团、文汇新民联合报业集团合并组建上海报业集团，并相继推出了新媒体项目。2014年7月澎湃新闻应运而生，成为全国第一个由传统媒体向新媒体全面转型的移动互联网产品。几年来，澎湃在内容创新、舆论引导、媒体融合等方面取得了诸多进展，本部分将聚焦分析其转型的成效、问题与对策。

（一）转型成效

1. 以内容优势聚集大量优质用户群体

2015年，澎湃原创新闻比例达到70%左右，已经成为中国互联网最大的原创新闻内容提供商之一。澎湃新闻高品质的新闻内容收获了大量高学历、高收入和高职务的用户人群。目前澎湃新闻最大的受众群体来自北京，约占17.5%；其次是上海，占比11.2%；再次是广东8.7%；江苏8%，浙江7.1%，境外用户占4%。用户主要集中在北、上、广一线城市及长三角地区，这也正符合它"影响高端用户"与"新型主流媒体"的两个预期。从用户年龄看，澎湃用户中25—34岁的占44%，35—44岁的占21%；从学历上看，本科及以上学历占50%；从职务上看，中层管理者以上人群占26%；从手机机型使用上看，苹果手机用户与安卓手机用户相当。这些用户的共同特征是，生活品质较高、高素质、高购买力，对政治、经济、文化和社会发展有较高的关注度。

2. 以"移动互联"思维初步实现主流舆论引领力

自2015年，澎湃新闻持续完善产品结构和内容，紧扣"移动互联网思维"和"移动产品思维"，在舆论场中获得了一定的影响力。截至2016年6月21日，澎湃新闻客户端下载量5500万次，注册用户数620万人，日均活跃用户数（最近60天）450万人，日均发稿数量（最近30天）200篇左右，日均页面访问情况（PV）360万次，上线以来文章评论总数达600万条。点击前十名的栏目为：（1）直击现场；（2）一号专案；（3）浦江头条；（4）教育家；（5）中国政库；（6）澎湃国际；（7）运动家；（8）10%公司；（9）人事风向；（10）长三角政商。澎湃上线以来，用户"订阅"排名前五的栏目为：（1）中国政库；（2）社论；（3）中南海；（4）舆论场；（5）澎湃国际。

澎湃新闻初步在互联网舆论场中建立了影响力。澎湃新闻完整构建了适合移动互联网和社交平台传播的多样传播形态、多元传播渠道，客户端、微博、微信、手机网页、网站等全平台多终端覆盖，积累了5000多万高端、优质、具有影响力的用户群体，能够快速在互联网上形成影响力。目前，在新闻客户端中，澎湃新闻与腾讯、网易、今日头条等商业网站客户端一起，位列第一阵营。在微博、微信两微平台中，位居全国新闻新媒体前三。在中央网信办主管的《网络传播》发布的"中国新闻网站传播力排行榜"中，澎湃新闻进入全国10强，在全国性的"两微"传播力榜单中，澎湃新闻位列第三，在"地方省级网站'两微'传播力7月榜"中，澎湃新闻在两微传播力和微信传播力两个榜单中，都位列榜首。澎湃的网络新闻议题设置能力增强，被中央网信办列入党和政府重大新闻舆论引导的重要阵地，每个月都有原创文章被中央网信办推荐要求全网转发，形成舆论热点。不少报道还被网信办推荐全网转载，如：《马云库克等顶级大佬齐聚西雅图，期待与习近平共赴互联网盛会》《习近平四天四论互联网，网络安全议题成访美最大亮点》等。同时，澎湃新闻与一些国家机关和国家部委建立了信息互通和合作机制，包括全国人大常委会和中央政法委、最高检、最高法、公安部、外交部、司法部、国资委、交通部、环保部、教育部、卫计部等部委，合作方式多种多样，联合发布资讯、共建栏目、共同举办线上线下活动，等等。

3. 借新闻互动实现线上与线下的融合

2015年5月底，澎湃新增了专业问答社区"问吧"，各界名人、达人可以在线回答网友问题，在线上实现与用户的互动。7月，澎湃更新了后台统计系统，新增了问吧话题统计数据，有利于运营编辑准确把握互动数据。8月，澎湃新闻3.0版正式上线后，问吧升级为独立频道，成为首页精选之后的第二频道。后台数据显示，问吧明显延长了用户停留时间，增加了用户黏性。问吧这一"新闻问答"模式是澎湃迈向互动社区的新举措，契合移动互联时代内容生产方式的变革，"你们想了解什么，我们来帮你采访"这一栏目理念使问吧成为用户生成内容的社区，媒体的受众更直接地成为媒体议程的设置者，增强了新闻互动性，也为媒体提供了新的信息。一些新闻客户端竞相效仿。

"思想湃"实现的不只是线上线下的互动，而是融合。澎湃新闻"思想湃"

自 2015 年 3 月创设后，截至 2020 年 5 月底，已举办 179 期，演讲主题涉及音乐、文学、戏剧、社会学、财经等多个领域，已举办的活动有林奕华的《这个下午，林奕华与你聊聊天》、陈绮贞的《歌手与写手的奏鸣》、陆川的《生活顺流而下，电影逆流而上》等。目前，"思想湃"累计招募人数达到 14000 人次。用户主要特征如下：

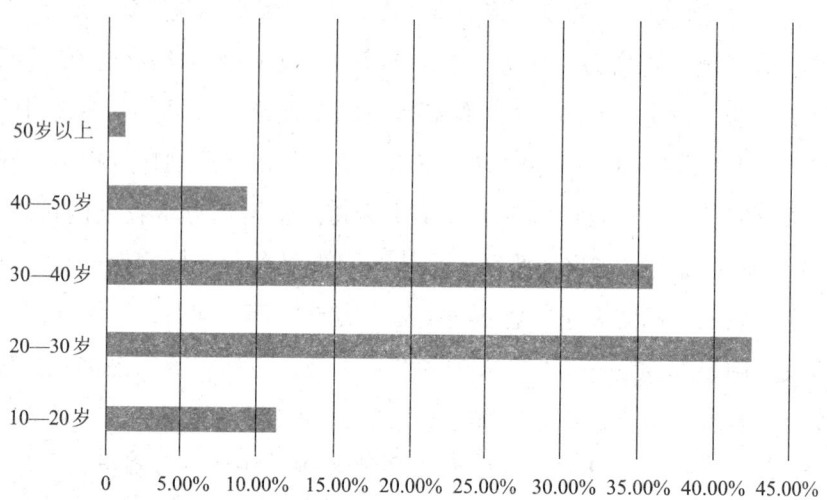

图 1-11 "思想湃"用户年龄分布情况

思想湃的用户年龄以 20—30 岁居多，占 42.52%；30—40 岁用户占 35.88%；10—20 岁用户占 11.33%。"思想湃"用户以中青年居多，40 岁以下用户占近九成。

思想湃的用户收入 5000—8000 元的占 39.5%，8000—12000 元的占 22%。用户主要以中高收入为主。且用户性别比例相当，男性用户稍多。

澎湃后台数据分析显示，思想湃线下用户为线上活跃用户转化。首先，每期思想湃会通过澎湃自有的媒体资源（包括 App 客户端、官方微信、官方微博等）进行多点位、持续的线上招募，并在 App 内开设思想湃专栏，将线上用户有效转化为思想湃的线下观众。其次，思想湃线下活动结束后继续与用户进行线上互动。活动结束后会邀请嘉宾入驻澎湃问吧，与观众进行实时的线上互动。澎湃新

第一章 技术：呈现自我的技术之镜

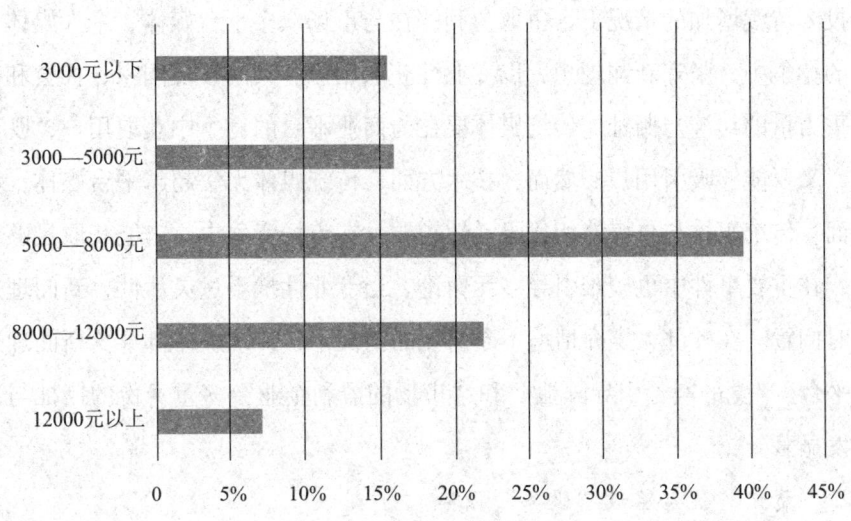

图1-12 "思想湃"用户月收入情况

闻微信公号、思想湃微信公众号在活动后也会与粉丝进行持续的线上互动，赠送演讲者的签名书或门票等周边产品，增加用户黏度。再次，活动结束后，澎湃新闻思想湃专栏会及时发布演讲视频及嘉宾专访，视频阅读量和播放量呈现增长之势。最后，用户在参与思想湃线下活动后，在澎湃自有平台上（包括 App 客户端、官方微信、官方微博）的活跃度（包括留言、点赞、转发）都有显著提高。

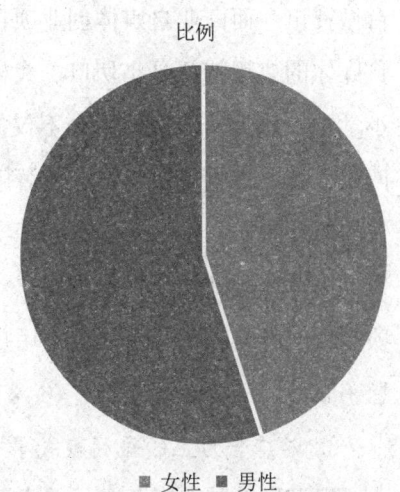

图1-13 "思想湃"用户性别情况

（二）转型面临的困难与问题

1. 舆论引导、市场化运营和坚守新闻理想多方力量的撕扯

传统媒体转型的任务包括：在重要事件中引领社会舆论；在不断升级传播技

87

术、投入持续增加的情况下，争取盈利；在与市场众多平台媒体、个人媒体等新媒体的竞争中，坚守新闻理想，以专业性获取用户。其间涉及国家、社会和市场等多重力量的纠缠与撕扯。传统媒体要在与商业平台的竞争中获取用户，既要拼技术，又要能够吸引用户。然而，技术方面，传统媒体无法超越平台媒体；灵活性方面，传统媒体与自媒体相比灵活性较弱。在市场竞争中，未能获取足够多的用户，在重要事件中也较难引导多元舆论。当专业性抵不过灵活性，新闻理想或被暂时搁置。在外部大媒介情境不断演变的情况下，传统媒体自身"新闻理想的践行平台""党的舆论引导阵地"和"市场的盈利企业"多重身份的撕扯与冲撞便越发显著。

2. "资讯"优势难敌"服务"强势

转型创业的传统媒体多凭借自身专业优势，在微博、微信、App 等新媒体平台做资讯。而商业自媒体创业项目都与创业者的兴趣爱好或生活结合起来，创建自媒体的典型特征是小切口、大格局。如"少年商学院""凯叔讲故事""博雅小学堂"这几个自媒体平台不仅提供未来升学、留学核心竞争力培训、分享西方博雅教育、在线英语学习、名著解读、阅读写作培训、哲学启蒙等，而且提供相关的海外游学、绘本销售、心理实训等服务。看似自媒体的冲击致使传统媒体损失了用户，实则媒介社会中用户对单纯的信息已不再敏感。澎湃等媒体内部创业项目目前尚未满足媒介社会中用户信息化生存的需求，单纯的资讯无法战胜"信息+服务"。

3. 以广告为主的盈利模式单一且难持久

澎湃做的是严肃新闻，严肃新闻的生存问题在全世界范围内都是一个难题。自媒体的出现使得严肃新闻过去的商业模式已无以为继，新的商业模式仍在探索中。目前澎湃新闻收入主要源自广告，2015 年澎湃广告收入为 6000 万元，相较运营费用入不敷出，且广告这一盈利模式在移动互联时代较难长久。广告实则是在消费用户，大量接广告会造成用户忠诚度和好感度的下降。纸媒的广告多了，可以加版印刷。但在 App 上，用户对首页、内页或软文形式的广告都较为敏感。

报纸订户的订阅周期是一年，App 用户则会秒删客户端。

4. 内部人才流失严重，外部人才较难引进

一是澎湃缺乏真正的新媒体人才。澎湃主体人才队伍由《东方早报》的传统媒体人构成，目前澎湃都是从原有队伍中广告经营部门、发行部门、采编部门选拔有互联网意识和眼光的传统媒体人负责主要职位。虽"东早"是市场化媒体改革的先锋，但越是熟悉传统媒体越是不容易适应新媒体的思维模式。二是难以引进经营管理和专业高端人才。澎湃新闻在纸媒界可谓平地惊雷，但对于互联网行业只是窗外细雨声。澎湃在薪酬和公司文化上都无法吸引到大型互联网公司的总监级人才，商业互联网公司的期权股票激励目前在传统媒体的新媒体项目中仍未能落地。三是人才流动速度加快，人才流失严重。澎湃的薪酬除与其他商业媒体相比没有市场竞争力外，内部的薪酬激励机制效用也不明显。集团承诺的新媒体项目高层管理者可持股的承诺未能实现，而且体制所限，员工工资要么不涨，要么只能普涨，导致无法在薪酬上形成激励机制。自身新媒体人才队伍不完善，外部人才又无法引进，再加上内部人才流失严重，导致澎湃人才紧缺。

（三）发展趋势与应对策略

1. 以用户需求为导向，实现主流价值观引领

澎湃新闻作为传统媒体创业的先锋项目，具有无法推卸的引领社会主流价值观的责任。但当前任何媒体产品不具备互联网思维，都难以争取到用户。因此，为实现主流价值观引领，第一，按照互联网规律运作，坚持互联网思维的核心理念"用户体验为王"。澎湃可在时政等硬新闻为主的基础上，补充与时政新闻相关的服务性信息和用户自生产内容，既满足用户需求，也更容易实现商业变现。第二，坚持市场化运营，但不盲目追求市场化效应。坚持市场化运营是为更好地服务用户，提升项目竞争力。但时政新闻的服务方向注定澎湃不会如商业新媒体一样拥有高人气，靠娱乐性等获得短暂的市场化效应不可取。

2. 加强员工激励、吸纳人才，完善队伍建设

第一，建立内部新媒体人才转化培养机制及外部新型人才培养基地，加快内

部的新媒体人才转化，培养一支全新的、适应移动互联网传播的团队。第二，完善内部激励机制，留住人才。重点关注内部在重要职位、能力强、阅历丰富的中青年骨干，适当采取破格激励的方式，防止人才流失。第三，在较难吸引外部互联网公司高级经营管理和专业人才的情况下，通过聘请他们担当顾问、咨询师及设置兼职岗位等方式，努力汲取外部力量。

3. 深挖内容、创新形式，打造大平台系统

第一，继续加强时政领域信息的深度挖掘和内容的专业化、个性化。互联网时代，信息过剩情况下，深度、专业、个性是内容生产的大方向，也是媒体标新立足的根本。第二，创新新闻表现形式，通过动画、短视频等可视化内容丰富澎湃的新闻产品，增强吸引力。既符合移动互联时代的用户消费习惯，又可与同质化新媒体形成差异竞争。对于澎湃自身产品结构而言，也可实现原创图文新闻与可视化新闻并重，新闻与社区并重的全方位平台格局。第三，借可视化新闻平台建设，全面配置技术人才，升级平台系统，实现软硬件配置和新产品研发能力的提升。第四，打造大型、开放、合作的平台，与区域内或国内相关新媒体及移动运营商进行合作，打造开放性平台。

4. 加强资金支持和运营推广

第一，开拓更多的资金融入方式，为项目发展提供更强有力的资金支持。第二，优化项目孵化机制，以更好地把握新媒体发展方向。第三，探寻互联网媒体的运营规律，加大推广投入，使产品和用户间的关系从弱关系转变到强关系，从而增加新用户，增强用户黏性，实现用户规模的增长。

三、地方新旧媒体深度融合实践

党中央高度重视媒体融合发展，把推进传统媒体向新兴媒体融合、打造全媒体传播体系，放在"做大做强主流舆论，巩固全党全国人民团结奋斗的共同思想基础"的重要战略地位上。山东有多家传统媒体，在深度融合方面勇于创新改革，《济南时报》《齐鲁晚报》媒体融合项目同时入选2018年全国十大媒体融合

优秀案例。在对《济南时报》《齐鲁晚报》《半岛都市报》、青岛新闻网等媒体实地调研的基础上，研究分析山东推进新旧媒体深度融合的具体实践和面临的困难等，为全国进一步推进新旧媒体深度融合，提供有益的经验与启示。

（一）地方新旧媒体深度融合的创新实践

1. 强化"内容为本"的理念

打造"封面现象"和深度报道项目。智媒时代，传统媒体在内容生产方面仍优势显著。《济南时报》以"封面现象"和深度报道为内容生产切入口，提出"让普通人上头条"，实现版面语言的人格化和版面呈现的可视化，让报纸更加接地气，也增强了话题传播力和影响力。

创新组织架构并加强原创奖励。报社增设了特稿评论中心，选择优秀的记者加盟，打造有品质的深度报道。先后推出了类似"高清无码"通缉、章丘铁锅等一批深度原创报道，全网流量以千万量计。同时，报社加大了对原创优质报道的奖励力度。

2. 以视频化为抓手，打造智媒矩阵

以视频化为抓手。《齐鲁晚报》以人工智能技术为引领，以大数据为基础，以视频化为突破点，连接用户。报社推出了果然视频和壹视频两个视频号。果然视频主打新闻资讯服务，先后承担了十九大、上合峰会、改革开放40周年、全国两会等重大新闻事件的报道；壹视频主要着眼于提供生活类优质视频和高水平直播。

努力做实技术团队建设。2015年，齐鲁壹点就组建了专业的技术团队，现已发展至近50人，技术团队较为成熟，自主性程度较高。团队成功研发出齐鲁壹点App、可视化数据大屏、CMS管理系统、大数据系统，构建起以我为主、自主可控、传播有力的深度融合技术基础。

打造智媒矩阵。《齐鲁晚报》以智媒、智云、智库等产品为主体，形成了以齐鲁壹点为核心、覆盖"报网端微"的新型智媒矩阵。齐鲁壹点客户端已成为山东省新闻影响力第一端,《齐鲁晚报》官方微博用户达 900 多万户,微博矩阵用户量超过 2100 万户;微信矩阵数量超过 100 个,用户总量超过 500 万户,全媒体平台覆盖用户现已超 5000 万户。2018 年,新媒体总营收超过 4000 万元。

3. 发挥动态考核的指挥棒作用

《半岛都市报》也确立了以视频为主的发展方向,并以考核机制变革为抓手,引导团队向深度融合、视频制作方向转型。队伍中具备视频制作能力的人员有限,对此,报社成立了 10 人规模考核办公室,以一年一大改、半年一小改的频率不断更新考核细则,加强对视频制作的奖励,打造视频制作队伍。2016 年底,树立了"半岛 V 视"主打品牌,后又分别设立了视频、直播、VR、拍客四个栏目。

4. 以交互为利器黏聚受众,以公益平台服务社会治理

充分发挥交互传播特色优势。《青岛日报》及其青报网将"交互传播"作为吸引受众部落群体的利器,努力实现从既往的自上而下式"强制传播",向移动互联时代的交流互动式"伙伴传播"转型。每年报网交互传播实践案例上百项,部分互动传播案例一次可黏聚五六十万,甚至上百万人次的网友和读者。

打造网站全媒体品牌,积极参与社会治理。在"都市平台型党报"指引下,《青岛日报》借助打造"爱心陪伴空巢老人""青岛创客""青报读心"三大公益平台,来参与社会治理。"爱心陪伴空巢老人"作为全媒介公益平台,现已有近百家单位和志愿组织加入到"爱心陪伴"行列,正式注册志愿者上万人。建立了"爱心陪伴志愿者网上基地",形成了"网上陪伴"模式,引发全国较大反响。2015 年,"青岛创客"和"青报读心"全媒介平台上线,前者着重打造青岛创客交互圈,后者着重提供心理咨询资源,邀请"心理专家团"在线及时解答网友们的心理困惑与疑虑,并提供公务员入职培训等。

(二)地方新旧媒体深度融合面临的困难

地方传统报纸传媒,在融合创新中取得明显转型成效的同时,也面临着技术

挑战、人才流失、商业平台机构竞争等诸多现实困难。

1. 裁员难、留人难，引进人才难

首先，媒体转型过程中，因业务发展变化，需要裁撤冗余部门成员，地方媒体多将他们转岗到集团非媒体部门，没有直接辞退。其次，传统媒体内适应转型较快的骨干人才，多被互联网公司在当地设置的分支机构高薪挖走，如腾讯、头条、网易等，成为商业平台的当地负责人。最后，受制于薪资待遇、城市吸引力等因素，媒体转型急需的技术人员、视频编辑人员等较难引进。内部骨干的流失，没有新鲜血液补入，人才缺失成为地方传统媒体转型的头等难事。

2. 缺乏扶持，盈利艰难，技术升级存在资金缺口

在新媒体转型过程中，技术投入需要大量的资金，党报能够得到政府的资金扶持，但都市报往往得不到资金扶持。另外，如何在加大技术投入及规避可能风险方面寻找平衡点，是一个亟待破解的难题。调研的省报、党报、都市报媒体产业盈利较少，主要靠地产等非媒产业盈利，运营得好的个别服务+项目也仅能维持项目自身运营。极个别媒体实现了新媒体盈利，但盈利上交后，也面临着技术不断升级创新的资金缺口。缺乏资金使得地方传统媒体在技术快速迭代的过程中难免流于被动。

3. 面临技术不确定性挑战，有些融合仍待推进

《半岛都市报》《青岛日报》等虽打造了报网端微等全媒体产品，但生产团队尚待融合。报纸、网站在某种程度上仍各自为战。有待构建适应融媒体生产的采编发网络、采编发流程和组织架构，以新媒体生产和传播为核心的一体化运行机制。尽管省级、市级、县级不同媒体都一致认同智能化趋势势不可挡，但在智能化的实践中仍在犹豫。如调研中智能化做得最好的《齐鲁晚报》，技术上现已实现智能生产和智能审核，短期内并没有取代人工采编团队的想法。如何在推动融合发展的进程中，将技术与采编、技术与用户真正连接起来，仍是未来需要探索的方向。

（三）地方新旧媒体深度融合实践带给我们的启示

地方新旧媒体深度融合取得的成绩及存在的困难，为上海乃至全国地方媒体深度融合提供了一定的启示。

1. 搭建省市县地方技术共享平台

传统媒体在技术上的资金投入，难以和互联网商业平台相匹敌，各地方传统媒体没有必要独自搭建自己的技术体系。省、市、县媒体在技术研发方面可以通过有偿购买、交换、互助等方式实现技术共享，缩减技术试错方面的投入。

2. 对标当地市场，留住人、引进人

地方传统媒体可加大关键岗位、关键人才的薪酬竞争力，采取积极的市场对标，充分调动人的积极性。通过项目制等机制建设，将好的媒体产品与人捆绑在一起，留住人才。通过薪酬、福利等附加值吸引人才，带活团队。推动各业务团队储备人才的培养和人才队伍的建设，形成结构合理、可持续发展的专业人才梯队。

3. 把媒体人真正融合在一起

人的融合是媒体融合发展的核心和基础，实现从"相加"到"相融"，媒体人需要真正融合在一起，打破传统媒体部门和新媒体部门、采编部门和技术部门的空间区隔与心理区隔。从根本上变革人才管理体制机制，并根据媒体融合发展需要进行组织架构调整。

4. 地方宣传部门发布会适当给予当地传统媒体优先发布机会

地方宣传部门在召开发布会时，可适当给予当地传统媒体优先发布机会，慎重邀请大型商业平台分支机构。传统媒体采编不允许拉广告，一旦大型商业平台分支机构被邀请进行信息发布，无意间加剧了传统媒体和商业平台的不公平竞争。

四、实体书店网络社群建构实践

疫情放大了实体书店的困境，也使图书消费的全部环节都需借助社群实现。

实体书店和用户对网络社群的功能诉求都急剧升级。后疫情时期，优化社群生态成为实体书店再次转型升级不得不面对的问题。本部分首先梳理了网络社群从营销工具——营销模式——商业模式的发展演化历程。基于网络社群作为一种商业模式的理论前提，探析了疫情暴发后实体书店的网络社群运营现状。并从社群情感、用户关系、价值共创和社群自组织四个维度，提出了后疫情时期实体书店社群生态升级路径。

2010年前后，线上书店的冲击使得实体书店出现了"关闭潮"。同时期，一批体验式书店逐渐成长起来。2020年春节，突如其来的疫情，使实体书店再次面临生死考验。首先，消费空间发生改变。疫情时期，曾一度拯救实体书店的线下体验场景失效，使其无法一如既往地链接消费者。后疫情时期，"尽管书店已经复工，但人们的焦虑和阴影还没有散去"[1]，"个别书店旗舰店全天客流量只有几十人，营业额也只有平时的3%—5%"[2]。其次，互动模式发生改变。疫情将身体不在场的互动推向了极致，线上社群成为主要互动模式。1200bookshop曾以深夜分享故事为特色线下互动模式，复工后，转变为线上售书、征文活动。再次，盈利模式发生改变。社群成为体验场景、互动模式、消费渠道，整个消费环节都需要借助社群实现。品牌方和消费方对网络社群的功能诉求都急剧升级。后疫情时期，优化社群生态成为实体书店再次转型升级不得不面对的问题。

本部分以社群作为商业模式为出发点，从社群生态视角，探析我国钟书阁、单向空间、言几又、1200bookshop等实体书店的社群运营现状，探索后疫情时期实体书店的社群生态建构。

（一）关于网络社群的认知变迁

美国学者Howard Rheingold（1993）最早提出网络社群概念。网络社群分别

---

[1] 周世玲：《实体书店的疫期自救：开直播带货、建线上社群》，《新京报》2020年3月8日。

[2] 彭晓玲：《疫情蔓延时期，实体书店的死活题与脱困术》，《第一财经》2020年3月6日。

| 媒介理论视域下互联网自我呈现行为的演化 |

于1995年和2001年引起国外和国内研究者的关注。最初的理论性研究出现在信息科学和管理科学领域，最早的应用性研究则出现在营销管理领域。

1. 网络社群研究：从社群技术特质到社群行为与情感

关于网络社群的研究经历了由描述性研究到实证研究，由关注技术特质到关注社群行为与情感的发展变化。其一，关于技术特质：网络社群具有去中心化、裂变性，多向共时性、紧密度强的特性。其二，关于社会性：网络社群兼具传统社会学所区分的群体和社会两者的特性。其三，关于社群行为与情感：网络社群建构了群成员间相互依赖的伙伴关系，群成员分享资源、参与创造性生产、投射情感、达成认同。

2. 网络社群消费引领：从营销工具到商业模式

网络社群的消费引领功能得到了业界和学界的普遍认同。同时，网络社群经历了作为营销工具到营销模式，到商业模式的变化。

（1）作为营销工具的网络社群

国内外研究主要关注到网络社群对品牌满意度、口碑、信任度和忠诚度的影响，以及虚拟品牌社群演化与消费者购买意向的关系。业界最初尝试建立网络品牌社群主要是为了留住用户，并向社群成员推销、售卖产品和服务，如收取会员费模式。高端企业家社群正和岛采取的就是会员收费制。2019年2月1日起，登岛的企业家岛邻需一次性缴纳会费十万元，第二年起年度服务费两万元，营收均来自于会员会费。在这一模式中，社群是品牌提供服务的渠道、营销的工具。

（2）作为营销模式的网络社群

当用户意识到社群是一种营销工具的时候，会自发地产生抵触行为。如何激发用户的参与意愿、分享行为、共创行为，成为学界和业界的关注点。学界主要关注了虚拟品牌社群中互动、信任、参与意愿、知识共享、价值共创行为对品牌忠诚的影响，社群体验对品牌认同的影响，感知价值对新产品购买意愿的影响机制。知识分享类社群罗辑思维，通过每天一段60秒的语音推荐一本值得阅读的好书，和用户一起终身学习。罗辑思维通过会员会费、广告分成、品牌赞助、演讲收益和电商营收等方式实现价值。樊登读书提供音频听书服务，一年VIP费用365元，线下樊登书店实行加盟制。其间，社群作为一种营销模式而存在，品牌借此实现价值。

（3）作为商业模式的网络社群

商业模式和营销模式的主要区别在于，商业模式既涉及价值实现，又包括价值创造，而营销模式通常只关乎价值实现。当企业只卖产品、卖服务时，企业商业模式便简化为营销模式。现代管理学之父彼得·德克鲁曾指出："当今企业之间的竞争，不是产品和服务之间的竞争，而是商业模式之间的竞争。"[①] 学界关注到网络社群是一种引领未来的商业模式，在认同机制的作用下，网络社群中的产品或服务将发生功能价值、体验价值、文化价值等价值增值。如罗辑思维创新产业链，对传统出版业变革的探索。小米公司改变了电子产品运营模式，生产流程为：出样机—粉丝提建议—研发团队完善产品—官网预售—采购零部件—代工生产；销售流程为：吸引粉丝—打造铁杆粉丝—与粉丝共同设计产品—铁杆粉丝帮助销售。当用户对品牌产生足够的信任，积极推广品牌，或加盟品牌时，用户经历了粉丝—铁杆粉丝—事业伙伴的转变。对行业的变革，对生产流程、销售流程、运营模式的改造，粉丝身份的变化，不只实现了价值，而且创造了价值。

（二）疫情时期实体书店社群运营现状

疫情时期，部分实体书店依托现有粉丝资源、品牌社群，联合电商平台和快递配送服务，敏捷地开发线上市场。

1. 引流粉丝：链接多元社群

传统社群营销主要借助自主渠道引流粉丝。疫情期间，实体书店主要导流方式有：其一，将知名影视情节与图书产品融合。单向街的"单向历"栏目通过对影视名人的介绍，形成话题，推荐相关图书。钟书阁公众号推出"《安家》，那些让人心疼的'房似锦'如何摆脱原生家庭的伤害？"借热播剧《安家》推

[①] 石树元：《社交电商生态思维》，华文出版社，2019，第38页。

出描述主人公挣脱原生家庭桎梏，活出辽阔人生的四本书籍。其二，借助新闻人物和新闻热点进行粉丝导流。1200 bookshop 在疫情肆虐期间，推出公号文章"关于病毒，你应该知道的"推荐九本描述传染病的书籍。钟书阁公众号在杰克·韦尔奇去世的第二天推出文章"杰克·韦尔奇：决定企业未来的 10 个经营原则"及其自传，均取得较好效果。其三，与门户网站合作，相互导流。网络社群通过与门户网站合作形成系列新闻话题，借助社交网络群体的好奇心——试图借名人确认自我认知及行为的社会心理，进行粉丝导流。单向街书店的单向空间与腾讯新闻联合出品"十三邀"栏目，疫情后期推出与著名网络导购主播薇娅的对话——"薇娅是许知远很陌生的物种"，一周阅读量达六万多。

2. 共享智慧：打造参与式音频

无论是纸媒，抑或网络社群，以文字为主要表达形式，对阅读情境的要求均较高。即使是短视频，也会过滤掉一些情境不合适的用户，如司机、运动者等。但以上情境则是音频接收的较佳时机。除了 AI 转播外，真人的高质语音转播，拓展了内容吸引力及传播空间，部分实体书店纷纷尝试开发音频资源。

单向街书店创始人许知远协同蜻蜓 FM 副总裁郭亮，一同聊其新书《青年变革者：1873—1898》。同时，全书以音频形式呈现在蜻蜓 FM 平台。除许知远本人献声外，全国读者用各自的方言共读原本，用声音复活书中的主角梁启超。这一活动，既形成了书店自主平台与蜻蜓 FM 间的相互导流，双方又都进行了内容升级的尝试。在音频分享平台，书、文化、音频、作者、朗读者、听众相互交织，共同感受上述诸元素的融合创造。在这一过程中，原声表达展示了一种本真的状态，参与者用声音与情感对书中的文化意涵进行再生产，每一个自我都在参与中，探索、感知、共享。

3. 直播带货：获客成本高，利润低

2020 年 2 月 4 日，网红书店钟书阁推出"云游书店"淘宝直播服务，直接荐书带货。一个月内连播 7 场，最多观看人数一场近 1 万人，评论超过了 1 万条。随后，中信书店、蒲蒲兰绘本馆等 200 多家知名书店开通淘宝直播。截至

2020年2月底,"开通淘宝直播的书店数量同比增长超过5倍,图书直播场次增长近10倍"。① 但"很多书店直播时只有几人、十几人参加,参与人数超过200,就属于'大型活动'了",而书店"三个机位、一个灯光,成本就是几万元"。② 书店直播遭遇尴尬,问题不在于直播的形式,而是直播内容缺乏精心的主题策划,直接荐书使得直播囿于销售工具。

4. 同城配送:同质化竞争激烈,拉新难

开学前,多家实体书店直播带货,线上卖课辅书。随后,各家书店各显神通链接热点,售卖相关主题书籍。同质化的产品和同质化的销售渠道,使得书店直播拉新很难,收看的多是原有的粉丝用户。另外,实体书店线上卖书的主要竞争对手是电商平台。现实空间的场景体验优势消失,无论在价格还是快递物流方面,实体书店都没有优势。"言几又联合外卖平台'饿了么',发起了'图书外卖'",③ 但配送费达20余元。这种同质化的竞争使得低利润的图书销售,最终可能演变成价格战。

5. 联合营销:转化率低,变现难

感性表达+联合营销是单向空间常用的社群营销方式,如"人在书店×第几位""单向历""小报""十三邀"等常规栏目,均以感性方式传达对独特性的尊重、对小人物的关怀、对平凡的赞美等,尽显人文关怀。尽管这种联合营销的模式聚集了粉丝,但粉丝转化为消费者的并不多,未能带来显著的收入。2020年2月24日,单向街书店公布"众筹续命"。虽取得了超预期的效果,但这一模式的复制性不强。

相较其他行业,实体书店的社群营销多停留在起步阶段,多被作为营销工具

---

① 姚亚奇:《逆风飞扬,文旅行业寻找春的消息》,《光明日报》2020年3月5日第11版。
② 彭晓玲:《疫情蔓延时期,实体书店的死活题与脱困术》,《第一财经》2020年3月6日。
③ 周世玲:《实体书店的疫期自救:开直播带货、建线上社群》,《新京报》2020年3月8日。

的社群思维所困。这一社群理念导致了现有顶层设计的局限,使得社群建构和运营停留在点和线的层面,花了大力气,却收效甚微。

(三)后疫情时期实体书店社群生态升级路径

疫情放大了实体书店的困境,使得实体书店社群转型升级的需求异常迫切。基于社群作为商业模式的理念,本部分从社群情感、用户关系、价值共创和社群自组织情况四个维度,探索后疫情时期实体书店社群生态升级路径。

1. 社群情感:以利他为原则,持续分享智慧

社群以利他为原则,输出价值,让用户受益,才能够让用户成为粉丝。图书作为书店的主要经营产品,书中或作者、相关专家等的智慧是较低成本的可输出价值。实体书店可利用线上社群定期分享图书的内容干货、各专题讲座等,以此增益用户,黏住用户。钟书阁根据停课不停学的需求,推出多期名家公益课堂,邀请儿童文学作家窦晶做客直播间,直播写作指导课"和豆豆姐姐一起读",专题策划"上海学霸笔记"系列。同时,针对后疫情时期的社会心理,推出"谢谢你陪我走过黑暗时刻"等,分享了四位作家遭遇不同人生难题,并解出各自的答案,软文附荐四位作家作品。这些满足深层心理需求的推文在社交媒体获得了转发传播,形成更多的链接、裂变。

网络社群成交的前提是信任。书店短暂地或不定期地分享知识、输出价值,会有以输出价值为盈利手段之嫌。而持续地输出价值则是以利他为企业目标,容易获得粉丝的信任。可见,以利他为原则,持续地输出价值是吸引用户、获得用户信任、建立良好社群情感的前提。

2. 用户关系:以铁杆粉丝为火种,燎原市场

经营社群主要是经营关系,经营品牌与社群成员的关系,尤其是与铁杆粉丝的关系。凯文·凯利将铁杆粉丝定义为"无论你创造出什么作品,他(她)都愿意付费购买"。[①] 并提出"任何创作艺术作品的人,只需拥有 1000 名铁杆粉丝

---

① 凯文·凯利:《技术元素》,张行舟等译,电子工业出版社,2012,第86页。

便能糊口"。① 铁杆粉丝不仅愿意付费,而且担当了对普通粉丝的营销任务。铁杆粉丝作为火种,能够带动他周围的用户进入实体书店社群。线下熟人的口碑宣传有利于快速建立新用户对品牌的信任感,促成成交,且有望将普通粉丝培养为铁杆粉丝。粉丝和书店关系好了,需要的书籍或产品只要书店有货,就会选择在此购买。甚至书店卖任何产品,都会有粉丝产生购买行为。

3. 价值共创:肯定粉丝参与行为,增强"被需要感"

作为商业模式的社群追求通过一个人影响一群人,通过许多人,影响更多人。每位粉丝都是品牌的传播者和价值共创者。粉丝在价值共创过程中产生被需要感,并由普通粉丝转化为铁杆粉丝。很多社群存在用户不活跃问题,在于用户参与感弱。小米粉丝的使用反馈和建议被采纳后,肯定了米粉的参与行为,并强化了米粉的"被需要感"和自我认同感。同时,进一步激发米粉的参与感。设计具有参与性的线上、线下活动,在参与中,不断肯定用户,提升用户的"被需要感",将普通粉丝培养成铁杆粉丝,粉丝与书店形成价值共创体。

4. 社群自组织:打造运营闭环,实现自组织运营

实体书店吸引粉丝,粉丝转化为铁杆粉丝,铁杆粉丝消费、传播书店品牌,在粉丝的传播下,书店品牌继续吸引新的粉丝,形成一个实体书店自运营的"吸引—转化—传播—再吸引"的闭环。同时,粉丝实现了"普通粉丝—铁杆粉丝—合作伙伴—事业合伙人"的转变。书店品牌拥有一定的铁杆粉丝,并形成自运营的闭环后,书店销售不同主题的书籍都会变得更容易。

本部分首先梳理了网络社群从营销工具—营销模式—商业模式的发展演化历程。基于网络社群作为一种商业模式的理论前提,探析了疫情暴发后实体书店的网络社群运营现状。在疫情的推动下,实体书店的网络社群运营有新的互动带来的生机,也有未能解决的老问题。本部分从社群情感、用户关系、价值共创和社群自组织情况四个维度,提出了后疫情时期实体书店社群生态升级路径:以利他

---

① 凯文·凯利:《技术元素》,张行舟等译,电子工业出版社,2012,第86页。

为原则,持续地输出智慧,建立高信任度的社群情感;以用户关系经营为核心,打造铁杆粉丝,筛选事业合伙人,形成品牌传播火种;提高粉丝的参与感和自我认同感,最终形成价值共创体;通过打造运营闭环,形成社群的自组织运营。卖书是向用户输出智慧和价值的生意,在知识付费的消费热潮下有着广阔的发展机遇。社群生态视角下,书店经营的不是书,而是品牌和用户的关系,关系始终是网络社群中的重要因素。如何建立良好的社群用户关系,将会是未来实体书店社群营销中值得继续深挖的议题。

第二章

人：自我呈现的互动对象

自我是一个过程。皮尔斯认为：自我不是一个东西，一个结构或一个固定的制度，而是一个不断变化的过程。自我扮演着为我们的生活和成长发现、制造意义的重要角色。

自我存在于我和他者的互动中，没有他者就没有自我。只有当存在他者（人或物）以区别于我自己的时候，"我"才存在。在高度强调互动或高度接触的时刻，人才有更强烈的自我感，在我几乎不和周围世界互动时，我会更少地有自我的感觉。

因此，自我根据环境变化而变化，随遇到的人不同，而呈现不同的自我。从现象学来看，"在任何特定时刻，我们解释和所相信的（自我）都是暂时的，并且最多是无限多种潜在解释中的部分表达"。[1]

第一节 媒介理论视域下的自我与他者

新精神分析社会文化学派学者沙利文（Harry Stack Sullivan）提出了人际关系的自我发展理论，也被称作人际理论或人际关系理论。主张人生来就有追求满

---

[1] 彼特鲁斯卡·克拉克森、珍妮弗·麦丘恩：《弗里茨·皮尔斯——格式塔治疗之父》，吴艳敏译，南京大学出版社，2019，第43—107页。

足和安全的需要,在人际关系中逐渐形成了稳定的人格模式。① 因此,我们可以理解为:"自我"的概念,是参照他者产生的——我们的自我认同,我们的"身份",我们所谓的"人格"和"性格",都是在跟他者的互动中慢慢产生的,并且一直在关系中,不断生成,没有终点。

一、媒介中的他者对自我的影响

约书亚·梅罗维茨曾分析了社会变化的三个维度:男性气质与女性气质的融合、成年和童年的模糊、政治英雄降为普通百姓。在男性气质与女性气质的融合中,梅罗维茨指出:将男人和女人训练成不同的角色需要依赖社会化的隔离环境。② 电视融合了传统上不同的性别信息系统,模糊了性别的公开与私下行为的分界线,破坏了物质隔离作为性别隔离决定因素的重要性,攻击了男性和女性世界之间的分界线。③ 共享的信息越多,就越是难以维持行为和世界观的传统区别。④

电视暴露给女性许多"男性话题",电视的信息采用一种"表演"的形式,它的内容可以无须任何特别的预培训或知识就能为绝大多数女性所接受。有了电视之后,家中四壁不再将女性世界与男性世界、公开场景与私下场景分开。许多女性身体仍然被隔离在家中,但电视已允许她们"观察"和"体验"更大的世界,包括纯男性的交往和行为。电视在信息上解放了妇女,种下了不满的种子。而这些种子会以其他反叛的形式开花结果。⑤ 电视机前的女性通过观看电视中的

---

① 郭双:《新精神分析学派的心理发展理论述评》,《社会心理科学》2012年第9期。
② 约书亚·梅罗维茨:《消失的地域:电子媒介对社会行为的影响》,肖志军译,清华大学出版社,2002,第193页。
③ 约书亚·梅罗维茨:《消失的地域:电子媒介对社会行为的影响》,肖志军译,清华大学出版社,2002,第191页。
④ 约书亚·梅罗维茨:《消失的地域:电子媒介对社会行为的影响》,肖志军译,清华大学出版社,2002,第206页。
⑤ 约书亚·梅罗维茨:《消失的地域:电子媒介对社会行为的影响》,肖志军译,清华大学出版社,2002,第203页。

男性世界和男性形象，形成了与电视媒介中男性的"交往"，对内在自我产生了冲击，进而调适自己的性别边界，产生了对更广阔世界的渴望。

伴随社交媒体的迭代，用户不仅可以看到异性的世界，还可以随时连接不同阶层、不同民族、不同国家的用户，用户根据看到世界的不同，不断调适自己物质空间和精神空间世界。用户关注 Ins 风后，会买 Ins 风的服装、Ins 风的家装饰品，与同样 Ins 风的人交往，整个人的周围都营造出或复古冷淡或清新干净的风格。用户在他者身上看到自己喜欢的风格，便会去模仿，呈现出受他者影响的表象。

二、媒介中的他者即自我

媒介中的他者即自我是指：在媒介中与我们互动的他者是我们的一面镜子，帮助我们认清自己，帮助我们看到自己内心深处的渴望、委屈、恐惧，等等。美国心理学家乔瑟夫·勒夫（Joseph Luft）和哈里·英格拉姆（Harrington Ingham）提出关于人自我认识的"乔韩窗口理论"，认为"人对自己的认识是一个不断探索的过程。并指出每个人的自我有四部分：公开的自我，即透明真实的自我，这部分自己很了解，别人也很了解；盲目的自我，别人看得很清楚，自己却不了解；秘密的自我，是自己了解但别人不了解的部分；未知的自我，是别人和自己都不了解的潜在部分，通过一些契机可以激发出来"。[①] 其中，公开的自我和秘密的自我都是自己了解的。盲目的自我和未知的自我都是自己不了解，需要在和他者的互动中获得认识的，他者在这一过程中如镜子般，帮助自我认识自己。与他人交往，是个人获得自我认识的重要来源。

心理学中有一条规律：我们对别人所表现出来的态度和行为，往往会得到同样方式的反应和回答。与他人互动时，我们自己待人的态度会在别人对我们的态度中反射回来。如果我们事先认为某人是友好的，我们便会用友好的方式去对待他，在我们的感染下，对方自然也以友好的方式与我们互动。如果我们事先认为

---

① 蔡践：《情绪心理学》，北京日报出版社，2017，第 98 页。

某人难以对付时，我们很可能会用带有敌意的方式去接近他，在心中握紧战斗的拳头。而当我们真的这样做时，我们便设置了舞台，逼迫对方按照我们为他设计的角色去表演。

我们所有的人际关系都是从外在看内在，从别人身上看到自己。算法时代，平台获取我们的使用习惯后，会不断推送我们感兴趣的新闻话题。例如，"锋菲恋"不断被关注，用户借此讨论爱情、婚姻、离婚、再婚等社会现象，从中看清自己的爱情观、婚姻观、价值观等。我们对锋菲的关注都投射了内在自我，对自己理想生活或另一种生活可能性的向往。我们借明星这些公众人物批判自己不认同的现象，激励自己还有更美好的存在，实现自己原本不能实现的愿望。

三、媒介中的自我即他者

人们在社交网络中呈现的多不是现实自我，而是理想自我，是"想让别人看到的自己"。

知乎匿名用户说："有熟人关注就注意下形象，没熟人更放肆一些。"

知乎网友田飞飞表示自己会在不同的社交网络呈现不同的自我。"每天关注最多的是QQ，日记留下来最多的是没有太多个人情感剖析的文字，其余的全部转为私密日记，为了纪念我年少时的记忆和心情历程。QQ只对指定人可见。微信，寂寞神器，不解释。朋友圈里是好友各种的自拍和吃喝玩乐，我便开始转向默默的关注，有话要说时也会偶尔留言。都是别人的生活，不想评论，说些自己不认同的好话有些阿谀，跟着迎合有点矫情，表示不满又会引起人家内心的不满，所以看看就好，至少你很关心他们。在熟悉（有自己的亲人好友）的社交网络中，我趋向于表现'想让别人看到的自己'，而且是'自己的小日子过得还不错'。在陌生的社交网络中，'自己'显得都不重要，我是来了解信息的。"

知乎匿名用户B表示："在知乎平台表现出的是理性自信的自己，也是想让别人看到的自己。其他社交平台上表现出的也是自己考虑过修饰过的形象。而且都不算真实的自己。真正的自己，只有用马甲的时候会表现出来吧。"

知乎网友杨晔萌表示："我'真实的自己'就是希望别人能看到'想让别人

看到的自己'。"

人们生活在自我意识建构的世界中,通过自我的感受判断周围的事物、关系,与他者进行互动。用户在社交网络呈现的多是自己建构的理想自我,一个理想的他者。在社交网络中,用户真实的自我先建构出一个理想的自我/他者,再借理想的自我/他者与他人互动,并通过投射自我,修正理想的自我/他者。看似用户在朋友圈发布状态、心情,并借此与朋友互动,实则是用户的真实自我与理想自我/他者的互动。真实自我不断地勾画、呈现理想自我/他者的塑像,并根据朋友圈点赞、回复等情况,修正理想自我/他者的形象,这是真实自我与理想自我/他者互动的过程。在社交网络中,自我即他者。在线下,现实自我是一个角色,理想自我是现实不圆满自我的圆满版,一个他者的角色。在网络平台,现实自我角色和理想自我角色在网络行动中呈现合一的状态,在网络中以理想自我的形象与他人互动。社交网络中真实地呈现了自我即他者。

第二节 互联网与用户的网红消费

互联网接入后,人们的生存方式、行为方式和文化方式等都发生了转变。在生存方式上,用户的衣食住行,甚至社会交往都要借助互联网,才能更便捷、高效地实现。在行为方式上,互联网在全球范围内消除了时间和空间,同时越发突显了速度的重要性。加剧了"我"与"他人"之间的竞争,也促成了当下先行动、再思考的行为方式。如抢火车票、"双11"的折扣商品,出租车司机抢单等,抢到再考虑适用性,再决定是否退单。在文化方式上,互联网技术蕴含着对自由、个人和自我的追求与维护,因此互联网文化注定是多元的。在多元文化观引领下,出现了互联网内容和用户的分化。在文化消费方面,出现了从消费明星到消费网红的变化。

"网红"(网络红人)是2015年十大流行语之一,同年也被称为"网红之年"。网红不仅红得快,还获得了可观的收入和投资。有网红化妆期间的直播高

媒介理论视域下互联网自我呈现行为的演化

达八万用户在线观看,他们的网络粉丝多以百万计,动辄获得风投上千万的投资,他们的淘宝店开业一年就上了金冠,甚至几天内完成普通店铺一年的销售额,网红成功嫁明星……现有关于网红现象的研究不多,且多站在批判、引导或治理的立场解读这一现象。网红消费作为网络社会的衍生现象,既展现了技术迭代的力量,也展现了大众文化的狂欢和消费社会的转型,仅是批判与引导式的解读远远不足以理解这一现象。

有新媒体研究学者将网红定义为:"在微博、微信、社区贴吧等互联网平台上具有一定话题度和影响力的'名人',因在现实或网络生活中的某个事件或行为而被网民关注,并在跨平台传播和全民娱乐过程中有意无意受到网络世界的追捧。网红既包括作家、企业家、官员等在现实社会具有一定影响力的人,也包括段子手、微商、美女等草根群体。网红是网络媒介环境下,网红自身、网络推手、传播平台以及受众心理需求等利益共同体综合作用下的结果。"[1] 为了更好地探究网络媒介对网红成名的推动作用,本书将网红限定为草根网红,即之前不红,后借助互联网走红的对象,他们的迭代与新媒体技术的迭代具有一定的伴生性。著名网络推手陈墨曾把网红分成三代:"文字时代的网红、图文时代的网红和宽频时代的网红。"[2] 文字时代的网红,指通过在论坛或文学网站等平台发表文字而走红,如,"被称为'五驾马车'的第一代网络写手痞子蔡、李寻欢、安妮宝贝、邢育森等;继'五驾马车'之后的'四大写手'——王小山、南琛、小e、今何在等"。[3] 图文时代的网红借助论坛和博客,通过图文结合的方式展示自我,他们或颠覆或迎合审美趣味,借此进入网民视野,这一阶段的网红以女性居多,如芙蓉姐姐、凤姐、竹影青瞳、流氓燕、天仙妹妹等。宽频时代,网红借助视频表现自己,并通过微博以及美拍、秒拍等视频社区成功吸引受众,如雪

---

[1] 沈阳等:《网红时代的来临研究报告》,2015,http://home.gsdata.cn/news-report/research-report/485.html。

[2] 朱学蕊:《狂欢理论视域下的"网络红人"现象研究》,硕士学位论文,兰州大学传播学,2010,第19页。

[3] 王月:《新世纪中国网络写作的产业化》,《文艺研究》2012年第5期。

梨、Papi 酱、张大奕、王尼玛、罗休休等。

网红消费作为网络社会的衍生现象，是粉丝文化的一种表征。粉丝文化经历了从消费明星到消费网红的变迁。这种变迁既展现了技术迭代的力量，也展现了大众文化的狂欢和消费社会的转型，以及转型过程中，技术、消费者、消费"商品"及社会文化间的动态运作过程。

一、消费行为从社会关系的外化到符号消费

消费既是一种经济现象，更是一种社会现象。自大众媒介卷入消费以来，消费已成为一种文化形态。20 世纪 80 年代末，欧美开始出现消费社会学研究的分支。其中马克思、韦伯、齐美尔、凡勃伦和鲍德里亚等学者对此都有论述。通过对他们经典理论著述中关于消费理论的梳理，可窥见消费行为在社会发展进程中的变迁。

1857 年，卡尔·马克思（Karl Marx）首先打破了西方经济学将消费与生产对立起来研究的局限，将消费看作社会生产中一个具体的、而不是其他环节的依附环节，并将消费放在生产—分配—交换—消费这个整体过程中，研究其与社会生产其他环节的关系。马克思认为："消费是社会关系的外化，使用价值体现的是人与自然的关系，交换价值体现的是人与人之间的社会关系。资本主义把一切都变成了商品，人与人之间的关系转化为商品关系，通过商品的消费体现出来，这就是马克思的'商品拜物教'思想。"[1] 概而言之，马克思认为消费是社会关系的外化。

德国社会学家马克斯·韦伯（Max Weber）则进一步将消费和阶层地位明确地联系起来。韦伯认为："地位分层是多种影响因素综合作用的结果，但地位群体的主要区别是消费和生活方式。阶级不是一个实体，消费方式使潜在的阶级差别显性化，形成了地位不同、生活方式不同的地位群体，消费在一定程度上决定了个人的阶层归属。对上层社会的人来说，特定的消费方式是上层社会保持和区

---

[1] 卡尔·马克思：《资本论》，郭大力、王亚南译，译林出版社，2013，第 39—54 页。

别身份的手段。"① 概而言之，韦伯认为消费是区分地位群体的标志。

美国社会学家托尔斯坦·凡勃伦（Thorstein B. Veblen）则系统地研究了消费的社会结构意义。他认为现代人在消费方面的奢侈实际上是"想在所消费的财物的数量与等级方面达到习惯的礼仪标准"，"某个人的生活水准应当是怎样的，这一点大部分决定于他所隶属的那个社会或那个阶级所公认的消费水准"。②个人消费受所在阶级消费水准的制约，但达不到相应阶级的标准，在社会交往中可能遭受轻视或排斥，这样，炫耀性消费或浪费便成了社会成员显示和维持社会地位的一种手段。概而言之，凡勃伦认为消费的动机是金钱竞赛和歧视性对比。

德国社会学家格奥尔格·西美尔（Georg Simmel）则从消费需求出发，认为消费是社会群体追逐时尚的需要。"每一种时尚在本质上都是社会阶层的时尚，也就是说时尚通常象征着某社会阶层的特征，以统一的外表表现其内在的统一性和对外区别于其他阶层的特性。一旦地位较低的阶层试图跟从较高阶层的时尚模仿他们时，后者就会扔掉旧时尚，创造一种新时尚。只要存在时尚的地方，他们无一例外地被用于展现社会的区别。"③ 概而言之，西美尔认为消费是较高阶层不断推出新时尚的需要。

法国社会学家让·鲍德里亚（Jean Baudrillard）从物、商品、符号等关系出发，提出了符号消费现象。他认为："消费的前提是物必须成为符号。消费活动的过程是一个生产符号的运作过程，借此实现身份识别，让消费者得到某种自以为是'自由'或是'自我实现'的感觉。消费成为社会生产的起点和终点。"④ 马克思主要关注的是消费所展现的社会关系结构；韦伯、西美尔和凡勃伦等强调了消费的表征功能；鲍德里亚则强调了消费的符号生产功能。综观消费理论的研

---

① 马克斯·韦伯：《经济与社会（第1卷）》，阎克文译，上海人民出版社，2010，第425页。
② 托斯丹·邦德·凡勃伦：《有闲阶级论》，蔡受百译，商务印书馆，1964，第82页。
③ 西美尔：《货币哲学（上）》，华夏出版社，2002，第374页。
④ 让·鲍德里亚：《消费社会》，刘成富等译，南京大学出版社，2008，第8—12页。

究以及消费参与社会建构的过程发现，当下社会消费已呈现出符号化、关系化以及差异化的特性。

二、消费对象由物品到人、由明星到网红

消费既是一种经济现象，更是一种社会现象。自大众媒介卷入消费以来，消费已成为一种文化形态。社会学家鲍德里亚指出："要想成为消费的对象，物品必须成为符号。"① 也就是消费由具体的物转移到物所代表的符号上。在消费社会中，消费者对大牌服装、包包、香水、汽车等日用品的消费，是对商品品牌符号的消费及其所象征的经济地位的展示与表征。用户除了消费明星所代言的产品外，还消费明星本身，因此，出现了追星族和粉丝经济。符号经济将消费者的内心需求投射于明星身上，明星便成了被高度符号化的形象。这样，消费品也由消费"物品"变成了消费"人"。但传统的追星需要一定的经济实力和闲暇精力，而更多的大众并不具备这样的条件。因此，自媒体时代用户开始由追星转向消费网红。这样，在经济和精力上的付出都要少一些，参与的用户也就更多了。

第一代网红借助论坛走红，用户借论坛形成共情。论坛是提供在线讨论服务的网站，划分成多个版块，用户会到特定的版块发表意见，参与讨论。论坛以话题为中心，围观或参与讨论的用户多是对该话题有关注兴趣，所有讨论是基于同一话题基础上的讨论。这种对共同话题的关注很容易使用户产生相近或相反的情绪。第一代网红以文字安身立命，用户消费的是他们的文字及其间蕴藏的情绪。如，痞子蔡《第一次亲密接触》中的纯情与悲伤，安妮宝贝笔下的苍凉、平和，等等。论坛用户很容易基于他们的文字而产生共情，一定程度上促使他们在众多网络写手中引起用户的共同关注。

第二代网红借博客制造了大众审丑的盛况，网红消费开始由精英向大众转移。随着论坛用户的增多以及活跃用户的涌现，产生了想查看个别用户所有发言的需求。论坛随即增加了以用户 ID 为条件查询注册用户所有发言的功能。这一

---

① 让·鲍德里亚：《物体系》，林志明译，上海人民出版社，2001，第 223—224 页。

功能可以说是博客的雏形。不同于论坛的以话题为中心，博客是以个人为中心，以展示自我为目的，它所展现的用户形象也更个人化。第二代网红正是借助博客这一个性化的自我展示平台制造了大众审丑的盛况。而用户消费的是凤姐和芙蓉姐姐张扬式的自我与自信、竹影青瞳和流氓燕破格式的身体展示，以及天仙妹妹的返璞归真——实则也是对极端身体展示的一种逆反式消费。第一代网红靠文字安身立命，而第二代网红仅靠晒照片便可走红。这种转变也意味着，互联网信息生产开始由精英向大众转移。

第三代网红借微博、微信、自拍、电商等多平台走红，并实现了网络趣缘群体共同参与的品牌建构。随着博客的发展，用户的增加，除个别名人或意见领袖外，博客用户的关注度普遍不高。用户开始发现写给自己的博客不热闹，便产生了和其他用户沟通的欲望。博客增加了加好友、足迹等功能，出现了 SNS 的雏形。SNS 出现后进一步加强了用户联系，开创了类似论坛的群组功能，并允许用户自己创建。一定程度上，SNS 成了论坛和博客的综合体，且用户间增加了更多的互动。Web 3.0 时代，用户可以通过第三方信息平台同时对多家网站信息进行整合使用，用户数据可以在不同网站上使用，这也是第三代网红走红更快、粉丝更多、影响更大的技术原因。Web 3.0 时代"个性+互动"的新媒体特质，日渐促成了用户开始消费与自己趣味相投的草根偶像，以及自己参与建构的品牌，并形成了不同的网络趣缘群体。从三代网红的变迁可看出，他们借助的媒介表现形式随技术更新而迭代，同时用户消费的能指也随技术迭代发生转变。

三、消费关系由保持神秘到亲密互动

消费社会里，"物"不是因其物质性，而是因其同其他"物"的差异性关系而被消费。在消费社会里，"每一种欲望、计划和需求，每种激情和关联都被抽象化为符号。被消费的不是物而是关系本身"。[①] 消费者借消费实现了"我"与"他"的区分以及"我"与"我们"的"类"的认同。人们消费网红更多的是

---

① 让·鲍德里亚：《物体系》，林志明译，上海人民出版社，第 22—23 页。

消费一种魅力人格，实现对他的穿衣品位、对世事态度的认可，进而实现自我社会风格和群属的归类。而在这种群体归属的建构过程中，不同代际的网红与粉丝间的关系呈现了由神秘到亲密的变化。

第一代网红是网络文字时代神秘而不可捉摸的符号。粉丝与第一代网红建立联系的主要方式是在论坛创建网络写手主题，张贴网络写手信息，讨论作品内容及相关问题等。同时，天涯以及各文学论坛也有相关网络写手的讨论帖。论坛所催生的第一代网红多是触网较早、吃文字饭的精英，他们处于信息生产的位置，较少公开个人信息，与粉丝互动较少。大多数网络写手出名后并不愿抛头露面，也不愿发照片。一些网络写手不接受电话采访，甚至邮件采访中的回复都很谨慎。在他们供职的公司里，同事并不知道他们就是网络畅销书的作者。他们作为网络时代的一个符号，神秘而不可捉摸。

第二代网红借博客充分展示自我，但粉丝只付出情感认同，难有行动的支持与仿效。论坛作为讨论共同话题的网络空间，更多的是粉丝间的互动空间。依托博客走红的第二代网红则主动公开各种个人照片，充分发挥了博客空间的个人展示功能，但他们与粉丝的互动也不多，而且他们所代言的夸张与破格式的自我与自信，粉丝也少有勇气效仿。

以互动、共联为主题的 Web3.0 时代所催生的第三代网红与粉丝互动则更主动、多样，且贴近生活，主要呈现以下几种特征：

首先，视频直播比文字、表情和照片互动性更强，更亲民。第一代网红用文字和表情与粉丝交流，第二代网红用照片与粉丝交流，第三代网红则多采用视频与用户交流。视频具有超越文字和图片的"真实性"，可实现主播与用户以及用户间的实时互动，实时互动带来的亲密感是论坛和博客的"回复"功能所无法比拟的。对于网络用户而言，粉丝不再满足于对第一代网红单方的偶像式的崇拜。用户评价当下网红："网红更加生活化，视频直播中会呈现出喜怒哀乐的情绪，让粉丝感同身受。而在设计产品时，网红会充分与粉丝互动，采纳粉丝的建议,让粉丝有一种参与感。"① 张大奕会贴出同一条裙子的不同图案,询问粉丝哪一种设计更好。雪梨会将相同花色不同质地的面料摆上网,然后调查粉丝的喜好及心理价位。不仅让粉丝体验到了参与感和决定权,同时可以根据粉丝的参与情况精确调整生产线。此外,网红的视频多是个人或小团队制作,或在学校的一间小屋,或在自己家里,甚至是在大街上,与明星视频的电视台专业制作相比更生活化。有90后学生表示:"'明星'群体距离生活太遥远,但网红们用直播的方式出现在大众视线中,感觉更接地气。"② 吐槽和卖萌类的网红 Papi 酱和罗休休都有着高颜值,直播中却穿着、打扮普通,如邻家姐妹。网红王尼玛常穿着牛仔裤、T恤衫,带着头套上镜。他们都不穿品牌专供,甚至有意进行变声处理。他们在穿衣打扮及对世事看法上,保持和网络大众相近的观点。相较第二代网红,第三代网红更愿意和普通用户互动,更有亲和力和可接近性,易与粉丝实现情感交流,可模仿性也更强,能够获得较高的网络认同。

其次,吐槽解构流行文化,并成为流行文化的一部分。2016年6月16日,在上海世博中心举办的"中国首届超级红人节"颁奖礼评选出了"微博十大视频红人奖"。其中排名前五位的 Papi 酱、艾克里里、穆雅斓、谷阿莫等都通过在短视频中布置贴近年轻用户的槽点,并在社交平台发布视频,而获得了高粉丝量。网友认为,"Papi 酱之所以成为'2016年第一网红',就在于她既具有接地气的草根气质、尖锐犀利的吐槽、瞬息万变的表情、浮夸的肢体动作,又满足了年轻人的娱乐需求"。③ 艾克里里作为自毁自黑的段子手,创造了一系列丑八怪妆容,用黑色马克笔画眼线和眼影,手法纯熟,一步到位。虽然妆容丑陋,却与流行彩妆极其神似,不失为对当下"卸妆反差大"现象的一种嘲讽与解构。穆雅斓多以热闹街道和商场为背景,以歪脸、龇牙、瞪眼、突出双下巴等方式对现有影视剧进行对嘴配音。解构现有影视剧的同时,也解构了自己的配音。谷阿莫则擅长通过只言片语把数小时的超长系列电影高度概括成几分钟的短片。经他概

---

① 王晓易:《网红孵化器助推网红经济》,《北京晨报》2016年4月24日。
② 姬诗文:《网红经济是否终将倒下》,《科技日报》2016年6月15日。
③ 刘阳:《"网红经济",昙花一现还是未来趋势》,《人民日报》2016年3月31日。

括后，原版电影内容情节仍较完整，但他特有的流水账解说风格，使很多影片呈现出了烂片本质。不管是丑八怪妆容，还是对嘴配音，压缩经典影视，都是对流行文化的解构，同时这种解构又成为当下流行文化的一部分。

最后，审美输出可模仿性强，粉丝更容易实现自我认同。第一代网红努力维持神秘感，用户只能从文字揣摩小说与网络写手真实生活间的关联度。第二代网红虽然频繁更新照片，与粉丝主动沟通，但他们对自我和自信夸张的表达，只是让用户借此实现自我的一种集体式的、变形的宣泄，在现实生活中可模仿性不强。部分第三代网红做的是穿衣搭配的审美输出和意见领袖，可模仿性强。如模特出道的张大奕、雪梨等，她们通过晒晒穿衣搭配的美图、各地旅游照等吸引粉丝关注，并开建淘宝店，亲自当模特售卖自家网店服装。她们有各自的设计、打样、代工厂或独立工厂，店铺的服装价钱多在几十元到几百元之间，是淘宝客们消费的大众价位。如今粉丝只需网上选购、付款，便可穿上网红同款的服装，这种廉价的可模仿性使粉丝获得了极大的满足感。网红刘畅认为："粉丝看着我的相片，看着我穿着漂亮的衣服旅游、吃饭、喝下午茶，就会想要和我一样过'精致'的生活。可是那些生活都是需要消费支撑的，唯一能够带给他们认同感的，就是这些一样漂亮但是并不昂贵的衣服。"[1] 尽管，粉丝们真正想拥有的是网红的高颜值和精致的生活，而这些在现实社会中难以实现的渴望，使他们通过拥有网红同款的美衣靓衫得到了疏解。消费也在这一过程中实现了"保护真正的社会分辨体系更好地加以实施"的功能。[2]

四、盈利模式从为品牌代言到自建品牌

在物质丰盛的消费社会中，差异化成为生产销售方售卖商品的一种手段。同时，消费也成了划分阶级的重要标准。鲍德里亚强调指出："不管是哪种社会，不管它生产的财富与可支配的财富量是多少，都既建立在结构性过剩，也确立在

---

[1] 张燕：《揭秘网红孵化器：批量生产 新网红月入 10 万》，《中国经济周刊》2016 年 4 月 12 日。

[2] 让·鲍德里亚：《消费社会》，刘成富等译，南京大学出版社，2008，第 39 页。

结构性匮乏的基础上。"[①] 如此，消费社会是一个充满差异的结构性匮乏的社会，也因此而不断产生新的购买需求。差异化的需求促成了第三代网红自建品牌的成功，但也离不开Web3.0时代的技术支持。

首先，第三代网红自建品牌的尝试得益于技术条件的成熟。Web3.0时代多种平台并存，各平台可关联，信息也可整合使用。互动、关联的Web3.0时代，为网红自建品牌提供了技术保障。部分第三代网红依靠高颜值、时尚的眼光与选款能力，通过视频、直播等自我展示和分享平台吸引了多达百万的粉丝，利用微博、微信等社交平台进行联动宣传，通过淘宝平台实现流量导入，并迅速变现，实现了从最初的买手制、代工厂到现今的成立工作室、自行设计、自建工厂、自建品牌。由于网红较难独立完成宣传造势、商品设计、采购打样、制作销售等全部环节，便有了一批网红孵化器应运而生。他们将原有的网红个体店铺进行整体经营，打通上游设计生产、下游推广销售等各个环节，甚至充当经纪公司角色，培养打造网红，创造出一条"保姆+经纪人+供应链"的模式。如杭州缇苏、如涵电商等都主打红人电商综合服务运营。

其次，第三代网红为提高生命周期，试图将个性打造成品牌。第一代网红聚焦了高人气并出版自己的作品后，相继从事其他行业，退出网络写作。伴随新读者群的成长加入，网络写手日益靠拼字数、拼新奇而胜出，并迅速迭代。以芙蓉姐姐、凤姐为代表的第二代网红成名后主要是做代言、为品牌做宣传，把自己吸引来的流量导给别人。但做代言实则是在消费粉丝，大量接广告会造成粉丝忠诚度和好感度的下降。而且这种流量转化并没有给他们带来太多的经济利益。随着网红新人的迭代，他们的影响力已不在。第三代网红试图摆脱迅速过时的结局，探寻一条提高生命周期，持久盈利的模式，他们开始尝试电商模式，自建品牌，把流量导给自己，建构自我生命力。互联网文化是一种多元杂糅，皆可绽放、共存的文化，但同时又以个性和差异化安身立命。网红想保持自己的生命力，必须凸显个性，并将个性打造成品牌。

[①] 让·鲍德里亚：《消费社会》，刘成富等译，南京大学出版社，2008，第38页。

最后，粉丝们以拒绝大牌或伪大牌的方式展现自己的个性与品位，积极配合网红建构属于他们自己的品牌。消费大牌服装、包包等日用品需要具备一定的经济实力，多数粉丝力所不及。因此会出现仿奢侈品牌市场的繁盛，用户用十几分之一甚至几十分之一的价钱只为买一个"同样"的 logo，要的就是别人艳羡的"奢侈"与"实力"。但现今仿品市场泛滥，质量难以保证，再加上价格也比"中国制造"贵好多，一些用户开始选择"中国质造"——虽然 logo 不同，但产品质量有保证，款式多样，很容易找到大牌的相似款，网红自建的品牌正满足了这种消费需求。粉丝在追网红、展现自己个性和品位的同时，和网红共同完成了品牌建构。

从社会学家马克思、韦伯、凡勃伦、西美尔和鲍德里亚等人的论述中都可捕捉出消费是人们自我实现的一种方式，成为贯穿人类生老病死历程的一种追求，仅有少数以自我心灵成长为终生追求的人除外。这种方式将持续存在，而消费的"商品"则随时代不断演变。互联网使得技术改变世界的节奏不断加速，网红消费作为网络社会的衍生现象，既展现了技术迭代的力量，也展现了消费社会的变迁。在这一变迁中，草根成为网红，草根制造、消费着草根阶层的网红，他们借网红消费创造了最大规模的自我实现的狂欢。

第三节　互联网与用户情感体验

"孤独"是人在世存有的一种标记，也是一种不断被媒介记载、构建的情感体验。在当下中国社会转型过程中，社交媒体的演进表征了现代化过程中个体交流方式、孤独体验、自我认同以及社会文化的变迁。网络社交媒体出现后孤独体验经历了从独处的孤独到"在一起"的孤独的演变。社交媒体技术经历了从"符号表征式"交流到"像素人"模拟交流的演进，交流对象从线上陌生人到线下熟人的演变，社交媒体用户会根据留言、评论等形成投射自我，并据此在社交媒体建构、展现理想自我，形成自我认同。投射自我与理想自我间的差异，导致更深层的自我断裂与孤独。

人类解构孤独感所采取的方式之一便是"交流"。旧时邻里间通过"串门"实现面对面的人际交流。随着交通的发展与日益便利，人们可以更容易地实现从一个地方到另一个地方去交流。社交媒体出现后，人们可以时时实现在线交流。交通技术与社交媒体的发展，不断帮助我们突破空间障碍，使交流更容易实现。但人类的孤独体验却经历了从独处的孤独到"在一起"的孤独的变化。

人类借技术与自然和社会共处，技术成为人的一种存在方式。麦克卢汉把媒介技术理解为人的延伸。人类借媒介技术实现跨越时空的人际交流，电报帮人们获取远方的信息，电话帮人们听到不同空间的声音，视频帮助我们听到、看到不同空间的交流者。那么，延伸不同器官的媒介技术对人们的孤独体验、交流方式、自我认同产生了怎样的影响？本节通过对古代与当下孤独话语实践的梳理与比较，剖析不同交流媒介下孤独话语的演变逻辑，以及社交媒体的发展与人们的交流期待间的相互影响、表征，揭示孤独话语实践用户如何借此重构自我认同，以及这种话语实践与社会文化变迁间的关系。

本部分选取中国历代经典文学作品、慧科新闻搜索、当下用户黏性较强的"网易云音乐"平台中他们以孤独为主题发表的文本作为经验数据。这些文本有创作者的孤独表达，有网络用户针对音乐、影视、文学作品等发表的评论，或是对日常生活孤独体验的表达。遵循媒介环境学和技术哲学的理论路径，考察随着社交媒体的迭代人们的孤独体验发生了哪些变化，人们如何借助社交媒体进行交流、面对孤独，重构自我认同，以及其与文化变迁之间的关系。

一、孤独体验的理论化

孤独作为一种情感体验，历来都是人们分享感受、交流情感的一个主题。希腊神话中便有代表孤独的神——俄匊斯（Oizys）。中国神话传说中也不乏孤独主题，如女娲抟土造人、精卫填海等。随着社会科学的发展，"孤独"体验在不同

第二章　人：自我呈现的互动对象

的学科得到了阐释。

在哲学领域中，哲学家指出人类生活的特质之一就是孤独。17世纪，英国哲学家霍布斯（Hobbes）将人类生活描述为"平庸、野蛮、短暂的、孤独的"。18世纪，哲学家康德说"我是孤独的，我是自由的，我就是自己的帝王"。康德认为"孤独"的回报是"自由"。叔本华则指出了人类接受孤独的必要性，"我们承受所有不幸，皆因无法忍受独处"。20世纪，法国哲学家列维纳斯指出"孤独是存在的标志之一，是存在打在生存者身上的标记"。[1] 艾瑞克·弗洛姆认为"孤独是人类与自然、与他人、与自我分离的生存境况"。哲学家把"孤独"置于人的存在层予以思考。

加州大学洛杉矶分校心理学教授利蒂希亚·安妮·佩普卢（Ltitia Anne Peplau）和丹尼尔·珀尔曼（Daniel Perlman）曾梳理了心理学领域有关孤独的界定："孤独来源于个人的人际关系缺陷；孤独是一种主观的感受；孤独体验是不愉快的。"[2] 心理学将孤独感受指向了个体自身，并指出个体与他者的人际关系这一影响孤独的因素。社会学领域将"孤独"与社会发展结合到一起进行阐释。理查德·桑内特指出"孤独是现代性不可避免的后果"。[3]

本研究认为：孤独是与人的存在同在的一种主观感受；社交媒体和人际交流是孤独的重要外在影响因素，社交媒体通过影响人的交流方式，进而影响人的孤独体验；人面对孤独的方式影响人的自我认同。从媒介环境学的视角出发，探析社交媒体的发展与人的孤独表达间的建构关系，有助于我们理解当下媒介与人和文化间的动态关系。

---

[1] 孙向晨：《面对他者：莱维纳斯哲学思想研究》，生活·读书·新知三联书店，2015，第95页。

[2] Peplau, Letitia Anne, *Loneliness: A Sourcebook of Current Theory, Research and Therapy*, John Wiley & Sons, 1982, p. xvii.

[3] 理查德·桑内特：《公共人的衰落》，李继宏译，上海译文出版社，2014，第1页。

二、孤独的演变

人们的交流方式影响人的孤独体验。弗洛姆认为"在现代工业化社会，人变得越来越自我疏离，这种孤立感导致人们潜意识下渴望与他人结合、联系"。现实生活中，与他者的联系有时需要突破时间和空间的限制。时间的流逝是技术无法改变的，技术的发展一直沿着改变空间的路径前进，如交通工具和社交媒体的出现。

孤独让人们渴望交流，走出去与附近邻居交流。如农村人的"串门"，城市人到小区广场聊天，聊天内容可涉及东拉西扯的闲聊和经验交流等。这种交流方式获取容易，多涉及事件方面的浅层次交流，较少涉及感受和价值判断层次的交流。因此，不易发生观点冲突，交流多较为愉快和谐，可以缓解大部分的孤独感受。交通工具的出现，让我们可以走出自己的家乡与不同地方的人交流。但乘坐交通工具这种需要跨越距离、付出时间的交流，通常带有一定的目的性，如走亲访友、协商合作等。乘坐交通工具的交流相较"串门"成本更高，频次也较"串门"少。

社交媒体的出现与发展帮助我们实现跨越空间的身体不在场的交流。本书所指的社交媒体范围较为广泛，网络时代，人们可以借助实现交流的媒体都是社交媒体，包括邮件、论坛、QQ、博客、微博、微信等。技术的普及和迭代，使得人们可以借助社交媒体时时实现在线交流。这时人们的孤独感和时间、空间已渐渐失去关联，成为吉登斯所说的一种"脱域"状态。"脱域"指的是"社会关系从彼此互动的地域性关联中，从通过对不确定的时间的无限穿越而被重构的关联中'脱离出来'"。[①] 借助社交媒体实现的身体不在场的交流所体验到的孤独感更像是一种"脱域"的孤独。

---

① 安东尼·吉登斯：《现代性的后果》，田禾译，译林出版社，2000，第18页。

（一）独处的孤独：受限于时间与空间的孤独

梳理古人留存的文字作品，可以发现古人的孤独多因受时间、空间所限而产生。古人诗作中有些孤独源自时间易逝，感慨时间绵延不绝，但生命却短暂有限。张若虚"以孤篇压倒全唐之作"的《春江花月夜》为我们留下千古名句："人生代代无穷已，江月年年望相似。"元稹的"白头宫女在，闲坐说玄宗"表达了时间易逝，人生皆过客的哀伤。杨慎的"青山依旧在，几度夕阳红"也表达了人在自然面前的渺小，人与自然终将分离的孤独。

古人有些孤独源自空间隔绝，知己不在身畔，无人诉衷肠。王维的"独在异乡为异客，每逢佳节倍思亲"直接道出了身处异地，与亲人因空间隔绝而不得见的孤独。李白的"举杯邀明月，对影成三人"抒发了友人不在身边的孤独。柳宗元的"孤舟蓑笠翁，独钓寒山雪"将"孤独"二字藏在句首，直接点出了作者独处的孤独状态。杜甫曾留下名句"万里悲秋常作客，百年多病独登台"，道出了异地他乡、年华流逝的孤独。

古代经典著作中记载的孤独多因时间和空间所限而产生，似乎时空上的"在一起"便可缓解、抵抗孤独。但社交媒体出现后，我们有时间同处一个空间，可以在一起交流，却依然孤独。

（二）在一起孤独：无涉时间与空间的孤独

时间和空间始终是影响孤独体验的两大机制。弗雷德里克·詹姆逊认为："后现代主义的两个特征包括了现实转化为影像和时间断裂为一系列永恒的现在。"[1]这种破碎的时间观使即时通讯时代的用户所能接受的社交等待时间越来越短。创意工作者的社区 V2EX 的网友"0x4C"说："真的有点受不了，有个同事刚发消息过来，我基本是10s内就回复了，结果这人停了几分钟才阅读我的回

---

[1] 弗雷德里克·詹姆逊：《文化转向》，胡亚敏等译，中国社会科学出版社，2000，第20页。

复,然后再回复我。不知道诸位身边有没有这种。"这个帖子点击量超过1万次,回复达到148条。在使用即时通信时,我们每发出一条消息,都希望尽快得到回复。同时,我们也会在看到对方消息时,因种种原因不及时回复。微信等社交媒体为了保持使用者的隐私性,没有设置"在线状态""已读回执"等功能。社交媒体的即时性使得用户无法忍受"延迟满足",对"即时满足"的要求越来越高。当期望没有满足时,便会产生失落感和孤独感。

库利曾指出:"在运输中,地区关系和对空间障碍的克服,意味着一切。而在交流中,地区关系的重要性则正在逐渐降低;自从电报问世以来,可以说,地区关系已经不复存在。"[①] 此时,人们的孤独感已经和时间、空间没有直接关系,而是我们有时间相处在同一个空间,却仍然不愿交流,或者虽然我们可以随时借助社交媒体"在一起"(在线)交流,但我们仍感觉孤独,因为找不到人交流。网友"日出前让恋爱延续"说:"好孤独啊,列表好友不少,却没有一个可以聊天的人。一天下来,也不会有人主动找我聊天。没有可以约出去玩的朋友,看起来好像和任何人都处得挺好,其实和别人相处都很浅。"网友"北岛无雨"说"我有160个好友""可要是我屏蔽掉群消息""我的消息列表就是空的"。虽然,我们都可以借助移动社交媒体随时交流,但这种"相处很浅"的状态不足以缓解我们的孤独。相反,时时、多人可联系,却找不到合适的人联系的状态,更凸显了孤独感。

三、社交媒体演进与自我认同

(一)技术演化:符号表征和"像素人"模拟

在身体在场的交流中,交流双方借助身体器官眼、耳、鼻、舌、身等的视觉、听觉、嗅觉、味觉和触觉等功能形成意念、感受,并在此意念、感受基础上

---

① Charles H. Cooley:"Theory of Transportation",*The Economic Journal*,1895:70.

进行交流。电子邮件、论坛、博客等社交媒体以"发送"和"接收"文字、图片、表情等符号的方式完成交流。这种"符号表征式"的交流虽突破时空局限，实现了身体不在场的交流，但这种便利性并没有促使交流双方情感深层和隐秘内涵处的深度连接。原来借助眼、耳、鼻、舌、身共同形成的意念感受，现在仅靠部分视觉功能来完成，遮蔽了耳、鼻、舌、身等功能，在此基础上形成的意念、感受是不完整的，这种残缺的意念、感受将造成深层次情感交流的困难。库利将交流视为各种"幽灵般的表达"，如面部表情和声音的粒质（grain）。而电子符号交流的工具理性特征决定了在交流过程中，交往者仅需动用身体的"视觉"功能便可以完成"幽灵"意义上的交流，此时人体面部表情和声音的粒质则被忽视。因此，相较身体在场的交流，交流者在使用电子符号交流过程中遗失了大量的粒质信息，致使信息传输过程中出现失真现象。

QQ和微信等通信软件的出现完善了语音和视频等信息传输功能。电子屏幕模拟出人"身体在场"的交流场景，完善了表情、动作以及语言等符号信息的媒介传输渠道。使用者通过电子屏幕可以实时获得交流对象的个人状态、情绪等信息，弥补了部分电子符号交流过程中所遗失的"幽灵般的粒质"，但这种弥补是有限的。网友马榆权说："虚拟的社交空间很容易燃起火花，一张好看的照片，一段感性的说话……轻而易举就能换来一个人的青睐。然后，两个人聊一聊，又发现一些共通点，假以时日互相关心起来，我们以为这就是爱了。哦不，那只是两个孤独又无聊的人互相配合打发时间罢了。"电子屏幕中的"像素人"所营造的场景仅是一种"临场感"的交流，而非"在场感"的交流。音频和视频进一步丰富了眼睛所能看到的电子媒介另一端的信息，丰富了视觉功能，但音频、视频调动的始终是眼、耳的功能，鼻、舌、身的功能未能得到延伸。因此语音以及视频人际交流模式的出现仅能部分弥补遗失的"幽灵般的粒质"，无法完全消解媒介技术的工具理性在交流过程中所造成的失真。

（二）交流对象：从"生人社交"到"熟人社交"

从论坛到博客、微博、微信，线上人际交流经历了从"生人社交"为主到

媒介理论视域下互联网自我呈现行为的演化

"熟人社交"为主的变化。从技术演化路径和用户交流对象的变化中,可以看到用户在社交媒体交流中对"亲密性关注"的期待。

互联网论坛让用户可以与不在场的陌生人实现公共交流,但公共交流只能让少部分人脱颖而出,不能满足人人被关注的需求。博客的出现满足了人人都是博主的需求,但博客的传播力有限,少人关注,自说自话仍难以化解孤独。微博的出现同时满足了"做博主"又有"关注度"的需求。网友"Yhch"说:"一开始觉得新鲜,后来就无聊了,不想看了。"微博关注的多是公共事务,并从中产生了不少意见领袖,但大多数用户只是关注者和粉丝,用户被关注、被重视的需求并未得到满足,相反更激起了心理落差。微信满足熟人圈用户,可以随时关注朋友圈近况。也使得朋友间的关注多是默默地关注对方的朋友圈,面对面聊天成为一件奢侈的事。刘兴亮对"社交工具让朋友变成了网友"深有体会:"他和一位好哥们儿同在北京,一个住东边,一个住西边,30km 的距离,一年见不了几次。但他们常在微信老乡群、同学群中聊聊天,通过彼此的朋友圈了解对方的动态。"[①] 从社交媒体的演变看,用户越来越不愿意花太多精力和陌生人进行线上交流,相反人们更渴望得到熟人的"亲密型关注"。

网络公共领域中的事不关己。公众在使用论坛、微博参与公共事务过程中,个体会积极通过媒介获取最新公共事务信息,并参与讨论发表个人意见,但因微博的世界太大、公共事务太多、热点更新较快等原因,少有公共事务与公众个体之间有直接现实性的联系。个体往往以一种"旁观者",而非参与者的角色,旁观公共事务的发展,很少有人愿意将自己的意见表达落实到社会性实践上,推动社会公共事务发展。这导致桑内特所提出的公共领域的人格化侵入——公众不再将自身当作是一种主动性的"公共"力量,公众害怕自己公开的情感表达会破坏公共领域。[②] 由此,越来越多人在网上公共领域中不再和其他人交往,以便用

[①] 周琼媛:《微信孤独症的五种症状,你占了几条?》,https://moment.douban.com/post/104387/? douban_ rec = 1。

[②] 理查德·桑内特:《公共人的衰落》,李继宏译,上海译文出版社,2014,第351页。

沉默来保护自己，塌陷公共领域失去了那些愿意在里面表达情感的人。

网络公共生活中的"亲密型关注"。互联网在影响人们生活方式的同时，也在形塑公众参与公共生活新的形式。数字时代，论坛和微博将19世纪巴黎的"拱廊街"复制到网络上，社交媒体成为都市之外又一个陌生人可能相遇的聚集区。网络的匿名性削弱了陌生人之间深入交往的可能。网络用户对他者的认识来源于他者在网络上的个人资料和公共意见表达，这种他者个人信息的匮乏决定了社群中陌生人的交往是一种浅层次接触，难以衍生出用户情感上的互信。因此尽管用户在社交媒体上频繁地交谈，但却没有个体之间情感的实质性接触。网友"@毛泽罗拉"说："网络上的关系就是那样，我们无话不谈却还是很孤独。"[1]社会表达不再是自我情感向他人的真实呈现（representation），而是自我情感向他人的表述（presentation）。[2] "熟人社交"的微信连续多年位居社交媒体品牌榜榜首，也是用户渴望"亲密型关注"的表征，人人都渴望被关注，而且是可信任的、持久的关注，这种关注往往只有熟人社交能够给予，用户渴望借"亲密型关注"增强自我认同。

（三）自我认同：从投射自我到理想自我

心理学从自我观念方面将自我分为三个维度：现实自我、投射自我和理想自我。现实自我是个体与环境相互作用而呈现的现实状况。投射自我是自我想象中他人对自己的看法和评价，投射自我可能会和现实自我之间有距离，当距离大时，个体会感觉不被他人所理解。理想自我是个体为满足内心需求而在意念中建立的理想化形象。理想自我可能会受投射自我所影响。社交媒体的评论功能是呈现投射自我的有力工具，用户借此建构、形成投射自我。[3] 并据此，不断调整理

---

[1] 夏嘉雯：《我们无话不谈 却还是很孤独》，《南方都市报（广州版）》2014年8月25日第2版。
[2] 理查德·桑内特：《公共人的衰落》，李继宏译，上海译文出版社，2014，第58页。
[3] 石岩：《高等教育心理学》，山西人民出版社，2014，第164页。

想自我，在QQ空间、微博、微信朋友圈等不断呈现超越现实自我的理想自我，在这里用户呈现的是自己生活中想公开、渴望展现给别人的部分。

用户在社交媒体发布动态，倾诉遭遇，向"熟人们"表达情感时，对情感的真诚性也充满了期待。而朋友圈"广播式"的情感表达则常被认为是具有表演性质，抹杀了情感表达的真诚性。线上一对一的交流带有一定的私密性，朋友圈的表达置用户于戈夫曼所提出的"台上"场景中，用户会调适自己的行为，在"台上"（朋友圈）"秀"出自己。网友"萍舟"说："我有两个社交账号，一个是真身份，说假故事。一个是假身份，说真故事。到后来，连我自己都不知道哪个才是真的我了。"在社交媒体上，"我们不会发平常样子的照片。我们会化妆，穿上可爱的衣服，然后自拍、上传、设为头像照片。这就是别人认为的我们平常的形象，实际上这是经过设计的。我们可以创造一个理想中的自己"。①

用户借社交媒体重塑社交形象，建构理想自我，以实现自我认同。"在社交媒体上，每个人都更美好，但也都更充满戒心。"这种虚拟的"浅型社交"成为一种"人际关系的转基因"。② 我们试图借助社交媒体扩大人际交流，但社交媒体却在自我建构、自我认同的路上带我们走得更远。

四、"一起"在社交媒体中交流

媒介技术的发展缓解了受限于时空的"独处的孤独"，却衍生出了无涉时空的"脱域"的孤独。在媒介建构的社会中，我们如何借助社交媒体"一起"交流，而不是孤独地自我展现？

（一）交流主体：以自我整合为本

福柯将个人的出路放在个人自身孤独的美学改造方面。安东尼·斯托尔认为

---

① 雪莉·特克尔：《群体性独孤：为什么我们对科技期待更多，对彼此却不能更亲密?》，周逵等译，浙江人民出版社，2014，第161—182页。
② 张丰：《都市青年的孤独："浅型社交"正改变人际关系本质》，《新京报》2018年12月11日第4版。

"独处是成熟的标志，可以激发个体的创造力和想象力，引导他们完成内在的整合和精神的升华"。① 这些学者认同孤独是与人的存在同在的本质，并指出创造性活动是孤独的副产品。

人生存并形成于社会关系之中，并借助他者之镜认识自己。现实自我与投射自我、现实自我与理想自我、投射自我与理想自我的差异都可能引发自我怀疑、社交不适，产生孤独感。不断地借投射自我和理想自我，发现自己、认识自己，从认同现实自我开始，认同他人和社会，在认同中消解孤独。

（二）交流工具：以身体为媒

技术具有自我隐蔽性，技术正常发挥作用时是透明的。合适的眼镜使得眼睛看不见它的存在，这种自我隐蔽性使我们对技术产生了依赖性。一定距离内，我们取下眼镜，或许也可以看清事物，但我们习惯了或忘记了它的存在，就一直戴着眼镜。同样，有些社交情境并不需要借助社交媒体，我们却主动放弃了面对面的交谈。媒介技术帮我们获得大量信息的同时，让我们失去了什么？雪莉·特克尔指出："通过手机的交谈不是真正的交谈，而且会伤害人们面对面交谈的能力，让人们丧失同理心，无法与自己独处，也难以建立亲密关系。"② 我们在媒介技术建构的世界里可以保持选择是否使用技术的能力与自主性，偶尔取下眼镜看世界，以身体为媒，面对面交流。

（三）交流对象：以利他为规

当代社会心理学创始人之一乔治·H.米德指出"人可以将符号作为交往沟通的媒介，借以摆脱个体孤独存在的状态"。③ 杜威也认为"符号具有交往功能，

---

① 安东尼·斯托尔：《孤独》，凌春秀译，人民邮电出版社，2016，第17—32页。
② 雪莉·特克尔：《重拾交谈：走出永远在线的孤独》，王晋等译，中信出版社，2017，第3页。
③ 乔治·H.米德：《心灵、自我与社会》，赵月瑟译，上海译文出版社，2008，第42页。

搭建了不同心灵自我之间交往的桥梁,将孤独自我解放出来置于社会关系之中,将人与物理世界联系起来"。① 哈贝马斯则将"个人置于集体的交流和商谈中"。② 人际交流是摆脱孤独状态的重要方式。

人际交流一定程度上可以缓解外在孤独状态,但"在一起"的孤独,这种主观感受的孤独又如何化解呢?弗洛姆曾指出"唯有爱可以解决主观感受的孤独",③ 使人从孤独中解放出来。当我们以自我为中心时,会时常感觉找不到合适的人交流,自己的情绪点没有被很好地理解、接纳,并体验到孤独感。当我们以利他为社交原则,更容易对他人产生同理心,建立信任,形成自我反思,提高自我认同。心怀他人时,整个世界都在我们心中,孤独已不在。

五、小结

孤独是与人的存在同在的生存体验,这种体验受人际交流的影响而变化。通过梳理网络社交媒体的演进及用户孤独体验的演变,分析发现当下用户从"符号表征"到"像素人"模拟的在线交流中,经历了从尝鲜"生人社交"到渴望"熟人社交",并在这一过程中不断建构理想自我,重构自我认同。在论述过程中,本节首先对孤独体验进行了理论化,并梳理了网络社交媒体出现前后孤独体验的演变。然后,从媒介环境学这一路径出发,考察技术演化对用户交流对象和自我认同的影响。并提出了面对网络社交媒体时代"在一起"孤独的三种方式:创造性活动,人际交流,用爱关照他者。

研究发现:其一,孤独是与人的存在同在的一种主观感受,人们无法消解它,只能选择如何面对。其二,社交媒体和人际交流是孤独的重要外在影响因素,社交媒体通过影响人的交流方式,进而影响人的孤独体验。社交媒体出现前

---

① 约翰·杜威:《经验与自然》,傅统先译,商务印书馆,2017,第 209 页。
② 尤尔根·哈贝马斯:《交往行为理论》,曹卫东译,上海人民出版社,2018,第 102—132 页。
③ 艾里希·弗洛姆:《爱的艺术》,李健鸣译,上海译文出版社,2008,第 11—42 页。

后，人们的孤独体验经历了从受限于时间与空间的孤独到无涉时间与空间的孤独的变化。其三，人面对孤独的方式影响人的自我认同，人在面对孤独的过程中不断认识自我，建构理想自我，并实现自我认同。

网络社交媒体的演进不仅表征了人们理想交流方式的变迁、孤独体验的变迁，还表征了用户自我认同的变迁。现代性的发展、技术的迭代、消费社会的转型等触发了自我认同的危机，促使用户借社交媒体建构理想自我，重构自我认同。但虚拟世界的自我认同带有一定的表演性，虽与现实世界交织，却不能覆盖现实世界，这种虚拟理想自我的建构可能在自我认同的道路上让我们违背初衷，走得更远。

| 第三章 |

文化：展演自我与群体建构的社会语境

媒介环境学派学者从技术视角切入，较早关注到媒介技术对文明、文化的影响。

第一节 媒介理论视域下的文化与自我

一、媒介影响文明

伊尼斯指出西方文明受到传播的深刻影响，并按传播媒介将世界史分为以下几个时期："从两河流域苏美尔文明开始的泥版、硬笔和楔形文字时期；从埃及的莎草纸、软笔、象形文字和僧侣阶级到希腊—罗马时期；从苇管笔和字母表到帝国在西方退却的时期；从羊皮纸和羽毛笔到 10 世纪或中世纪时期；印刷术发明之前中国使用纸、毛笔和欧洲使用纸、羽毛笔的时期；从手工方法使用纸和印刷术到 19 世纪初，即宗教改革到法国启蒙运动的时期；从 19 世纪初的机制纸和动力印刷机到 19 世纪后半叶木浆造纸的时期；电影发展的赛璐珞时期；20 世纪三四十年代的电台广播时期。"① 此外，伊尼斯提出了媒介决定文明的重要论断："一种新媒介的长处，将导致一种新文明的产生。"② 伊尼斯较早指出了媒介对文明的影响。

麦克卢汉指出"媒介是人的延伸"，轮子是腿脚的延伸，衣服是皮肤的延伸，口语是思想的延伸，文字是口语的延伸，拼音文字是视觉的延伸，印刷术是文字的延伸……麦克卢汉认为"文明史就是传播史，就是媒介演进史"。③

二、媒介即文化

波兹曼在筹建媒介环境学博士点的时候便提出："媒介是文化发展的环境。"这里面包含两个观点："第一，媒介即环境。媒介和技术是环境，因为它们影响我们所处的世界，成为这个世界的一部分，并且渗透到世界的各个角落；它们影响我们个人和集体的生活方式。第二，媒介不仅影响文化，而且变成文化，媒介就是文化。我们的文化由传播活动组成，其构造成分只能是传播活动，包括一切传播活动，除此之外，别无其他。"④ 在波兹曼看来，媒介即环境，媒介就是文化。

波兹曼在《技术垄断：文化向技术投降》中指出了人类文明演进过程的三个文化阶段：制造工具阶段、技术统治文化阶段和技术垄断文化阶段。我们目前正在经历第三个阶段。波兹曼认为，一切工具使用文化的主要特征是相同的，发明工具的目的主要是做两件事："一是解决物质生活里具体而紧迫的问题，二是为艺术、政治、神话、仪式和宗教等符号世界服务的问题。"⑤ 技术统治阶段到来的原因有两个：一是我们学会了制造和使用先进而复杂的工具和技术，二是工

---

① 哈罗德·伊尼斯：《传播的偏向》，何道宽译，中国人民大学出版社，2009，第1页。
② 哈罗德·伊尼斯：《传播的偏向》，何道宽译，中国人民大学出版社，2009，第28页。
③ 何道宽：《媒介即文化——麦克卢汉媒介理论批评》，《现代传播》2000年第6期。
④ 林文刚：《媒介环境学：思想沿革与多维视野》，何道宽译，北京大学出版社，2007，第193页。
⑤ 尼尔·波兹曼：《技术垄断：文化向技术投降》，何道宽译，北京大学出版社，2011，第12页。

具和技术导致急遽的变革，不仅事物的自然秩序变了，而且我们人类也变了。波兹曼指出了技术对文化的影响。

1989年，媒介环境学的另一位重要思想家詹姆斯·凯瑞（James W. Carey）出版了代表作《作为文化的传播》（Communication As Culture），直接在书名中指出传播是文化。他在书中又提出："文化是整个生活方式。仪式性传播无所不在。"[1] 传播是一个符号交换过程，现实就是在这个过程中产生、维护、修补和转化的。[2] "技术不仅是一个具体的设备，而且是一个文化系统。"[3]

伊尼斯和麦克卢汉从媒介对文明的影响入手，分析媒介与文明的关系。波兹曼和凯瑞从媒介对社会文化的影响入手，分析媒介对文化的影响，并认为媒介即文化。

三、媒介文化对自我的影响

20世纪30年代后期，新精神分析学派在美国出现。它反对以本我心理学为核心，反对以泛性论为动力的生物主义和悲观主义，突出自我心理学、文化心理学、社会学的重要价值和乐观主义精神。以弗洛伊德为代表的传统精神分析学派强调本我对心理的影响。新精神分析强调社会文化因素对心理和行为的影响。主要心理影响因素从生物因素转向社会文化因素。新精神分析学派中三个主要派别为自我心理学派、客体关系学派和社会文化学派。[4]

精神分析社会文化学派的开创者霍妮提出了文化神经症理论，该理论认为神经症的根源要从社会文化中去寻找，社会文化的矛盾造成的人际关系困难是产生神经症的决定性因素，即心理问题的根源在于社会环境，而不在于生物本能。因

---

[1] 詹姆斯·凯瑞：《作为文化的传播》，丁未译，华夏出版社，2005，第7页。
[2] 林文刚：《媒介环境学：思想沿革与多维视野》，何道宽译，北京大学出版社，2007，第199页。
[3] 林文刚：《媒介环境学：思想沿革与多维视野》，何道宽译，北京大学出版社，2007，第203页。
[4] 许燕：《人格心理学》，北京师范大学出版社，2009，第171—237页。

第三章 文化：展演自我与群体建构的社会语境

缺乏安全感产生基本焦虑，为了解除焦虑而产生神经症需要，神经症需要决定了神经症人格：顺从型、攻击型或退缩型，并使自我陷入真实自体、理想自体和现实自体之间的冲突之中。为了解决内心冲突，又发展出自谦、夸张和放弃三种策略，由于强迫性地使用其中一种又陷入新的焦虑和冲突之中，进而导致恶性循环。社会文化学派学者强调文化对个体社会关系、心理等的影响。

媒介环境学派的学者最早多关注媒介对文明、文化的影响，视域宏大，直到约书亚·梅罗维茨，媒介环境学派学者的学术视野呈现出宏观到微观的转变，关注到了媒介对个体行为的影响。梅罗维茨认为新媒介带来了新的场景，新的场景引发了人类社会行为的变化，最终产生新的社会行为模式。新媒介分隔了现存的社会信息系统，允许个人形成"更深的"后台和"更前的"前台风格；新媒介融合现存信息系统趋势，导致"侧台"或"中区"行为。最终，新场景在和旧场景的融合中形成一个全新的社会场景，并建构了新的社会行为模式。梅罗维茨所说的新媒介、新场景即新的文化，新的文化引发新的社会行为。行为是个体或社会群体的外在行动表现，是内在自我变化的外在呈现，内在自我的变化引发行为的变化。社会文化学派心理学者探索的是社会文化—内在自我—个体行为的变化。媒介理论学者提出了媒介—媒介情境—社会行为的思考模型。媒介理论学者将社会文化限定为新的媒介和新的媒介情境，但没有像社会文化学派心理学者那样更直接地探索内在自我的变化。综合二者的分析模型，本书提出了"媒介—自我呈现—社会行为—文化"的分析模型，探索新媒介建构了怎样的新媒介情境，新媒介情境引发了自我呈现哪些变化，自我呈现的变化又如何影响外在自我行为的变化，进而带来社会文化的变化。

第二节 互联网与参与式文化

随着互联网应用的普及，互联网这一最具包容性、最为复杂的全球性媒介日渐整合、衔接了所有的媒介，并通过重新塑造各个媒介在新兴网络语境下的可能性再度媒介化了这些媒介。[①] 关于这场仍在进行中的媒介融合运动的研究涵盖了"技术融合""产业融合"和"融合文化"研究的范式转换，关注重心经历了从技术到产业，再到用户的变化。恰恰是用户的参与促成、推进了整个融合过程。

一、实践范式下的媒介与用户

随着传播技术的不断迭代，用户在媒介场域中的权力增加，用户流动性增强，用户量成为评价媒体行业的一个风向标，用户研究的重要性也随之彰显。当前的技术、组织和机构变革从根本上改变了媒介和用户的关系，进而影响了新闻业的实践以及媒体研究的理论和方法等。我们有必要重新审视用户与媒体的关系，用户主体性的变化，用户能动性研究的变迁，以及用户行为的实践意义等。本研究将用户置于参与式文化视域下，以用户具有能动性为前提进行研究，梳理欧美学界用户研究的变迁，分析用户行为实践的变化，借此管窥数字时代的用户与媒介关系。

在研究过程中，首先梳理了近二十年欧美学界相关研究，分析其中的共识话题与路径差异。并使用参与式文化理论和用户研究的实践范式分析媒介观、用户主体性和用户行为的变化，以及对日常生活认同建构可能产生的影响。资料选取上侧重新闻传播学、社会学、信息科学、教育学、文化研究等相关研究，既涉及媒介使用的大众用户，又关照到了软件开发人员、教育培训人员等特定行业人员的参与式媒介实践。

用户概念涉及使用者和使用对象，本研究中用户的使用对象是媒介。用户研究范式的变化涉及用户观、媒介观的变化。台湾学者王宜燕曾梳理了用户研究的四种范式（见表3-1）：行为范式、批判范式、表演范式和实践范式。[②] 行为范式的用户研究以用户为媒介刺激反应的客体，关注用户对媒介刺激产生的行为反

[①] 克劳斯·布鲁恩·延森：《媒介融合：网络传播、大众传播和人际传播的三重维度》，刘君译，复旦大学出版社，2012，第1—2页。

[②] 王宜燕：《阅听人研究实践转向理论初探》，《新闻学研究》2012年第113期。

第三章 文化：展演自我与群体建构的社会语境

应，以及媒介刺激对用户的使用满足，通常采用调查法、实验法等实证研究方法。而批判范式、表演范式和实践范式下的用户都具有主体能动性，但所关注到的用户行为不尽相同。学者阿拉苏塔里（Alasuutari）曾梳理了批判范式的三代演进：霍尔（Hall）的编码、解码模式；日常生活中的解释性社群，从研究用户心理转向社会学和媒介文化。[1] 批判范式第一代的编码和解码理论关注用户对文本的解读行为，多采用文本分析的研究方法分析用户行为。第二代批判范式主要关注日常生活中的解释性社群，通常采用民族志的研究方法进行用户行为分析。第三代批判范式则视域更为宏观，关注媒介文化。批判范式所关注的用户语境从文本到日常生活，再到媒介文化，日益得到扩展。英国学者阿伯克龙比和朗赫斯特（Abercrombie&Longhurst）提出了景观/表演范式（Spectacle/Performance Paradigm），关注的重点在于用户出于自恋的需求而做哪些奇观式的表演，借此实现日常生活中的认同建构。[2] 在这一范式中景观即媒介，主要关注用户的表演行为，多采用文本分析和访谈的方法探析用户的诉求。学者库尔德里（Couldry）提出了实践范式，将研究焦点从媒介文本或生产结构转向研究媒介的各式实践，关注用户在接收媒介后会"做些什么"或"说些什么"的媒介实践上。[3]

批判范式关注用户如何解码，表演范式关注用户奇观式表演与诉求，实践范式关注用户的日常媒介实践。实践范式中用户和媒介不再有主客体之分，用户浸润到媒介中，媒介参与用户的日常生活实践，用户与媒介合二为一。而这里的媒介不再只是一种刺激、一个文本、一场景观，如学者尼克·库尔德里（Nick Couldry）所指，"媒介是一种实践"，[4] "用户通过媒介构建日常生活世界"，[5] 并

---

[1] Pertti Alasuutari, *Rethinking the Media Audience: The New Agenda*, London: Sage Publication, 1999, p.2—9.

[2] Abercrombie, N., Longhurst, B., *Audiences: A Sociological Theory of Performance and Imagination*, London: Sage, 1998, pp.159—180.

[3] Nick Couldry, Theorising media as practice, *Social Semiotics* 14, no. 2 (2004): 115—132.

[4] Nick Couldry, "Theorising media as practice", *Social Semiotics* 14, no. 2 (2004): 115—132.

[5] Nick Couldry, Andreas Hepp, *The Mediated Construction of Reality*, Cambridge: Polity Press, 2017, pp.15—33.

且"媒介实践在社会世界的实践中产生影响、发挥作用"。①

表3-1 四种用户研究范式主要特征

	行为范式	批判范式	表演范式	实践范式
媒介观	刺激	文本	景观	文化
用户行为	对媒介刺激产生反应	解码文本	表演	日常生活实践
研究焦点	用户需求与满足	用户如何解读文本	用户奇观式表演与诉求	用户的日常生活实践
研究方法	调查法、实验法等	文本分析、民族志等	文本分析、访谈等	常人方法论、质性研究等

二、以用户为中心的参与式文化

随着互联网技术的推进与社会的发展，参与式文化（Participatory Culture）已成为一股全球性文化潮流。互联网技术的发展使用户对社会政治、经济和文化的方方面面都拥有了越来越多的发言权和参与权，为参与式文化的出现提供了技术条件。亨利·詹金斯（Henry Jenkins）于1992年出版的《文本盗猎者：电视迷和参与式文化》一书首次提出"参与式文化"，用以描述媒介文化中的互动现象，但当时并未将这一概念理论化。只是将其与消极的媒体观看等概念相对，描述为"迷"的一种特性，"主要集中于歌迷和影迷的研究。围绕流行文化及其使用者的关系而展开，探讨流行文化的挪用和消费等问题"。② 詹金斯认为，当迷阅读和消化他们喜爱的流行文本之后，不仅享受其中的愉悦和内容，同时也会将其进行改变和再生产。进而由一个被动的消费者转换为一个主动的文化生产者或盗猎者。直到2003年詹金斯在《昆汀·塔伦蒂诺的星球大战？数码电影、媒介融合和参与式文化》一文中再提"参与式文化"，不再将其局限在迷等小社群生

---

① Nick Couldry,"Theorising media as practice", *Social Semiotics* 14, no. 2 (2004): 115—132.

② 岳改玲：《小议新媒介时代的参与式文化研究》，《理论界》2013年第1期。

| 第三章 文化：展演自我与群体建构的社会语境 |

产出的文本与文化资本，而逐渐与新技术的赋权相连，将其视为"一种在新技术环境中产生的新的消费主义形式，能够实现消费者参与媒介叙事的创作和流通，并成为生产者的期待"。① 在此，他肯定了受众的主体消费地位和受众的自主创造能力，并从文化研究视角弥补了受众定量调查研究的缺憾。

参与式文化强调的是媒介消费方面的变革，反映的是媒介消费者角色的变化，他们不再是被动的"受"众，他们本身所具有的主动性和创造性在Web2.0时代被极大地凸显出来。受众不再作为信息接收器存在，"受众"一词在媒介技术高速发展的时代同时具备了信息生产者和消费者双重含义，也就是将"producer"和"consumer"合成"prosumer"。② 参与式文化促进了公民社区的构建和群体身份的认同，也为媒介生产者提供了新的内容资源。2015年，詹金斯与加州大学文化人类学者伊藤瑞子、微软研究院研究员丹娜·博伊德根据自己的观察和研究共同探讨网络时代的参与文化，并集结成书《参与的胜利：网络时代的参与文化》。詹金斯在书中指出："参与文化并不起源于社交网络，社交网络平台也并不必然带来参与文化。对于参与文化来说，重要的不是媒介形式，而是人们如何参与到媒介中。"③

詹金斯在首次提出参与式文化时，主要关注的是迷对文本的再生产，强调的是受众在面对文本时的主动性。2006年詹金斯在《融合文化：新媒体和旧媒体的冲突地带》中将参与式文化与媒介融合进行整合研究，提出了融合文化。厦门大学学者杨玲2009年在北京师范大学攻读文艺学博士时译介了詹金斯的《昆汀·塔伦蒂诺的星球大战——数码电影、媒介融合和参与式文化》。2009年，湖南师范大学新闻与传播学院学者蔡骐在《网络与粉丝文化的发展》中便提出了网络中的粉丝走向了参与式文化。认为日常追星行为中粉丝闲聊的本质就是粉丝

---

① Henry Jenkins, "Quentin Tarantino's Star Wars? Digital Cinema, Media Convergence, and Participatory Culture", *Media and Cultural Studies: Keyworks*, Malden: Wiley Blackwell Publisher. 2003, p. 549.

② 王蕾:《亨利·詹金斯及其融合文化理论分析》,《东南传播》2012年第9期。

③ 亨利·詹金斯、伊藤瑞子、丹娜·博伊德:《参与的胜利：网络时代的参与文化》,高芳芳译,浙江大学出版社,2017,第12—13页。

之间的沟通与互动。文本创造也在另一个层面上更加生动地体现了粉丝们的参与性。2011年，蔡骐和黄瑶瑛在《新媒体传播与受众参与式文化的发展》[①]一文中指出，受众参与式文化在新媒体时代的总体表现主要有四个方面：传播模式与传受关系的改变、共享性文化的发展、社会变革的推进、个体交往与互动的重建。并提出参与式文化中受众应培养辩证与批判的思维，从认知和实践两个维度同时推进，提高受众的新媒介素养，以应对这一全新的媒介文化。2013年，西南科技大学青年学者岳改玲在《小议新媒介时代的参与式文化研究》[②]中指出：参与式文化研究从迷社群研究出发，最初被视为迷所体现出来的一种特性，产生和发展于迷社群。随着作为内容生产和传播重要手段的传播新技术的发展，参与式文化的内涵有了新的拓展，不再局限在迷等亚文化社群生产出的文本与文化资本，而逐渐与借助新技术的受众赋权相连。同时，在参与式文化场域内，存在着多重权力的冲突与协商。

参与式文化研究的关注点集中在"用户的能动作用上，他们在利用何种媒体传播、在何种情景下、承载何种蕴意方面的宽泛选项中做出审慎的选择，从而有助于形成媒体生态"。[③] 2009年，詹金斯阐释了参与式文化，认为："参与式文化是一种艺术表达和公民参与门槛相对较低，支持创造和共享创造作品的文化。在这种文化中，个体建立起与他人的社会联系；经验丰富人士将他们的经验通过一些非正式的方式传递给初学者；同时，个体认为自己的贡献是有价值的，并在意别人如何看待自己的创作内容。"[④] 参与式文化体现在以下几个方面：联系，指正式或非正式的会员身份，围绕一些在线社区而成立；表达，指创作有创意的文本，比如音频、视频、小说等；集体解决问题，指通过正式或非正式的团队来完

[①] 蔡骐、黄瑶瑛：《新媒体传播与受众参与式文化的发展》，《新闻记者》2011年第8期。

[②] 岳改玲：《小议新媒介时代的参与式文化研究》，《理论界》2013年第1期。

[③] Henry Jenkins, *Convergence Culture: Where Old and New Media Collide*, New York: New York University Press, 2006, pp. 1—24.

[④] Henry Jenkins, *Confronting the Challenges of Participatory Culture: Media Education for the 21st Century*, Cambridge: the MIT Press, 2009, pp. 7—11.

成某项任务，比如维基、电脑游戏等；信息的传播，借助播客、博客等形式。[1]参与式文化以用户研究为中心。

目前，关于参与式文化的流行新闻报道往往采取夸张和细描的方式呈现。参与式文化平台的研究通常参考通用模式和高层模式，较少提供参与者的体验、竞争和共同创造的具体细节。此外，"对在线参与式文化的调查通常无法揭示成员间争夺和协商的方式，既不明确，也不区隔参加者的日常经验"。[2] 忽视了在这些社区中产生互动的张力，包括成员协商自己的参与方式，以及社区如何集体定义其与其他相对或相关社区空间（在线和离线）的独特身份。而且，忽略平台政治，[3] 如何以特定方式塑造特定的空间，个人和技术如何共同构成的重要性。[4]

用户参与既是一种个体行为，同时用户间的网络互动与共创，又带有群体性和社会性。本部分从个体——自我认同以及群体——社会建构两个维度分析用户参与的动因和效果。从个体角度看用户参与源于兴趣，在参与过程中，与他者建立联系、传递经验、集体解决问题，并实现自我认同。从群体/社会的角度来看，用户参与现象促进了权力的流动和社会建构，重构了用户的日常生活实践。

三、用户参与和自我认同

用户的参与行为经历了从内容生产到内容分发的扩展。同时，参与平台在商业属性与社区属性的多重逻辑中不断创造新的流行文化。

---

[1] Henry Jenkins et al., *Confronting the Challenges of Participatory Culture: Media Education for the 21st Century*, Massachusetts: The MIT Press, 2009, pp. 7—11.

[2] Henry Jenkins et al., *Confronting the Challenges of Participatory Culture: Media Education for the 21st Century*, Massachusetts: The MIT Press, 2009, pp. 7—11.

[3] Tarleton Gillespie, "The politics of 'platforms'", *New Media & Society* 12, no. 3 (2010): 347—364.

[4] WE Bijker, TP Hughes, T Pinch, *The Social Construction of Technological Systems: New Directions in the Sociology and History of Technology* (Anniversary ed.), Cambridge: MA: MIT Press, 2012, pp. 3—10.

（一）兴趣与共享：参与动因及效果

我国存在很多爱好者自己成立的字幕组，他们利用业余时间，把没有官方引进的海外影视剧翻译、压制、上传至网络，免费提供给观众。在这一过程中，他们分工明确，配合默契，务实高效，不计报酬，他们被称为"打破文化屏蔽的人"。复旦大学中文系教授严锋在微博发文称"草根字幕组自发组织的对海量影视和网络学习材料的翻译现象是对中国文化产生巨大影响的第四次翻译活动"。①

用户的参与热情源自何处？2013 年，国立新加坡大学新媒体与传播学院学者张玮玉在《粉丝活动的持续性与挑战性：中国在线翻译社区的参与式文化》②一文中，考查了对外国喜剧、游戏、影视剧感兴趣的中国粉丝团体的在线翻译文本。通过参与式观察和深度访谈，梳理了在线翻译社区的历史发展和结构布局，发现参与翻译工作的粉丝团的动机主要源自个人兴趣，而不是集体目标。同时，通过分析翻译团队的合作架构、合作意向、技巧、代理意识发现，在线翻译团队翻译的文本已从影视娱乐方面转移到公民教育方面，用户的参与行为已从粉丝活动转变为公民参与，然而目前学界对粉丝活动到政治参与转变的关注仍不够。学者詹尼斯·沃尔德伦（Janice Waldron）认为，人们在在线参与社区中使用 UGC（例如 YouTube 视频）进行音乐学习和教学，对在线和离线环境下的音乐学习和教学都具有重要意义。③ 学者玛格丽特·安妮（Margaret Anne Storey）认为，软件开发人员在工作中使用多种不同的通信工具和社交媒体。随着社交媒体多样性及可用性的增强，形成了一种参与性的软件开发文化，开发人员间进行互动，相互学

---

① 严锋新浪微博：https：//weibo.com/yanlaoge? is_ hot = 1。
② Weiyu Zhang, Chengting Mao, "Fan Activism Sustained and Challenged: Participatory Culture in Chinese Online Translation Communities", *Chinese Journal of Communication*, no. 6 (2013): 45—61.
③ Janice Waldron, "User-generated content, YouTube and participatory culture on the Web: music learning and teaching in two contrasting online communities", *Music Education Research*15, no. 3 (2013): 257—274.

习,并共同创建软件,这种参与式文化为开发人员提供如何使用和改进软件的建议。① 詹金斯认为,社交媒体的小组类似班纳迪克·安德森(Benedict Anderson)提出的"想象的共同体",他们不仅能够借社交媒体突破地域限制,联系素未谋面的人,实现跨地域的集体体验,并且通过参加这些平台的活动形成集体身份。

参与式文化研究学者分析了用户参与内容生产和分发的主要原因是个人兴趣,而共同兴趣用户间的互动、榜样影响以及分享热情使得他们能够共创并共享集体智慧,并在这一过程中提升自我认同感。

(二) UGC 与 UDC：参与行为

关于用户的参与行为,研究者最初多关注用户如何参与内容生产,即 UGC 行为,而对用户参与分发（UDC – User Distributed Content）和消费的研究相对较少。芬兰学者米科·维利（Mikko Villi）关注到了用户群体参与分发媒体公司制作的内容这一现象,并认为对媒体公司而言,用户参与社交策划比参与内容生产更重要。② 澳大利亚学者克里斯蒂·德娜（Christy Dena）关注到了参与文化中的用户传播行为,探讨了普通用户生产的艺术文本从生产到"播放"的过程及其如何成为全球广大观众的主要作品。借助"分层"理论观察替代现实游戏（ARG）,ARG 设计师将项目分层,为参与项目播放用户和不参与播放用户提供不同内容,发现玩家参与播放的团队吸引了更多观众。③ 学者亨里克·埃内博林（Henrik Örnebring）指出了 ARG 的营销功能以及流行文化生产的潜在商业逻辑,并认为行业生产的 ARG 和粉丝生产的 ARG 间尽管存在差异,但它们仍共享一种

---

① Margaret – Anne Storey, Alexey Zagalsky, et al., "How Social and Communication Channels Shape and Challenge a Participatory Culture in Software Development", *IEEE Transactions on software engineering*43, no. 2 (2017): 185—204.

② Mikko Villi, "Social curation in audience communities: UDC (user – distributed content) in the networked media ecosystem", *Participations: The International Journal of Audience and Reception Studies*9, no. 2 (2012): 614—632.

③ Christy Dena, "Emerging Participatory Culture Practices: Player – Created Tiers in Alternate Reality Games", *Convergence: The International Journal of Research into New Media Technologies*14, no. 1 (2008), 41—57.

消费框架,这一框架符合公司的营销和品牌建设目标,以及粉丝与虚构世界互动的目标。① 不管用户参与内容生产还是内容分发,都比无用户参与的内容更吸引用户。

(三)社区性与商业性:参与平台

在用户参与过程中,参与平台实现了社区性与商业性多重属性的建构。部分学者从政治经济学视角出发,关注到了参与式平台的商业性。学者 T. 吉莱斯皮(Tarleton Gillespie)指出,几乎所有的大型社交媒体平台都是为利益而运作的。A. D. 科斯尼克(Abigail De Kosnik)认为,大量的中小型社交网络都是公司所有,他们设法聚集大量内容资源在自己的品牌下,意图通过这个大平台享受注意力经济的份额。② 学者伯吉斯(Burgess)和格林(Green)则探索了 YouTube 在商业和社区双重逻辑中如何持续存在,如何为媒体行业产生新的流行文化、新的职业身份和商业模式。③ 参与式文化下,尽管网络媒体平台提供了诸多免费服务,但逐利目的始终未变,变的只是新媒介文化环境下的逐利手段。

部分学者从媒介环境学视角出发,关注到了技术对用户行为、观念的影响。加拿大学者加纳利·朗格卢瓦(Ganaele Langlois)指出,参与性平台上的交流应理解为意义流的管理,即理解为表达意义的信息、技术、文化和符号学动态的编纂过程,技术平台将信息转化为文化符号,并塑造用户的观念和行为。④ 2012年,学者 M. 格雷(M. Gray)便指出:研究者关注每一个新平台或技术,但鲜少

---

① Henrik Örnebring, "Alternate reality gaming and convergence culture: The case of Alias", *International Journal of Cultural Studies*10, no. 4 (2007): 445—462.

② Jessica Clark, et al., "Participations: Dialogues on the Participatory Promise of Contemporary Culture and Politics Part4: Platforms", *International Journal of Communication*, no. 8 (2014): 1216—1242.

③ Jean Burgess, Joshua Green, "YouTube: Online Video and Participatory Culture", *European Journal of Communication*00, no. 0 (2020): 1—4.

④ Ganaele Langlois, "Participatory Culture and the New Governance of Communication: The Paradox of Participatory Media". *Television & New Media*14, no. 2 (2012): 91—105.

第三章 文化：展演自我与群体建构的社会语境

关注用户对平台和技术的理解，而这恰恰是呈现平台丰富性的一种方式。[①] 2012年，南加州大学瑞安·吉莱斯皮（Ryan Gillespie）在《互动技术时代的艺术批评：批评和参与式文化》[②] 一文中认为 Web2.0 的世界里，我们需要更多的批判，而不是更少。丹娜·博伊德认为："随着'平台的基础设施化'趋势的出现，技术场景不断分化，人们开始担忧网络商业化和技术资本化。今天的技术体系更多地体现为由各方共同构建的——高科技公司不再只是单向地把软件甩给用户，而需要观察用户，并试图不断回应用户的需求。用户不断推进技术设计的边界，高科技公司则针对用户行为的变化更新设置"。[③] 詹金斯在对话中指出："高新产业中存在着多重动机——盈利、价值观抑或二者皆有。然而，在 Web2.0 的话语中，研究者如果倾向于认为资本家只对赚钱感兴趣，却没有认识到许多资本家，甚至不少公司拥有能够定义未来目标的社会愿景，本能的反资本家立场，会妨碍人们创造性地思考纯利润驱使下具有剥削性质的资本家式价值创造的可替代方案。一旦我们的预设前提是互联网公司所做的每一件事生来就是罪恶的、腐败的，就相当于选择退出了讨论什么是对社交网络工具和媒介分享平台有道德的、可持续的、导向社区的使用。我们不能总是假设现在的互联网走了错误的发展道路，不妨换个方向想一想草根与参与文化是如何利用商业文化为自己牟利的。"[④] 关于参与平台，研究者逐渐将其置于技术与人、与社会、文化的更广大的视域内进行探析。

2007年，北京师范大学李德刚、何玉在《新媒介素养：参与式文化背景下

[①] Massanari, Adrienne, *Participatory Culture, Community and Play Learning From Reddit*, New York: Peter Lang, 2015, pp. 1—17.

[②] Ryan. Gillespie, "The Art of Criticism in the Age of Interactive Technology: Critics, Participatory Culture", *International Journal of Communication*, no. 6 (2012): 56—75.

[③] 亨利·詹金斯、伊藤瑞子、丹娜·博伊德：《参与的胜利：网络时代的参与文化》，高芳芳译，浙江大学出版社，2017，第125—132页。

[④] 亨利·詹金斯、伊藤瑞子、丹娜·博伊德：《参与的胜利：网络时代的参与文化》，高芳芳译，浙江大学出版社，2017，第133—138页。

媒介素养教育的转向》[①] 一文中指出参与式文化是以网络虚拟社区为平台，以青少年为主体，通过某种身份认同，以积极主动地创作媒介文本、传播媒介内容、加强网络交往为主要形式所创造出来的一种自由、平等、公开、包容、共享的新型媒介文化样式。同时指出了融合文化背景下，就受众方面而言，已从"参与式媒介"发展到"参与式文化"；就媒介素养方面而言，已从提高"媒介批判意识"发展到提高"新媒介交往能力"，并针对学校、社会与家庭提出了新媒介素养的教育策略。2010年岳改玲在博士论文《新媒体时代的参与式文化研究》[②] 中探讨了参与式文化的兴起、参与式文化场域中的受众参与和自我赋权、参与式文化场域中的权力困境、参与式文化的传媒产业等。研究认为参与式文化带来了文化权力的结构性变化。新媒体时代的参与式文化体现了受众的创造性，呈现为集体的、互助共享的状态，其所强调的并不仅仅是单纯的"个体表达"，更重要的是"社群参与"，受众拥有对于内容生产越来越多的控制权，并在参与和互动中实现了自我赋权。参与式文化是话语和权力关系的交叉点，其中各种力量相互博弈。技术力量、商业力量、国家权力和精英等在参与式文化场域中发挥着各自的影响和作用。其中前三种属于结构层面，具体体现为：技术力量对于参与的制约，资本与商业化力量的浸染，国家权力对于博客等社会媒体的审查等。另外一种则属于个人层面，体现为参与者之间以及参与者和非参与者之间的参与鸿沟。另外，在新媒体时代参与式文化场域中，仅强调参与是不够的。参与式文化的培育和发展需要多方面社会力量的配合。在政府层面上，政策的制定应致力于让现有的媒介环境更适合社会公平、社群自主及文化多样的成长。另外需要加强新传媒道德与社会公德的培育，以及开展新媒体素养教育。

[①] 李德刚、何玉：《新媒介素养：参与式文化背景下媒介素养教育的转向》，《中国广播电视学刊》2007年第12期。
[②] 岳改玲：《新媒体时代的参与式文化研究》，博士学位论文，武汉大学传播学，2010，第1—2页。

四、用户参与和社会建构

对用户个体而言,用户借助参与和他者建立联系、共享经验、共创智慧,实现自我认同。对整个社会而言,用户参与现象促进了权力的流动,重构了用户的日常生活实践。

(一)权力流动

媒介场域中,不同用户所处位置不同,拥有资源不同,致使用户的参与并不是平等的。文化权力是参与式文化中的关键问题。

詹金斯在《融合文化:新媒体和旧媒体的冲突地带》中指出:不同于以前把媒体制作人和消费者当作完全分立的两类角色,现在我们可能会把他们看作是按照一套新规则相互作用、相互影响的参与者,目前这种新规则还没有人能完全理解。并不是所有的参与者都生来平等。公司机构——甚至是公司媒体的成员——仍然要比单个消费者甚至是消费者集体所施加的影响要大一些。同时,一部分消费者在参与这种新兴文化方面比其他消费者所拥有的能力会更强一些。詹金斯指出:"参与文化能够帮助人们通过性别、阶层、种族和代际等费斯克所说的微观层面上的生活经验来思考和生活。"[①] 詹金斯指出:"在粉丝圈的历史上曾有过许多为实现社会目的而开展的活动。粉丝社群们被组织起来共同保护喜爱的节目免于停播时,他们已经找到了问题和系统中的压力点所在,弄清了谁是关键的决定者,计划好了如何影响决策,学会了通过做什么来公开施压,并动员起来采取行动。不论成败,这些粉丝网络都已经完成了组织政治活动所需的基本步骤。但粉丝们可能还是从纯文化,而非政治角度理解这些活动。哈利·波特联盟帮助参与者们将他们作为粉丝的身份映射到他们作为公民或活动家的身份之上,并组织起了高效的网络致力于推动社会变革。"[②] 2009 年,武汉大学学者纪莉在

[①] 亨利·詹金斯、伊藤瑞子、丹娜·博伊德:《参与的胜利:网络时代的参与文化》,高芳芳译,浙江大学出版社,2017,第 159 页。
[②] 亨利·詹金斯、伊藤瑞子、丹娜·博伊德:《参与的胜利:网络时代的参与文化》,高芳芳译,浙江大学出版社,2017,第 169 页。

| 媒介理论视域下互联网自我呈现行为的演化 |

《在两极权力中冲撞与协商——论媒介融合中的融合文化》① 一文中，梳理提炼了媒介融合中的基本文化问题，指出媒介文化权力问题是融合文化的核心问题，并在融合文化范式中，运用文化研究理论探索融合文化的理论与现实困境。

2013 年，詹金斯在捷克布拉格查理大学社会学系举办的研讨会中强调了参与式文化中权力的动态性，"关注参与文化中权力的细分，包括具体的、不同层次、时刻和位置的权力平衡和权力争斗如何影响、型塑用户的具体参与实践"。② 2010 年，密歇根大学 A. 普那萨姆贝卡（Aswin Punathambekar）在《纪实电视节目与印度的参与式文化》一文中，围绕《印度偶像》第三季探讨电视、日常生活与印度当代的公共政治讨论间的联系。2007 年夏天，媒体报道了《印度偶像》关注印度东北部放弃了数十年的独立主义身份，动员支持该地区的两名选手 A. 保罗（Amit Paul）和 P. 塔芒（Prashant Tamang）参加决赛。作者基于印度电视媒体态度改变这一现象以及印度东北部民族人类学的社会历史文本，探索了纪实电视节目如何结合移动媒体技术和实践使新的文化和技术表达模式得以实现，参与式文化通过电视创造了在公众中相互作用的日常生活形式更新的可能性。③ 2012 年，N. 瓦查加（Ndirangu Wachanga）在《紧急信息生态系统中的参与式文化》一文中，指出在媒体研究领域围绕新传播技术（NCTS）活动的研究比技术自身提供了更多新视角，尤其是关于用户参与度。作者认为，用户参与行为充满了挑战主宰者的声音和民族神话的潜力；用户参与改变了符号和词语的表现和意义；用户参与行为重新定义了与国家内在仪式交织在一起的政客社会结构。新传播技术产生了多重另类声音，而这些声音已不完全源自北半球。新传播技术带来的普适性使得媒介文化充满了地方文化和全球意识，从而改变了先前的全球信息

---

① 纪莉：《在两极权力中冲撞与协商——论媒介融合中的融合文化》，《现代传播》2009 年第 1 期。

② Henry Jenkins, Nico Carpentier, "Heorizing Participatory Intensities: A Conversation about Participation and Politics Convergence". *The International Journal of Research into New Media Technologies*19, no. 3（2013）: 265—286.

③ Aswin Punathambekar, "Reality TV and Participatory Culture in India", *Popular Communication*8, no. 4（2010）: 241—255.

第三章 文化：展演自我与群体建构的社会语境

流动进程。[1] 2014 年，哥本哈根大学 B. 范泰森（Bjarki Valtysson）在《民主的伪装：冰岛宪法审定中的社交媒体运用》一文中，考查了由社交媒体服务协作重写冰岛宪法中启用的参与式进程。冰岛宪法委员会提出让用户通过 Facebook、YouTube、Flickr、Twitter 和宪法委员会自己的网站 Stjornlagarad 参与宪法的重写和修订。范泰森将参与宪法重写的用户分为：弱势的网络公众，作为中间公众的宪法委员会，以及作为强大公众的冰岛议会成员。研究发现，尽管冰岛宪法重写进程拥有开放的结构、便利的信息、声明，并进行网络审议，但普罗大众的传播努力仍属于文化公共领域的弱公众形式，因为决策仍然发生在政治公共领域的"上层"结构。[2] 在关于"青少年与参与性政治"的社会调查中指出"越来越多的少数族裔青少年正在参与到在线政治活动中"。[3] 詹金斯则认为："青少年的政治参与形式会根据教育背景的不同有所不同。那些更'高级别的'参与行为往往是由更具教育资本、经济资本、文化资本和社会资本的青少年来完成的。"[4]

用户在媒体实践中的参与方式、参与范围和参与程度等都有所区别。M. T. 谢弗（Mirko Tobias Schafer）将用户参与分为明确性参与和含蓄性参与两种，明确性参与指的是用户有意识的、主动的参与，含蓄性参与指的是为用户活动和媒体实践提供简单易用的接口，提供商业模式等。[5] 他的研究主要关注流行网站的后台应用。强调将我们探讨的参与和修辞学上的参与区别开，确定哪些范围的参与是真实的、能动的参与，哪些活动是被后台设计所阻止的。

关于参与式文化中权力分配的研究已开始借鉴传播政治经济学的经验，关注

---

[1] Ndirangu Wachanga, "Participatory Culture in an Emerging Information Ecosystem: Lessons from Ushahidi", *Communication: South African Journal for Communication Theory & Research* 38, no. 2 (2012): 195—212.

[2] Bjarki Valtysson, "Democracy in Disguise: the Use of Social Media in Reviewing the Icelandic Constitution". *Media, Culture & Society* 36, no. 1 (2014): 52—68.

[3] Cohen C J, Kahne, *Participatory Politics: New Media and Youth Political Action*, Chicago: MacArthur Foundation, 2012, pp. 11—14.

[4] 亨利·詹金斯、伊藤瑞子、丹娜·博伊德：《参与的胜利：网络时代的参与文化》，高芳芳译，浙江大学出版社，2017，第 166 页。

[5] Mirko Tobias Schafer, *Bastard Culture! How User Participation Transforms Cultural Production*, Amsterdam: Amsterdam University Press, 2011, pp. 55—76.

到用户在借助新媒体技术消费媒介文化和参与新媒介文化生产时,技术规制、信息语言对文化权力分配的制约。詹金斯关于参与式文化中的权力问题主要强调的是用户拥有权力层次及参与度间的动态关系,谢弗则从传播政治经济学视角剖析了技术对政治参与的影响,并否认了技术对大众的赋权。

学者莎拉·贝内特(Sarah Banet)等曾探讨了数字时代创意产品生产过程中的参与式讨论,包括数字革命对创意产品、媒介工具和团体创意权归属的影响。A. 肖(Adrienne Shaw)担忧数字产品的特权将束缚人们在创意产品创作过程中的想象力。他认为,不管使用任何生产工具,离媒介中心越远,产品越不容易获得流通。[1] S. 利文斯通(Sonia Livingstone)认为,数字媒体文化正在挑战并重新建构原本存在于老师和学生们间的带有等级性的关系。S. C. 沃特金斯(S. Craig Watkins)认为,获取了技术和信息并不意味着获取了知识、高序的思考技能、资本以及重要技术的机会。虽然数字媒体比先前分布更广泛了,但并不是所有的学习生态、文化和数字参与的路径都是平等的。创造更平等的数字化学习机会的主要挑战是环境平台的建构——不仅支持更多元的青年人获取技术,而且支持他们获取更先进的知识技能。更重要的是通过运用这些知识技能为新型知识生产者、公民和社会流动性创造可选择的路径,解决社会问题。[2] 关于参与式文化中的知识和教育问题,利文斯通和沃特金都关注到了技术和信息并没有使用户获得平等的赋权。参与式文化下,媒介生产者和媒介消费者,以及媒介消费者间的等级性关系仍然存在。

(二)日常生活实践

欧洲学界和北美社会学界都对日常生活实践进行过论述,[3] 并阐述了其重要

---

[1] Sarah Banet - Weiser, et al., "Participations: Dialogues on the Participatory Promise of Contemporary Culture and Politics Part 1: Creativity". *International Journal of Communication* 8, no. 1 (2014): 1069—1088.

[2] Elizabeth Bird, et al., "Participations: Dialogues on the Participatory Promise of Contemporary Culture and Politics Part4: Knowledge and Education", *International Journal of Communication* 8, no. 1 (2014): 1216—1242.

[3] T Bennett, D Watson, *Understanding Everyday Life*, Oxford: Blackwell Publishers, 2002.

第三章 文化：展演自我与群体建构的社会语境

性，如卢卡奇（Georg Lukacs）、列斐伏尔（Henri Lefebvre）、哈贝马斯（Jurgen Habermas）、德赛特（Michel de Certeau）、戈夫曼（Erving Goffman）等。卢卡奇认为："日常生活是人们面对社会世界时，一种不假思索的接受，并沉浸其中的态度。""日常生活是人类联系社会世界的一种方式，并经由日常惯例而自发地再生产社会关系。"[1] 卢卡奇将日常生活置于社会关系再生产的重要位置。列斐伏尔认为："日常生活是生计、衣服、家具、家人、邻居、环境……可以称之为物质文化。"他认为："经济基础、上层建筑是通过日常生活小事实现的，社会关系在日常生活中产生，人在日常生活小事中被塑造和实现。并把日常生活批判看作革命实践的中心，认为反对资本主义政治、经济制度的宏观革命应该和日常生活领域的微观革命结合起来。"[2] 哈贝马斯认为："社会是由生活世界和体系所组成，二者相互限制相辅相成。"[3] 法国社会学家德赛特认为现代社会的日常生活遍布各种体制的权力支配与控制，在日常消费中，弱者通过利用、挪用、盗用强者的控制行动，从而反制强者的支配，即他所谓的"文本盗猎"（textual poaching），进而引导出日常生活的政治向度。[4] 都市社会生活及社会问题是北美芝加哥学派的主要探讨领域之一。[5] 美国社会学者戈夫曼认为社会生活如一座舞台，在前台、后台、中区等不同社会生活情境中，人们所表现出的行为有所不同。[6]

随着社会媒介化程度的加剧，学者日益关注新媒体用户的日常生活实践。詹金斯（Jenkins）、伊藤（Ito）和博伊德（Boyd）研究了与新兴媒体互动以及与之

---

[1] Lukacs, G, *History and Class Consciousness*, London: The MIT Press, 1972.

[2] Henri Lefebvre, *Critique of Everyay Life*, London and New York: Verso, 1991, pp. 66—67.

[3] 哈贝马斯：《交往行动理论：论功能主义理性批判》，洪佩郁、蔺青译，重庆出版社，1994，第165页。

[4] M De Certeau, *The Practice of Everyday Life*, Translated by S Rendall Berkeley: University of California, 1984.

[5] G Ritzer, *Sociological Theory: Its Development and Major Paradigms*, New York: McGraw-Hill, 1992, pp. 196—202.

[6] 欧文·戈夫曼：《日常生活中的自我呈现》，冯钢译，北京大学出版社，2016，第15—62页。

| 媒介理论视域下互联网自我呈现行为的演化 |

互动的经历塑造了我们的个人和职业生活。[1] 2013 年，E. D. 克劳利（Eileen D. Crowley）提出："参与式文化在实现公民参与、艺术表达和非正式师徒关系中是一种低门槛文化，用户间的参与和分享是形成小组信仰的一种稳定的精神实践。"[2] A. 赫普（Andreas Hepp）提出了"社区化的中间线"这一概念：即个人对他个性化生活中多样的社区化模式的主体适应性。赫普认为，不应该过多关注数字环境。如果参与关系到社区用户每天的日常生活，数字媒体将提供重要帮助，而通常情况下数字媒体并不能促进用户参与。赫普感兴趣的是生活体验对年轻人仍然起着重要作用，而全球化的生活体验位于"社区化的中间线"的外部区域，只有当全球化的生活体验与用户的日常交流实践相联系后，它才会影响用户的进一步参与。

关于媒介用户日常生活实践的研究仍存在有待突破之处：首先，关于用户日常生活实践的研究多局限于家庭，用户在家庭以外其他场所的媒介使用未能得到应有的关注。其次，部分研究过于强调用户与文本的直接关系，用户的解码、挪用等常发生在文本之外，需要置于更广阔的社会环境中予以思考。再次，由于日常生活的私人性、琐碎性与平常性，关于用户媒介使用的研究忽略了历史情境，且缺乏长期观察。最后，部分研究将用户媒介使用的研究孤置于结构与能动性的一隅。有些研究过度强调用户的能动性，将其视为批判、抗拒、创造的力量；部分研究之初便预设了用户的结构位置，将用户设定于特定的阶级或性别位置上。[3]

在批判范式中，用户以解读和生产新文本的方式解码源文本，这一过程中用户以文本为语境，诗意地栖居在源文本和自己生产的新文本中。在表演范式中，用户搭建起投射自我的舞台，陶醉于景观之中。居伊·德波曾指出景观与生活现实的距离："在生活中，如果人们完全顺从于景观的统治，逐步远离一切可能的

---

[1] Henry Jenkins, Mizuko Ito, danah boyd, *Participatory Culture in a Networked Era: A Conversation on Youth, Learning, Commerce, and Politics*, New Jersey: Wiley, 2015, p. 1.

[2] Eileen D. Crowley, "Digital Media Art – Making in Small Group Faith Formation: An Occasion for Experiencingin Today's Participatory Cultures", *Communication Research Trends*32, no. 3 (2013): 38—43.

[3] 卢岚兰：《阅听人与日常生活》，台湾五南图书出版公司，2007，第45—47页。

第三章 文化：展演自我与群体建构的社会语境

切身体验。"① "生活是社会的根基，景观是社会症候的表征；生活是内在流动的，景观则是其外在的表象。"② 文本和景观都源于日常生活，而又不同于日常生活，它们只是日常生活中独特的一部分。日常生活是理解用户媒介实践的有力文本。而实践范式并不满足于研究散落的用户在日常生活中借助媒介做了什么，说了什么，思考了什么……而重在探究散落的用户经由媒介置身于怎样共通的生活形式之中，并建构了怎样的常规实践，进而影响当下社会。

五、小结

在参与式文化发展进程中，信息生产者致力于促进信息内容的跨平台流动，获取用户认同，拓展市场和收益。意识形态方则意在争取用户，并获得价值认同。用户则希望利用新的媒介技术为自己争取更多的权力和利益。意识形态方、媒体生产者和消费者在融合文化中所持立场不同，他们又彼此互动，为了实现自身利益，有时候各自的立场又是不断进退变化的。参与式文化的实践仍然处于社会权力结构之中，加上媒介化社会中个体的独特性和复杂性，在参与过程中便会呈现出参与程度、参与方式、参与目的和参与结果的不同。媒体生产者以及从媒体机构中出走的媒体人，仍然比普通用户群体拥有更大的权力。即便在普通用户群体中，不同个体的参与能力也不尽相同。因此，参与式文化研究中用户参与的复杂性及权力的不平等性始终是个复杂且值得探索的问题。

参与式文化因其用户参与的大众性及草根性，使其具有通俗文化（popular culture）的革命性、反权威性，一些研究者将其视为能给大众争取更多媒介文化权力的新兴文化。然而，参与式文化对技术的依赖性又使其表现出一定的反大众性，被媒介技术解放的首先是在技术或经济领域占优势地位的阶层，而非大众。在参与式文化中，技术垄断对参与式文化的影响，以及媒介技术革命背后的资本积累与经济霸权对参与式文化的影响都不容忽视。更多的研究者仍为用户如何获

---

① 居伊·德波：《景观社会评论》，梁虹译，广西师范大学出版社，2007，第2页。
② 刘悦笛：《从日常生活"革命"到日常生活"实践"——从情境主义国际失败看"生活美学"未来》，《文艺理论研究》2016年第3期。

得日益渺茫的文化权力感到忧虑。参与式文化作为一种依托新技术的参与式文化，它的复杂性、动态性及带来的诸多可能性，值得我们进一步关注、探寻。

学者 A. 埃克斯特罗姆（A Ekström）曾指出"积极和政治参与的媒体使用并非我们时代所独有"。并提出"真的有过被动的听众吗？"[①] 用户作为个体/群体的人一直是具有能动性的，只是研究者的历史书写中用户的能动性经历了从被遮蔽到被发现的漫长过程。作为研究者（和技术使用者），一定程度上我们有能力建构什么将是"持久的"，并丰富我们的集体文化遗产。[②] 在这一过程中用户主体性、能动性的变化，用户行为的实践意义，散落的用户经由媒介置身于怎样共通的生活形式之中，并建构了怎样的常规实践，进而影响当下社会，这些问题都值得我们进一步探讨。

第三节 网络流行语与社会心理

网络社会时代，网络流行语已成为社会心态和社会舆论的一个表征。因此，对网络流行语的研究，可探析社会转型过程中人们的诉求和心理，可管窥生活的变迁和社会的发展。

从 2009 年开始，《咬文嚼字》杂志社以"时尚性、大众性、具有某种表达效果"作为评选标准，逐年发布上一年度的"十大流行语"。国家语言资源监测与研究网络媒体中心一年一度的"汉语盘点"活动自 2012 年开始设置了"十大网络流行语评选"。综合采集范围、数据技术应用等因素，本节选取国家语言资源监测与研究中心评选的"2018 年度十大网络用语"为研究对象。具体包括：

---

① A Ekström, S Julich, F Lundgren, P Wisselgren, *History of Participatory Media, Politics and Publics*, New York: Routledge, 2011, pp. 1750—2000.

② Massanari, Adrienne, *Participatory Culture, Community, and Play Learning From Reddit*, New York: Peter Lang, 2015, pp. 1—17.

锦鲤、杠精、skr、佛系、确认过眼神、官宣、C位、土味情话、皮一下、燃烧我的卡路里。并将其串连成一幅网民生活图：遇到困难与挑战，大家会祈求"锦鲤"带来好运；人与人相处难免有摩擦，我们要保持一颗平和、淡定的"佛系"之心，对他人多以"skr"点赞，少做"杠精"；遇到喜欢的人，在"确认过眼神"后，不妨大大方方地"官宣"，并来一段"土味情话""皮一下"；处在关键的"C位"，责任重大，自当撸起袖子加油干；人民的生活越来越好，越来越需要广场舞和健身房"燃烧我的卡路里"。① 生动形象地展现了2018年民生状况的一隅。

一、网络流行语概念界定

关于网络流行语的研究，语言学、传播学、社会学等学科都有所涉及。不同学科的关注重点不同，概念界定方面也各有所侧重。

（一）语言学角度的界定

关于网络流行语的研究，最早见于语言学领域。黄涛认为"网络流行语是一种特殊形式的口语，是人们在网上交际时使用的别致、活泼而新鲜的词语"。② 陈一民认为，网络流行语是指"伴随现实社会新闻事件的发生，在网络几近同步产生，迅速流行风靡于网络内外，短时间内生命力极其强大，但并不长久的热门词语，又叫网络雷语、网络热词语"。③ 黄涛强调了网络流行语的特点——别致、活泼、新鲜。陈一民着重从时间因素方面对其进行界定其特征——迅速、短时间、不长久。

---

① 中华人民共和国教育部：《汉语盘点：2018年十大网络用语发布》，http://www.moe.gov.cn/jyb_xwfb/gzdt_gzdt/s5987/201812/t20181219_364094.html，2018年12月19日。
② 黄涛：《流行语与社会时尚文化》，上海辞书出版社，2004，第97—98页。
③ 陈一民：《语言学层面的网络流行语解读》，《中南林业科技大学学报》2008年第6期。

（二）传播学角度的界定

鉴于网络流行语产生于网络平台，传播学领域也出现了相关研究。刘伟民认为，"网络流行语是在网络空间生成（包括由网民赋予新意的现有语汇）、传播并最终风行的流行语现象。"[1] 逯彦萃认为，"'网络流行语'，就是在网络上流行的语言，是网民们约定俗成的表达方式"[2] 房新宁、李川认为"网络流行语是网络上经常出现的，使用频率高的网络语言。它们是网络交际中的流行语言，是网民约定俗成的表达和交流方式"[3] 杨萍认为，网络流行语是由网民创造或由网民积极传播的，进而被多数网民认可、接受并使用的语言。[4] 相关研究都强调了网络流行语的生成和传播平台——网络，并强调了网民在网络流行语创造、传播和接受过程中的能动性。

（三）社会学角度的界定

网络流行语作为时代社会生态的表征，社会学领域也出现了不少相关研究。郑丹娘认为，"网络流行语是网络语言中流行的以青少年为主体的网络人在聊天时使用的'键盘语言'"。[5] 廖友国认为："网络流行语是指在一定时期内，在网络聊天平台中被网民普遍使用的聊天语言，是一定时期内社会政治、经济、文化、环境以及人们心理活动等因素的综合产物，并在网络传媒的推动下盛行的词、短语、句子或特定的句子模式。"[6] 社会学领域的研究着重强调网络流行语产生的政治、经济和文化等因素。

"2018年十大网络用语"是基于国家语言资源监测语料库（网络媒体部分），

---

[1] 刘伟民：《网络流行语研究与话语理论》，《编辑学刊》2009年第6期。
[2] 逯彦萃：《网络流行语的传播原因及效应》，《新闻爱好者》2010年第8期。
[3] 房新宁、李川：《网络流行语在新闻语言中的应用》，《新闻知识》2012年第3期。
[4] 杨萍：《网络流行语：网民自主话语生产的文化景观》，《新闻前哨》2010年第4期。
[5] 郑丹娘：《"网络流行语"与青少年"自说自话"》，《中国青年研究》2001年第4期。
[6] 廖友国：《网络流行语兴盛的心理动因探析》，《牡丹江教育学院学报》2009年第1期。

第三章 文化：展演自我与群体建构的社会语境

提取获得，语料库包含了代表性网络论坛、网络新闻、博客等不同媒体形式的语言资源。① 本节仅就"2018年十大网络用语"微博平台的使用情况加以分析。

目前关于网络流行语的研究多采用话语分析等研究方法，尚缺乏明确的测量方法，即便是定量分析也很少见。查尔斯·拉金（Charles Ragin）开创了定性比较分析（Qualitative Comparative Analysis）的研究方法。具体又分为清晰集定性比较（csQCA）和模糊集定性比较（fsQCA）。随后，学者在发展QCA的过程中增加了时间因素，构造出一种可以处理时间顺序的模糊集比较方法，即时序性的定性比较分析（TQCA）（何俊志，2013）。学者周俊、王基（2016）曾采用清晰集定性比较的方法，运用二分变量设置，分析网络流行语传播的影响机制，确立了事件属性、流行语创造主体、流行语表达方式、是否被纳入官方话语场、情感内容、是否有特定诉求类型六个变量，并对解释变量和结果变量进行了赋值。

本节将通过新浪微博平台的数据，结合大数据抓取和分析技术对网络流行语使用过程中的网民心态特征，以及社会心态的聚类规律进行探索。

本节研究思路和方法如下：

表3-2 网络流行语分析思路与方法

一级	二级	三级	词语
1. 传播主体	生产/使用者	性别	男、女
		地域	北京，天津，上海，重庆，河北，山西，辽宁，吉林，黑龙江，江苏，浙江，安徽，福建，江西，山东，河南，湖北，湖南，广东，海南，四川，贵州，云南，陕西，甘肃，青海，台湾，内蒙古，广西，西藏，宁夏，新疆，香港，澳门
		时间	6:00—8:59；9:00—11:59；12:00—14:59；15:00—17:59；18:00—20:59；21:00—23:59；24:00—5:59

---

① 中华人民共和国教育部：《汉语盘点：2018年十大网络用语发布》，http://www.moe.gov.cn/jyb_xwfb/gzdt_gzdt/s5987/201812/t20181219_364094.html，2018年12月19日。

(续表)

一级	二级	三级	词语
2. 文本特点	事件类型	时事政治类	贪污/腐败、官僚作风、以权谋私
		自然事件	风灾、火灾、雷电、水灾、地震等自然灾难
		文化娱乐事件	明星、名人、意见领袖
		社会民生类	突发事件/事故灾难、住房/房价、教育、物价、医疗/看病、就业/工资、治安、食品安全、社会心态等
		商业事件	商业营销
	情感倾向	正面	平和、喜悦、爱、明智、宽容、主动、淡定、勇气、安全感、信任感、幸福感、社会参与感、自我实现
		负面	骄傲、愤怒、欲望、恐惧、悲伤、冷淡、内疚、羞愧、弱势感、被剥夺感
		中性	正面和负面倾向均不明显
3. 传播特点	传播时效	持续时间	1—7 天
			7—30 天
			30—365 天
			>365 天
		流行热度	搜索指数/热度 1000 以上
			搜索指数/热度
	传播方式	人际传播	对话/评论/回复中使用流行语
		组织传播	组织机构使用流行语
		大众传播	媒体使用流行语

(续表)

一级	二级	三级	词语
4. 传播效果	语言影响/媒体采用	新媒体采用	新媒体采用、批判
		传统媒体采用	主流媒体采用/纳入官方话语体系，主流媒体批判/未纳入官方话语体系
	社会舆论影响	正面解决/引发正面反思	舒缓情绪、引发国家治理的正面反思/进步
		产生负面影响	舆论暴力、结果恶化、引发国家治理等的反省
	社会心理影响	诉求变化	源生事件类型的变化、诉求的变化
		情绪变化	更积极、更消极、更平和/客观

二、流行语的传播特质

（一）传播主体

1. 普通用户、中高级达人和黄 V 是网络流行语的重度使用者

分析十大流行语的用户类型，使用频次较多的用户为：普通用户、中高级达人和黄 V。其中，燃烧我的卡路里、skr、官宣和锦鲤使用频次较多的用户依次为中高级达人、普通用户和黄 V。佛系、C 位、确认过眼神、土味情话、皮一下、杠精使用频次较多的用户依次为普通用户、中高级达人和黄 V。可见，微博上的普通用户、中高级达人和黄 V 是流行语重度使用者。

依十大网络流行语的使用频次进行排序，普通用户、初级达人、中高级达人、黄 V 用户使用前五名的流行语依次为：锦鲤、佛系、C 位、官宣、确认过眼神。非个人用户使用前五名流行语与他们相同，顺序稍有不同，依次为：锦鲤、C 位、官宣、确认过眼神、佛系。分析可见，微博不同类型用户使用频次较多的流行语基本趋同。

2. 女性比男性更倾向于使用网络流行语

统计新浪微博 2018 十大网络流行语使用者的性别发现，女性使用者均高于

| 媒介理论视域下互联网自我呈现行为的演化 |

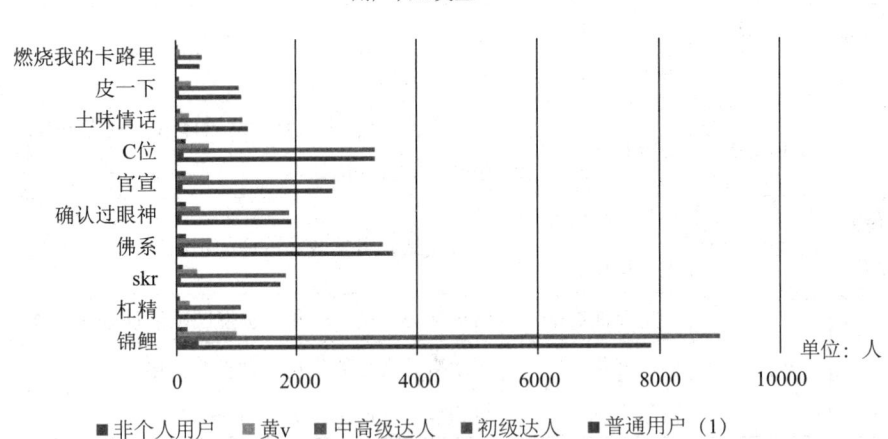

图 3-1　网络流行语用户认证类型

男性。其中，土味情话的女性使用者 2166 人，男性使用者 505 人，女性使用者达男性使用者的 4 倍多；皮一下的女性使用者 1940 人，男性使用者 562 人，女性使用者达男性使用者的 3 倍多；另外，锦鲤的使用者最多，女性 13528 人，男性 5005 人，女性使用者是男性使用者的 2 倍多。此外，杠精、skr、佛系、确认过眼神、官宣、C 位、燃烧我的卡路里的女性使用者也超过男性使用者的 2 倍。在网络表达中，女性比男性更倾向于使用网络流行语。

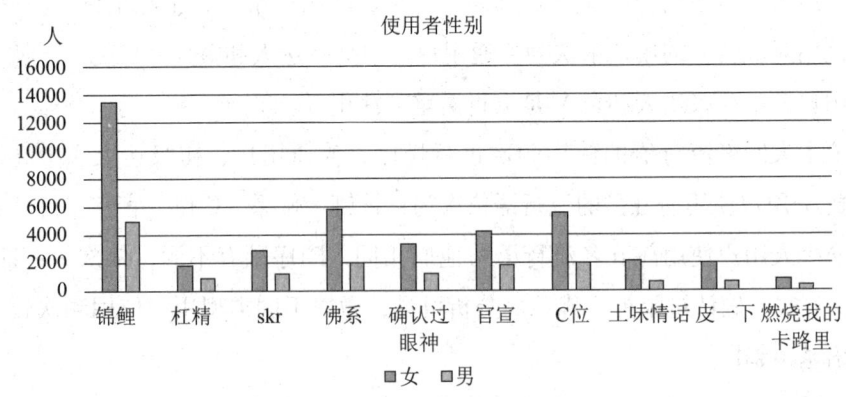

图 3-2　网络流行语使用者性别

158

第三章 文化：展演自我与群体建构的社会语境

3. 分析网络流行语用户所在地区，广东、上海、山东用户较多

按十大流行语的用户数量统计，排名前三的地区依次为广东、上海、山东。其中广东用户为9455人，上海用户为5791人，山东用户为5032人，北京用户为4966人。

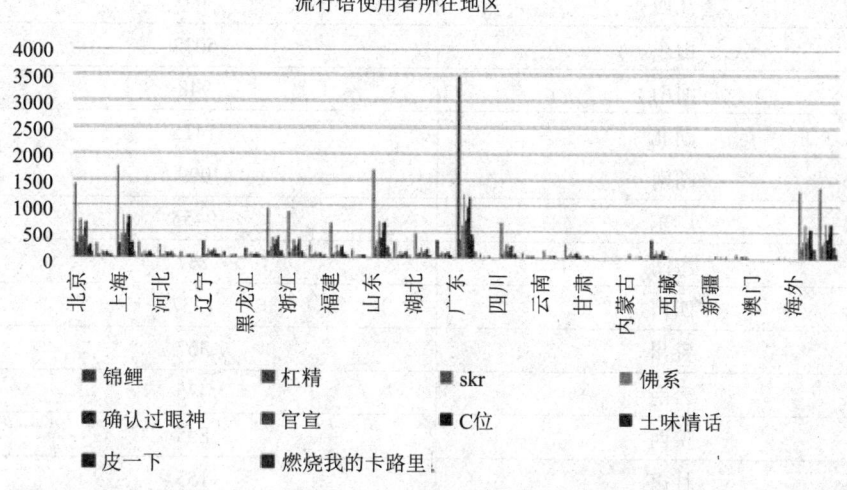

图3-3 网络流行语使用者所在地区分布情况

表3-3 各地区使用2018年十大网络流行语人数

地区	人数
北京	4966
天津	897
上海	5791
重庆	916
河北	751
山西	318
辽宁	1095
吉林	345
黑龙江	597
江苏	2939

(续表)

地区	人数
浙江	2602
安徽	748
福建	1768
江西	480
山东	5032
河南	948
湖北	1415
湖南	999
广东	9455
海南	237
四川	1937
贵州	367
云南	475
陕西	835
甘肃	155
青海	44
内蒙古	229
广西	1110
西藏	43
宁夏	67
新疆	212
香港	318
澳门	78
台湾	145
海外	4327
其他（不详）	4728

4. 晚间和午休时间段网络流行语使用较为频繁

按北京时间统计，将每天分成七个时间段，其中24:00—5:59近6个小时为一个时间段，其他18小时平均每3小时为一个时间段，分成6个时间段，每天共计7个时间段，按此统计2018年全年7个时间段中流行语使用情况。统计结果为，24:00—5:59 使用101246次，21:00—23:59 使用19390次，12:00—14:59 使用16603次，18:00—20:59 使用15562次，9:00—11:59 使用15124次，15:00—17:59 使用14746次，6:00—8:59 使用7983次。晚间和午休时间段网络流行语使用较为频繁。

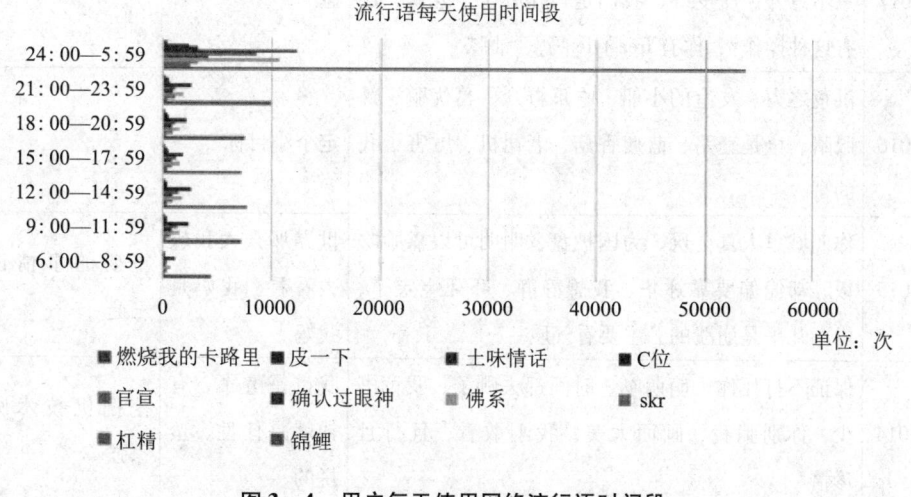

图3-4 用户每天使用网络流行语时间段

（二）文本特点

1. 十大网络流行语主要集中在娱乐类，占比半数以上，社会类和商业类居次

根据流行语生成的语境，将事件分为：时事政治类，主要涉及国家安全、贪污、腐败等；自然事件类，包括风灾、火灾、雷电、水灾、地震等自然灾难等；文化娱乐事件，包括明星、名人以及普通用户的娱乐事件等；社会民生类，包括突发事件、住房、教育、物价、医疗、就业、治安、食品安全、贫富差距、社会心理等；商业事件类，包括商业营销事件等。现将2011—2018年国家语言资源监测与研究网络媒体中心每年评选的十大网络流行语依此类型进行分类，分类结果如下表所示：

表 3-4　2011—2018 年十大网络流行语

年份	文娱	社会	商业
2018	skr、佛系、确认过眼神、官宣、C 位、土味情话、皮一下、燃烧我的卡路里	杠精	锦鲤
2017	打 call、尬聊、你的良心不会痛吗？、惊不惊喜，意不意外、皮皮虾，我们走、扎心了，老铁、还有这种操作？、你有 freestyle 吗？、油腻	怼	
2016	洪荒之力、友谊的小船、吃瓜群众、葛优躺、辣眼睛、全是套路、蓝瘦香菇、老司机、厉害了我的哥	定个小目标	
2015	你们城里人真会玩、为国护盘、明明可以靠脸吃饭、却偏偏要靠才华、我想静静、吓死宝宝了、内心几乎是崩溃的、主要看气质	世界那么大我想去看看、我妈是我妈	重要的事情说三遍
2014	保证不打死你、萌萌哒、时间都去哪了、我读书少，你别骗我、画面太美，我不敢看、且行且珍惜	我也是醉了、有钱就是任性、蛮拼的	挖掘机技术哪家强
2013	高端大气上档次、爸爸去哪儿、小伙伴们都惊呆了、待我长发及腰、喜大普奔	中国大妈、女汉子、土豪、摊上大事儿、涨姿势	
2012	中国好声音体、元芳，你怎么看、《江南 Style》、躺着也中枪、吊丝、逆袭、舌尖上的中国、最炫民族风、给跪了	高富帅，白富美、你幸福吗	
2011	春晚、兔爷、此处省略 N 个字、《忐忑》、志玲的魔术、《春天里》、美女夏达、姚晨离婚	拍照救乞儿	网络红包

近八年的网络流行语都集中在娱乐类、社会类和商业类，每年娱乐类都占比半数以上。2011 年之前，每年都会有时事政治类网络流行语进入榜单，暗含对公权部门贪污、腐败等现象以及社会不公等现象的不满。如 2010 年出现的"我爸是李刚""有关部门"等；2009 年的"躲猫猫""被就业""裸官"等。2011

第三章 文化：展演自我与群体建构的社会语境

年以后的网络流行语关注话题呈现了从时事政治类向娱乐类的转向。

2. 十大流行语多出现在内容位置，半数以上流行语曾成为微博话题

十大流行语集中出现在内容位置，其次出现在话题位置，还有的流行语出现在账户名位置。其中，锦鲤、C位、佛系、官宣、skr和土味情话等多次出现在话题位置。锦鲤在话题位置出现12128次，C位出现3050次，佛系和官宣出现700余次，skr和土味情话出现400余次。另外，流行语多在转发内容中使用，出现在原创内容中的次数明显少于转发内容。

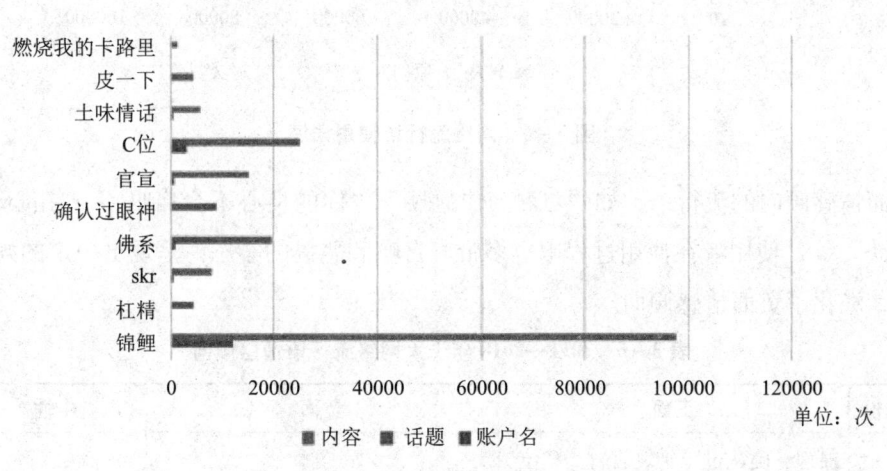

图3-5 网络流行语出现位置

3. 流行语越来越呈现正面情感倾向

本节将情感倾向分为正面、负面和中性三类。其中正面表现为平和、喜悦、爱、明智、宽容、主动、淡定、勇气、安全感、信任感、幸福感、社会参与感和自我实现等。负面表现为骄傲、愤怒、欲望、恐惧、悲伤、冷淡、内疚、羞愧、弱势感和被剥夺感等。中性表现为正面和负面倾向均不明显。

分析2018年十大网络流行语，7个流行语呈现出正面情感倾向，2个呈现中性情感倾向，1个呈现负面情感倾向。较2011—2017年的十大网络流行语，2018年的网络流行语正面情感倾向更显著，负面情感倾向较弱。另外，即便最初具有

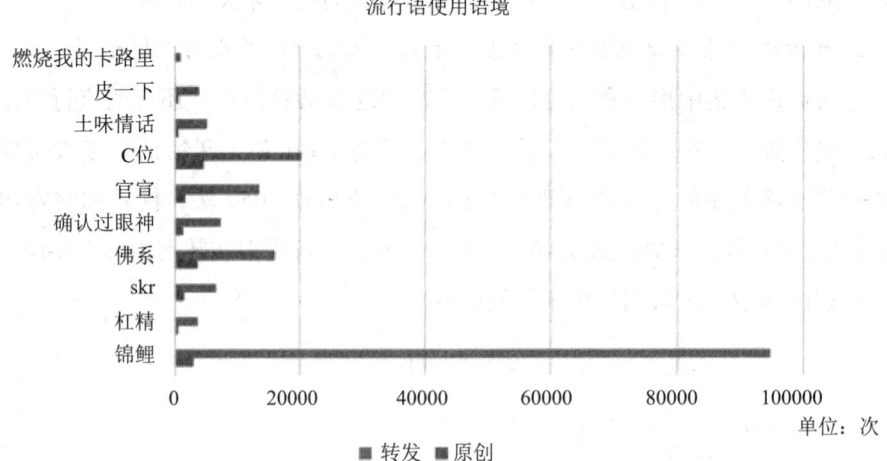

图 3-6　网络流行语使用语境

负面情感倾向的流行语，如"杠精""尬聊""你的良心不会痛吗？""扎心了，老铁"等，使用者在使用过程中也多带着自嘲和恶搞的心态，呈现出一定的娱乐性，淡化了负面情感倾向。

表 3-5　2011—2018 年十大网络流行语情感倾向

年份	正面	负面	中性
2018	锦鲤、确认过眼神、官宣、C位、土味情话、皮一下、燃烧我的卡路里	杠精	skr、佛系、
2017	打call、惊不惊喜，意不意外、	尬聊、你的良心不会痛吗？、扎心了，老铁、还有这种操作？、怼、油腻	皮皮虾，我们走、你有freestyle吗？
2016	洪荒之力、葛优躺、老司机、厉害了我的哥	友谊的小船、定个小目标、全是套路、蓝瘦香菇	吃瓜群众、辣眼睛、
2015	你们城里人真会玩、明明可以靠脸吃饭，却偏偏要靠才华、主要看气质	世界那么大我想去看看、为国护盘、我妈是我妈、吓死宝宝了、内心几乎是崩溃的	重要的事情说三遍、我想静静

第三章 文化：展演自我与群体建构的社会语境

（续表）

年份	正面	负面	中性
2014	萌萌哒、且行且珍惜、蛮拼的	保证不打死你、我也是醉了、挖掘机技术哪家强、有钱就是任性、我读书少，你别骗我、画面太美，我不敢看	时间都去哪了
2013	高端大气上档次、爸爸去哪儿、小伙伴们都惊呆了、待我长发及腰、喜大普奔、女汉子、涨姿势	中国大妈、土豪、摊上大事儿	
2012	中国好声音体、《江南 Style》、吊丝、逆袭、舌尖上的中国、最炫民族风、高富帅、白富美	你幸福吗、给跪了、躺着也中枪	元芳，你怎么看
2011	《忐忑》、《春天里》、美女夏达、拍照救乞儿、网络红包	春晚、志玲的魔术、姚晨离婚	兔爷、此处省略N个字

（三）传播特点

1. 传播时效：部分流行语持续使用时间越来越长，生命力越来越强

2018 年，锦鲤、官宣、C 位和佛系在新浪微博一直保持着较高的使用频率。其中，锦鲤在 2018 年 1 月至 2018 年 9 月，使用次数在 3000—6000 次，2018 年 10 月使用达到 2.6 万余次，2018 年 11 月近 2.4 万，2018 年 12 月 1 万余次，到第四季度使用量骤增。分析可见，部分网络流行语流行一段时间后，使用频次逐渐降低；部分流行语则持续使用时间越来越长，生命力越来越强。

2. 传播方式：网络流行语主要用于人际传播，其次用于组织传播和大众传播

分析 2018 年十大网络流行语的用户类型，新浪微博平台有 1139 位非个人用户/机构用户使用十大流行语。另外，使用十大流行语的有 1038 位初级达人用户，25755 位中高级达人用户，4230 位黄 V 位用户，共计 31023 位个人用户。分析可见，在新浪微博平台，十大网络流行语主要用于个人用户的人际传播。其

165

| 媒介理论视域下互联网自我呈现行为的演化 |

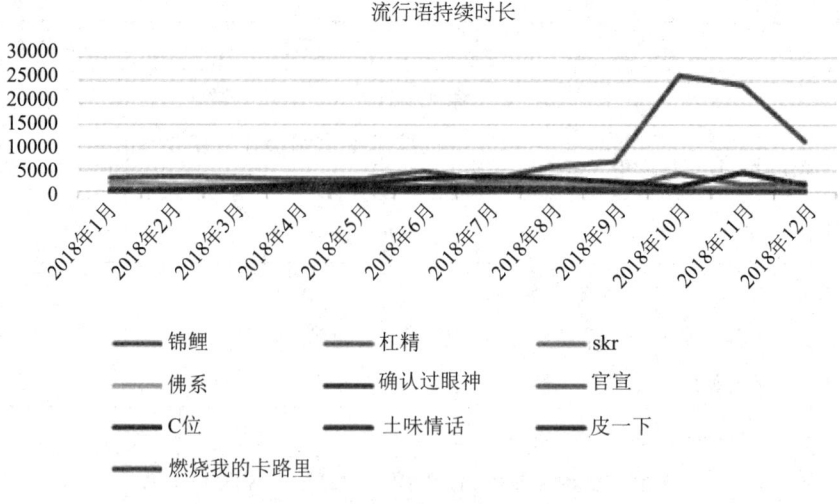

图 3-7　网络流行语持续时长

次，用于组织机构的组织传播和媒体的大众传播。

（四）小结

本节通过话语分析等方法，揭示了 2018 年十大网络流行语的使用情况，同时分别从传播主体、文本特点、传播特点、传播效果四大方面对新浪微博平台网络流行语用户的社会心态规律进行了研究。研究结果可为了解网络社会背景下用户的社会心态特征以及引导和培育积极社会心态提供决策参考。本研究主要结论如下。

1. 网络流行语的使用者中女性多于男性，普通用户是重度使用者

依 2018 年十大网络流行语的使用频次将使用者进行排序，分别是普通用户、初级达人、中高级达人、黄 V 用户和非个人用户。可见，不管网络流行语由官方机构、企业机构还是明星等首次使用，最终普通用户的广泛使用才使其成为流行语，普通用户是网络流行语的重度使用者，网络流行语是网络大众的语言。另外，统计 2018 年十大网络流行语使用者的性别发现，十大流行语女性使用者均是男性使用者的 2 倍及以上。其中，土味情话的女性使用者达男性使用者的 4 倍

多；皮一下的女性使用者达男性使用者的3倍多。因网络流行语的通俗性、趣味性、情感性等，女性比男性更倾向于使用网络流行语。

2. 广东地区网络流行语使用者数量居首位

按十大流行语的用户数量统计，广东用户居首，为9455人，比排名第二的上海用户多3500余人，将近是排名第三的山东地区用户的2倍。可见，沿海、经济发达地区用户较倾向使用网络流行语。

3. 网络流行语使用集中在午休和晚休时间

按北京时间统计，流行语使用频次较多的三个时间段为：24:00—5:59（101246次），21:00—23:59（19390次），12:00—14:59（16603次）。可见，网络流行语更符合休息时间段的氛围，用户倾向于在非工作时间使用网络流行语。另外，晚上下班时间18:00—20:59（15562次）网络流行语使用频次也较高。早晨6:00—8:59（7983次）使用频次最低。

4. 文娱类网络流行语呈上升趋势，在诸类型中数量居首位

自2011年以来，文娱类网络流行语都占比半数以上。2018年十大网络流行语中，文娱类占有8个，包括skr、佛系、确认过眼神、官宣、C位、土味情话、皮一下、燃烧我的卡路里。此外，有一个社会类的流行语杠精和一个商业类的流行语锦鲤。未出现时政类的网络流行语。用户不再借助网络流行语暗指时政，而呈现了明显的娱乐化转向。

5. 网络流行语正向情感倾向增强

相较前七年，2018年十大网络流行语的正面情感倾向更显著，负面情感倾向较弱。其中，7个流行语呈现出正面情感倾向，2个流行语呈现中性情感倾向，1个流行语呈现负面情感倾向。从这一情感倾向的变化可见，网络社会心态日趋温和、积极、正向。

6. 网络流行语持续时间日益增长

分析2018年的十大网络流行语发现，近半数网络流行语在一整年内都保持着较高的使用频率，如锦鲤、官宣、C位和佛系。到第四季度，锦鲤的使用量出现了骤增。年度网络流行语不再是走红得快，过气得也快，部分流行语的持续使

用时间越来越长,生命力越来越强。

三、流行语与社会关系

本部分主要从社会关系的角度探析流行语所展现的社会心理,具体涉及负性和正性的社会关系,以及冲突与和解。人们在彼此联系的过程中,对他者的感受和行为有时是负性的,如对他者有偏见,不喜欢他人,甚至用言语攻击、伤害他人。有时在交往过程中,社会关系会呈现出正性、美好的一面,我们会喜欢和他人交往、亲近,会为朋友或陌生人提供帮助。本部分分析网络流行语是如何呈现负性和正性的社会关系,这些社会冲突是如何通过网络流行语呈现或和解的。

(一)流行语中的吸引与偏见

我们在与他者联系中,表现出吸引与偏见,喜欢与不喜欢等不同的情感态度。亚里士多德将人称为"社会性动物"。我们有一种强烈的归属需要(need to belong)——与他人建立持续而亲密关系的需要。社会心理学家罗伊·鲍迈斯特和马克·利里(Baumeister & Leary, 1995; Leary, 2010)阐释了社会吸引的力量,而这种力量正是源于我们的归属需要。正是这种吸引、喜欢,使得我们的祖先相互依存,族群得以生存,使得个人、群体或国家合作,不断攻克难关。另外,我们也会在与他者的联系中表现出不喜欢的态度。美国著名社会心理学家奥尔波特曾界定偏见的本质是"基于错误和顽固的概括而形成的憎恶感"。[1] "偏见(prejudice)的本质是对一个群体及其成员负面的预先判断。"[2] 对某人持有偏见,就会表现出对他人不喜欢的态度。

网络流行语将社会关系中的喜欢与不喜欢展露无遗。一方面,有表达美好期望的"锦鲤",有渴望受关注的"C位",有渴望被需要、被表达的"土味情话",这些词都在成为网络流行语的过程中都被赋予了本意之外的衍生意义。例

---

[1] Allport, G. W., *The Nature of Prejudice* (abridged), Garden City, NY: Anchor Books, 1954, p. 91.
[2] 戴维·迈尔斯:《社会心理学》,侯玉波等译,人民邮电出版社,2016,第304页。

如，支付宝官方微博推出的寻找"中国锦鲤"转发抽奖活动，使"锦鲤"一词成为网络流行语，成为"好运"的象征，隐含了人们对美好生活的向往。"C位"原指舞台中央或宣传海报的中间位置，后被引申为各种场合中最重要、最受关注的位置。土味情话，指那些听起来腻人、带着土气、冷幽默式的情话，多采用转折、夸张的表达方式。另一方面，用户会因为喜欢某位流行歌手、明星，或某一首流行歌曲而集体推出、建构网络流行语。这些网络流行语同样被赋予了本意之外的衍生意义。例如，因流行歌手在综艺节目中使用，而成为网络流行语的"skr"，原指汽车轮胎摩擦的声音，现用于表达佩服、赞扬之意。因明星在微博公布结婚喜讯时使用的"官宣"，原指"官方宣布"，现泛指对外正式宣布消息，广而告之。歌曲《卡路里》因其独特的旋律和歌词成为广场舞、健身房的火热神曲，也使得"燃烧我的卡路里"成为网络流行语。这些网络流行语展露了用户对美好生活的向往，渴望自己有价值感，被爱，拥有万人迷身材。

（二）流行语中的帮助与攻击

人们在与他者交往的过程中，常会产生帮助或攻击的行为。一方面，人类的存有、社会的发展都离不开帮助和利他行为。西方文化中的利他主义（Altruism）、儒家的仁爱、大乘佛教的利他都倡导在无利可图或不期待任何回报，也不期待任何感激的情况下，为他人（包括陌生人）奉献时间、精力和金钱，关心、帮助、成全他人。大乘佛教认为最大的利己便是利他。社会经济学和社会交换理论（social exchange theory）研究也曾指出，从长远看，帮助行为会使施助者和受助者同样受益。另一方面，人们为了自我保护或获得更强的安全感，也常会产生攻击行为。社会心理学家将攻击定义为意图伤害他人的身体行为或言语行为。[1] 美国心理学家和社会学家约翰·多拉德认为"挫折总会导致某种形式的攻击"。[2] 挫折感来源于期望和现实之间的差距。当我们达到一个目标的动机非常强烈，当

---

[1] 戴维·迈尔斯：《社会心理学》，侯玉波等译，人民邮电出版社，2016，第350页。
[2] Dollard, J. O. H., Sears, R. R., *Frustration and Aggression*, New Haven: Yale University Press, 1939, p. 1.

| 媒介理论视域下互联网自我呈现行为的演化 |

我们预期得到满意的结果，却在行动过程中遇到阻碍时，挫折便产生了。[1] 挫折感不仅来自剥夺本身，还来自期望和现实之间的差距。当我们期望的比实际获得的更多时，我们把自己和他人进行比较时，甚至当电视节目和广告中描绘富裕生活时，我们都可能会产生相对剥夺感，这时挫折感会变得更为复杂。

2018年网络流行语也有对攻击的展现，这些攻击都是一种言语行为。如其中的"杠精"和"确认过眼神"。杠精意指抬杠成精的人，这类人以抬杠为己任，并不关注客观事实，经常为了反对而反对，不管别人所说内容的对错，而进行持续的反驳。杠精们抬杠的原因主要有：一是转移负面情绪。如在工作或生活中遭受挫折，产生不满、嫉妒等负面情绪，通过抬杠的言语性攻击行为转移负面情绪。二是通过攻击周围的方式建立自尊或满足自恋。通过抬杠和说服别人相信自己，以建立自尊、寻求认同。

流行语中的"确认过眼神"源自歌曲《醉赤壁》里的歌词"确认过眼神，我遇上对的人"。2018年除夕，有网友发布了一张内容为"确认过眼神，你是广东人"的图片，借以吐槽广东人的过年红包面额很小，引发网友对各地红包数额的讨论，从而使其爆红为网络流行语。春节包红包是我国的传统习俗，春节拜年时，长辈将事先准备好的压岁钱分给晚辈。压岁钱原指"压祟"，压住吓跑"祟"这个伤害小孩子的鬼怪，红纸则象征好运。晚辈得到压岁钱可以平平安安度过一岁。可见发红包不是一种经济行为，而是一种社交行为。吐遭红包小，关涉我们对金钱的态度。其一，背后可能隐含的心理包括我收到的红包太小，我包的红包大，进而产生一种吃亏的心理。其二，吐遭人可能将金钱的多少等同于自己得到的关注与爱的多少。他们在乎的或许不是钱的多少，而是没有被重视的感觉。实则是我们将金钱与情感纠缠在一起、钱与事混在一起，模糊了金钱和情感的边界。

---

[1] 戴维·迈尔斯：《社会心理学》，侯玉波等译，人民邮电出版社，2016，第356—357页。

第三章 文化：展演自我与群体建构的社会语境

（三）流行语中的冲突与和解

冲突是一个过程，一方或双方知觉到的行动或目标的不协调。冲突中的人们总是认为一方的获益就是另一方的损失。[1] 有时，冲突可能会使一方或双方蒙受损失。有时，冲突可以帮助我们看到很少想到的问题，并有可能解决问题。和谐地解决冲突还可以促进人际关系的发展。尽管社会困境、竞争和误解都可能引发冲突，社会心理学研究发现：接触、合作、沟通与和解可以一定程度化解冲突。一般情况，接触可以增加彼此了解的机会，进而带来容忍。共同的威胁和目标能够产生团结、合作。可以通过谈判，第三方调解、仲裁的方式，用克制的沟通消除误会，将"非赢即输"变成"双赢"。有时，冲突双方的紧张和怀疑程度较高时，甚至连沟通都无法进行。每一方都有可能发出威胁、逼迫或报复对手，并且愈演愈烈。但一方无条件的合作安抚对方又往往会激起对方更强的压倒、战胜对方的心理。针对这种情况，社会心理学家查尔斯·奥斯古德曾提出了和解的方案："逐步（graduat）、互惠（reciprocat）、主动（initiative）地减少紧张（tension reduction）"，他将这一方案称为"GRIT"。一方在宣布希望调和的意愿后，做出一些小的意在降低冲突的行为。发起调和的一方，在实行每一个表示调和的行为之前都声明这种希望减少紧张的主张，并邀请对手进行回报。同时，保障对手能正确理解其意图，而不是当作示弱或欺诈。这种声明也给对手造成舆论上的压力，使他们必须遵循互惠规范。[2]

"佛系"最早来源于日本某杂志介绍的"佛系男子"，指爱独处、专注于自己的兴趣、不想花时间与异性交往的男人。在国内社交平台流行后，该词泛指不争不抢、不求输赢的人，表达了一种按自己方式生活的人生态度，并衍生出"佛系青年""佛系女子"等一系列词语。佛系一词流行后，引发了传统媒体和各社交网站的讨论。

---

[1] 戴维·迈尔斯：《社会心理学》，侯玉波等译，人民邮电出版社，2016，第477页。
[2] 戴维·迈尔斯：《社会心理学》，侯玉波等译，人民邮电出版社，2016，第475—512页。

| 媒介理论视域下互联网自我呈现行为的演化 |

第一,传统媒体和社交媒体反对佛系的观点主要认为年轻人应该努力奋斗,才能拥有幸福的生活,年轻人不适合佛系。《人民日报》发表评论文章,指出:"云淡风轻、浑不着意好不好?太好了,但必须守住一条:总得有走心的地方。处处不坚持,事事随大流,那只能是淹没于人潮、迷失掉自我。'佛系'也行,愿做一个'斗战胜佛系'青年。西行路上,那悟空会玩耍、敢担当、勇打拼,做下偌大事业,此真有志者言。"[①] 意在鼓励青年人立志做出一番事业。知乎网友 Sarah 认为"佛系不适合现在的年轻人,整天无欲无求,年轻人就应该努力奋斗,因为但凡有点成绩的人,都是对自己挺狠的"。知乎认证用户"智联校园"认为:"作为一名大学生,我们既要拥有淡泊自然的人生态度,宠辱不惊,看庭前花开花落;同时,我们还应该谨记生于忧患,死于安乐。不是每个人都能够做到佛系,也不是每个阶段都适合佛系。毕竟,对于大学生来说,勇猛精进才是主流。愿所有'佛系大学生'都能够云淡风轻、浑不着意,同时又能够心若猛虎。"

第二,社交媒体支持佛系的网友认为佛系是拒绝为资本家加速资本积聚。知乎用户"快乐一剑飘"认为"佛系青年"代表了人回归本质、认清了马克思所说的资本惊险跳跃的过程,选择了不替资本家加速资本积聚,只满足自我需求的生活模式。马克思曾指出"G(Geld - 货币) - W(Ware - 商品) - G(Geld - 货币)的资本积累模式。资本家用手里的货币 G 换取/购买商品 W,再把商品卖掉,于是有了货币 G。这里的买是为了卖,在买卖之间赚取差额,即剩余价值。而这个过程持续下去,积累的额外的值也会越来越大,资本的复利也就是这样产生的"。[②] 此外,马克思指出延长劳动时间是获取更多剩余价值的主要方式。支持佛系的声音认为,佛系的生存状态可以在一定程度上抑制资本家的资本积聚。知乎用户 Scalers 指出:当下社会,也有不少观点鼓励加班,很多创业者以"我的员工每天加班到深夜"为自豪,宣传"你这么年轻不加班还能干什么"的思

---

① 刘念:《也说"佛系青年"(民生观)》,《人民日报》2017 年 12 月 13 日第 13 版。
② 卡尔·马克思:《资本论》,北京联合出版公司,2013,第 91 页。

第三章 文化：展演自我与群体建构的社会语境

想。采用软性的方式让员工"主动选择"延长劳动时间，如让员工主动签订"奋斗者协议"；有的公司老板用梦想、未来、格局、改变世界等方式鼓励员工奋斗，有的公司采用"公司免费健身房、7点免费晚餐，8点免费水果，9点免费夜宵，10点免费打车"等福利吸引员工不断加班……

知乎用户墨夏的帖子"如何看待《人民日报》佛系青年的说法？"获得了1万多个赞同。他认为"佛系青年的兴起是一种消极的反抗"。他认为："当房价高得让人害怕，在这座城市拼了命，都没办法扎根。当一个人鲜血耗尽都追求不到一个栖身之地，他除了降低要求，别无他法。"墨夏同时指出："是现在的资本家逼迫越来越多的90后转投佛系的。现在的资本家天天惦记广大人民群众兜里的仨瓜俩枣。骗完了还要抹抹嘴，说一句，你知道你为什么这么穷吗？告诉你之所以穷，要反思自己，一定是自己的问题，世界是没错的。""房价要上天是吧，老子买不起不买了还不行？你说我不上进，行，不上进就不上进吧，我乐意。这个时候最着急的不是普罗大众，而是那些面目可憎的资本家，他们害怕这样的人越来越多，他们害怕手上的产品卖不出去，手里的房子卖不了高价。所以会出现一大波励志的奋斗逼，同时加大对佛系青年的批判，批判这些人就是懒。"

第三，关于什么是真正佛系的讨论。在支持和不赞同佛系的声音之外，还有一些声音在理性地探讨什么是真正的佛系。知乎网友橙子认为："佛系不同于懒惰。佛系是一种平和的心态，是一种胜不骄、败不馁的态度。懒惰是一种主动的选择，一种不全力付出的态度，因懒惰而失败，是自己的问题。"知乎用户"叶子"认为："真正的佛系绝不是逃避现状的消极怠工，也不是漫无目的地无所事事。所谓佛系，是明白世事无常后的不懈努力。佛系是在因上努力，果上随缘。有理想、有目标、有行动，但是在追求的过程中失败了不悲伤、不气馁，成功了不骄傲、不傲慢，不目中无人。佛系，是一种自在的人生态度，有追求，但不执着于最终的结果。所以这种人能拿得起放得下，不被成功束缚，也不被失败束缚。佛系是心态的放下，不是事件的放下。所以，那些无所事事，逃避现实，以及吃不到葡萄说葡萄酸的人，与佛系没有半点关系。"这段表述揭示了真正的学佛人面对世事的态度：敦伦尽分，以崇敬的心理遵守社会的伦理道德，恪守义务，尽职尽责地主动承担好自己本分的义务。另外，佛教以因果定律为基本。佛教里讲"种善因得善果"，"众生畏果，菩萨畏因"，众生都害怕得到不好的果报，但菩萨害怕种下不好的因。佛教重视因，不计较果，是因为种了因，必然得到相应的果报。因种下的时候，果报已无法改变，计较也无济于事。

可见，佛系流行的背后潜藏着不同的人生观和世界观，反对佛系的观点认为佛系不够努力，年轻人只有努力奋斗、勇猛精进，对自己狠，才能够取得成绩，获得幸福。赞同佛系的观点认为，不争不抢、不求输赢、小富即安是拒绝为资本家加速资本积聚。探讨什么是真正的佛系的观点则认为真正的佛系是从"因"上努力，尽职尽责地承担与付出，不计较结果，接受努力后的任何结果。面对佛系的不同观点实则是处理矛盾冲突的不同态度，反对佛系者持的是坚持到底、不服输的态度；赞同佛系者是以放弃生产关系的方式，实现反抗资本的目的，不是以反抗资本为手段，进而改变生产关系。而真正的佛系则是尽人事，听天命；但行善事，莫问前程。可见，不同的佛系观后面隐藏着面对不满或冲突时，与社会和解、与自我和解的不同方式。

"皮一下"这一夸张、搞笑的表达方式，使得气氛轻松，意见容易被接受。"皮一下"源于方言，走红于游戏解说，后被网友广泛用于社交网络。"皮"在方言里是调皮、淘气的意思。"皮一下"用于吐槽对方很调皮，不按常理出牌，常用于微博上具有反转性的搞笑内容。用户"哦豁洗白了"在知乎分享皮一下很开心的事情时，晒出了宁夏医科大学"解剖学习小助手"公众号中王登科老师（登登老师）与学生经常"皮一下"的互动，将超级枯燥的解剖课讲得超级有趣。学生"逃荒者"在公众号留言"听天书，因为买解剖书的十顿饭钱还没省出来，这可以成为我考试不及格的理由吗"。登登老师回复留言："考试不及格，你还好意思吃饭？还连吃十顿饭？!"以夸张、搞笑的方式拒绝了学生考试不及格的理由，氛围轻松，又容易被接受。"逃荒者"留言："我的书丢了好长时间了，竟然还能找到，感谢强大的公众号！"登登老师回复留言："你最近还在上解剖课吗?"反转了学生喜悦的心情,作为师者又幽默地提醒督促了课程学习。学生"一小碗酸梅汁儿"留言:"前排围观这位推送大佬!520也不放过我们???"登登老师回复留言:"我怕现在放过你,以后九九重阳你们不放过我们。"幽默地指出了平常不抓紧功课,严加要求,可能面临重阳节补考的结局。

"皮一下"这一反转性的表达会产生意外、新鲜、愉悦的交流氛围。人类有猎奇心理,容易对熟悉的事物失去热情,渴望新事物和新鲜感。"皮一下"的表达容易在交流中带来新鲜感,从而制造轻松的交流氛围。另外,人们在社会化的过程中,不断约束、调整自己的言行,"皮一下"可以借助话语的反转,实现短暂的出格,获得与日常交流不一样的新鲜感,从而感到轻松、开心。

四、流行语与社会影响

"流行语"本质属性是具有流行性、使用的人多,流行语的使用、流行过程中存在着从众行为。从众指根据他人而做出的行为或信念的改变。不仅是与其他人一样的行动,还强调个人受他人行动的影响。[①] 美国哥伦比亚大学心理学家莫顿·多伊奇和哈罗德·杰勒德提出了规范影响(normative influence)和信息影响(informational influence)是引发从众的因素。

(一)流行语传播中的规范影响

规范影响来源于我们想获得别人喜欢的渴望,个体要"与群体保持一致"以免遭遇拒绝,获得人们的接纳或赞赏。当社交媒体、传统媒体频繁使用网络流行语时,我们会为了与群体保持一致,制造同频的交流氛围,而使用流行语。媒体评论人京畿部长认为:"网络流行语代表着一种情绪群体认同和心理价值需求。账号和ID是网友的虚拟身份,让人们都戴上了面具。在这种环境下,使用流

---

① 戴维·迈尔斯:《社会心理学》,侯玉波等译,人民邮电出版社,2016,第186页。

语可以实现情感宣泄和主观意见表达。"① 另外，流行语通常有着字面意背后的流行语意，当用户在使用流行语的同时可以传达一种我们都懂的、我们是有共识的交流氛围。如网络流行语"燃烧我的卡路里"除了字面意燃烧、消耗热量外，它还表达着一种心理状态：我又想吃东西，但是我还是很努力减脂、塑形的状态，是有控制体重诉求的人共同的心理映射。以瘦为美的主流审美观、需要控制体重的大众诉求、努力拼搏塑身的状态，尤其是有心塑形，无力控制体重的大众心情，产生了使用"燃烧我的卡路里"这一流行语的共鸣。用户使用过程中意在传达我想燃烧卡路里，我想减脂塑形的大众愿望，以及我想迎合主流审美观的想法。同时，也隐含着"至于减肥结果再说吧"的一种社会共识。因此，交流双方在使用流行语的过程中，会自然产生同频交流的愉悦氛围。

（二）流行语传播中的信息影响

信息影响来源于我们想正确行事的渴望。② 我们也会为了建构与时俱进的自我形象，将使用网络流行语视为与时代保持一致的一种策略。知乎网友"爱困斯坦"认为："大多数人所追逐的不是流行语，而是一种认同感和优越感。一个词火了起来，立刻把它用到日常生活里，很多人正是凭借这一点来表现：看，我是一个多么紧跟时代潮流脉搏的人。"网友"Nicholas Wang"认为：有时，网络流行语可以简单准确地表达自己的心情，如"我真是哗了"。另外，如果一个人常用网络用语会给人以潮流、高端的感觉。有些用户为了避免被嘲笑落伍而使用网络流行语，并加入主动传播的队伍，形成滚雪球效应，进一步扩大了网络流行语的传播。

---

① 京畿部长：《从"雨女无瓜"这种网络黑话中，一窥流行语背后的社会心理变迁》，https://zhuanlan.zhihu.com/p/67879434。

② 戴维·迈尔斯：《社会心理学》，侯玉波等译，人民邮电出版社，2016，第211页。

| 第三章 文化：展演自我与群体建构的社会语境 |

第四节 互联网与社会舆论

从微观方面来说，互联网接入中国以来，已日渐成为人们的一种生活方式。从宏观方面来说，这一新型生活方式直接影响着社会心理和社会舆论，甚至改变了中国国家—社会关系的动态运作。

一、互联网、国家、社会的三个维度

国家是一个阶级统治另一个阶级的工具，是使一切被支配的阶级受一个阶级控制的机器。通常认为，国家是阶级矛盾不可调和的产物，是经济上占统治地位的阶级控制的。国家为了维护其政权，要建立军队、警察、法庭、监狱等暴力机关来为统治服务。社会，广义地说，有人活动的地方就叫社会。具体地说，人们以共同物质生产活动为基础，按照一定的行为规范相互联系而结成的有机总体。构成社会的基本要素是自然环境、人口和文化。通过生产关系派生了各种社会关系，构成社会，并在一定的行为规范控制下从事活动，使社会借以正常运转和延续发展。新加坡国立大学东亚研究所所长郑永年曾指出："研究中国的学者，已尝试过在国家—社会关系的背景下探索互联网的政治影响。然而，这些研究基本不检视互联网如何在国家—社会关系中引入变化，它们关注的是，国家或社会如何受到了互联网的影响。"[①] 郑永年在《技术赋权—中国的互联网、国家与社会》一书中从三个维度检视了互联网对国家—社会关系的影响："（1）互联网如何影响国家；（2）互联网如何影响社会；（3）互联网如何影响了国家和社会之间的

[①] 郑永年：《技术赋权——中国的互联网、国家与社会》，邱道隆译，东方出版社，2014，第11页。

| 媒介理论视域下互联网自我呈现行为的演化 |

互动。"① 郑永年认为:"对中国领导人来说,信息技术一方面促进了民族国家的建设,另一方面为挑战国家的新型集体行动创造了机会。从这个意义上讲,互联网提供了一个新的平台,国家和社会在这个平台上竞逐权力。在一些域场,互联网对国家和社会都进行赋权,而在另外一些域场,只对其中一个进行赋权。此外,信息技术,尤其是互联网,对国家和社会来说都是一个有效的工具。对社会群体而言,它是组织集体行动的一个工具;对国家而言,它是管理和控制社会群体互联网行为的一个工具。国家和社会在互联网公共空间里的互动,改造双方,并为中国的政治变革提供了动力。"② 该书探讨的是国家和社会如何在互联网所创造的新的公共空间里竞逐权力,并在特定的情况下相互改造对方或获得双赢。

郑永年研究国家和社会间动态关系主要基于分解式研究的出发点。第一,对国家进行分解式研究。国家不是一个统一和单一的行为者,是由不同的组织构成的,例如关键的单个领导人、政治派系、官僚机构和各级政府,有着不同的偏好和利益。国家对社会赋权与否取决于内部不同政治力量之间权力的博弈。如,国家内部的保守派和改革派等。第二,对社会进行分解式研究。不同的社会力量对互联网有着不同的偏好和利益。在中国的政治背景下,社会力量在发展自己的过程中,需要依赖于与政府的关系。一些社会力量比其他社会力量更为独立自主,也组织得更良好。比如,有组织较差的工人、缺乏组织的农民、组织良好的商业力量之分。不同阶段政府对这些组织的态度也不同。第三,通过它们在网络公共空间的互动,国家和社会力量在相互改造。它们的互动日积月累地重塑了国家和社会力量。国家有时候能够将其自身的政治变革版本强加给社会力量,但并不总是如愿。它或许能够对一些社会力量这样做,但是对另一些则不行。多半情况下,国家必须调整自身来容纳社会力量。另外,社会力量也许会发现,它们在与

---

① 郑永年:《技术赋权——中国的互联网、国家与社会》,邱道隆译,东方出版社,2014,第11页。

② 郑永年:《技术赋权——中国的互联网、国家与社会》,邱道隆译,东方出版社,2014,第22页。

| 第三章　文化：展演自我与群体建构的社会语境 |

国家的互动中需要调整自身。在分解式研究的视角下，中国领导层面临着双重任务：一方面，不得不实施有效的政策推动信息技术的快速发展；另一方面，又不得不控制、监管和最小化由新技术带来的政治风险而不至于伤害到政权本身。市场利益驱动下，跨国公司和国内企业，必须与政府合作。同时，企业不得不"放宽"政府设立的规则和要求，以便在市场中具有竞争力。政府能够频繁地试图限制市场的运作，但是市场则往往战胜了政治。信息技术的发展对国家和社会都产生了影响：首先，国家利用信息技术提高政府治理水平，开启了"电子政务"等一系列工程；其次，社会精英则利用信息技术拓展了商业经营水平；最后，信息技术的发展（尤其是互联网的发展），也导致了中国网络抗争的兴起。

二、互联网与舆论的生成

舆论学之父李普曼认为："舆论基本上就是对一些事实从道德上加以解释或经过整理的一些看法。"[1] 郭庆光认为"舆论是一种社会合意"，它的产生是一个"问题出现—社会讨论—合意达成"的过程。[2] 陈力丹认为："舆论是公众关于现实社会以及社会中的各种现象、问题所表达的信念、态度、意见和情绪表现的总和，具有相对的一致性、强烈程度和持续性，对社会发展及有关事态的进程产生影响。其中混杂着理智和非理智的成分。"[3] 舆论不是国家、政府的意见，是社会公众的意见，是多数人赞成或支持的意见。互联网"个人化"的技术和文化属性，以及中国社会特有的意识形态环境，使用户的政治意识在"群集"状态下激发，并得以宣发。

（一）穿越空间的舆论合力

中国自古就有劝人少言寡语、莫论是非的成语、俗语："言多必失""病从

---

[1] 沃尔特·李普曼：《公众舆论》，阎克文、江红译，上海人民出版社，1989，第82页。
[2] 郭庆光：《传播学教程》，中国人民大学出版社，2007，第219页。
[3] 陈力丹：《新闻理论十讲》，复旦大学出版社，2010，第304页。

口入、祸从口出""贵人语迟，敏于行却不讷于言""静坐常思己过、闲谈莫论人非""来说是非者，便是是非人""是非只为多开口、祸乱却因硬出头"等。佛教"身、口、意"十善业中，身业和意业各有三种，唯有口业有四种。可见人们是多么容易做出是与非的二元判断，并分享这种判断意见。古时以乡、里为区域，人们分享信息，现代则以村为区域单位交流家长里短和天下大事。随着媒介的出现与迭代，则分别借助报纸、广播、电视等获取天下信息。人们将获取的信息与周围人分享，交流个人观点。但这种意见分享只局限在特定地域的小范围内，尚难形成大范围的舆论。互联网出现后，人们可以与异地同仁进行意见分享、交流，可以对异地事件形成舆论合力。互联网为我们提供了穿越空间的力量。

（二）强化、放大的现实社会心理

网络社会的本质是现实社会的反映与投射，因网络打破了现实世界时间和空间的局限，网络社会心理则是现实社会心理的放大、升级版。网络空间中表现出的信仰缺失、焦虑、对物质的高度占有欲、缺乏社会诚信、冷漠、炫富、审丑、仇官仇富、过度娱乐、追求刺激等心理，归结起来实则是现实社会中人贪婪、怨恨和缺乏积极、健康知见的表现。网络对时空局限的超越，让人们看到了更多美好或不遂心意的人事，生起更重的贪婪与怨恨心，互联网强化了这些社会心理。之前人们隐藏在内心或小范围得知的心理，因网络变得人尽可知，互联网放大了这些社会心理，且使具有同样心理的人聚集成网络族群。

（三）宣泄、沟通与共识

借助互联网，用户可以与全国各地用户进行交流，而全国各地用户联结起来就是社会。国家为了"问政""理政"也走到网上。这样，社会便与国家在网上面对面相遇了。互联网出现前，国家听不到社会这么多的声音，社会不知道怎样才可以和国家对话。相遇之初，彼此对对方的理解都带着旧有的认知，沟通变成了一项新的挑战。

国家可以为国民提供各种保障，国家给国民的感觉有爱、有温暖，也有矛盾，甚至怨恨、对峙。个体与个体之间、个体与组织之间的很多问题都源于无效的沟通。双方沉浸在自己的世界中自我倾诉，要么彼此宣泄自己的情绪，要么回避沟通。在拆迁、环保等各类抗争事件中，很多时候事件最初都是一方想说服、甚至控制另一方。沟通的出发点是双方达成共识，建立认同。事件的不同立场方对事件的认识都是不同的，每一方坚持的都是从他的视角看来是正确的。当一方的观点不被理解认同时，双方便没有静下来沟通的可能。无法沟通的交流，只能激化矛盾。

三、互联网与舆论的传播

互联网开放、共享的技术特性，与中国用户政治生活中"自我"意识的激发，使得网络舆论场形成异常快速，传统媒体议程设置能力削弱。

（一）表达立场与团队归属感

随着网络舆论影响力的增强，各方力量都想借此发声，并扩大影响，其中不免出现了别有用心者。近些年，除了每年都会评选出十大舆情事件外，还会评选出"十大网络舆情反转事件"。如清博大数据梳理出的2018年十大网络舆情反转案例：00后CEO狂怼成年人事件、女子扒高铁车门事件、鸿茅药酒事件、王凤雅小朋友去世事件、德阳女医生自杀事件、重庆万州公交车坠江事件、80后"白发官员"意外走红、快递小哥雨中暴哭事件、疑被堂姐顶替上大学事件、"12岁女孩在公交车上被尾随性侵"事件。[①]清博大数据梳理出的2017年十大网络舆情反转案例：山东辱母杀人案、12岁女生谎称遭老师强奸、cosplay女孩地铁遭大妈怒怼、汤显祖墓考古有重大发现、兰州交警支队执法不公、陕西榆林产

[①] 清博大数据：《2018年十大网络舆情反转案》，https：//www.sohu.com/a/283513757_114751。

妇跳楼案、小学生自带桌板地铁赶作业、因出不起彩礼跳河自杀、两男一女欺负导购，等等。① 此外，《新闻记者》杂志从 2000 年开始，每年年末都评选当年的十大虚假新闻并刊发研究报告。同时，成立了"年度虚假新闻研究课题组"。出现越来越多舆情反转事件的原因：一方面在于媒体及从业者抢时效、求速度、赚流量等心理，未能对信息进行严格核查与把关便传播出去。另一方面，源于用户急于借别人的事件表达自己的情绪，并希望通过持相同观点网友的站队实现相互认同。

现实王国中的战争比的是武器和战略战术，商业王国中拼的是资本和盈利模式，网络王国中比的是粉丝和用户量。在这样一种流量至上的竞争思维中，一些媒体和媒体从业者通过抢时效、渲染标题、片面极端化描写等方式吸睛。随着多方信源的出现，信息越来越全面地展现出来，事件不断反转。追随事件不断做裁判的用户也不断变换立场，或不知道持何种立场而停止发声。互联网这面镜子让我们看到了世界各地的事件，用户在众多的事件中总能找到心中情绪的对应点和出口，并借事件来表达自己的情绪，仇富、仇官、抱怨体制不公、娱乐恶搞或者倾诉求助等。用户在这一过程中，既表达宣泄了自己的情绪，同时也在对各类事件的评论中在网上寻找到了志同道合、持相近观点的用户，获得认同感、归属感和安全感。但一个人常常看外面的问题、看别人的缺点，留下来观照自我，自我反省与成长的精力便少了。互联网让我们遍览世界、阅尽众生相的同时，也提供了更多评说是非，消耗能量的诱惑。

（二）信息作为一种中介

互联网技术始于西方，诞生之初便带有西方的哲学价值观——个性、自由、抗争。互联网的这些精神特质引领互联网技术日益追求分化、多元化，也必然使受众分化、信息传播圈子化。再加上管理部门对微博舆论场的治理，信息下沉到

---

① 清博大数据：《2017 年十大网络舆情反转案》，https://baijiahao.baidu.com/s?id=1585845132210297442&wfr=spider&for=pc。

第三章 文化：展演自我与群体建构的社会语境

微信，更助长了圈子化的信息传播，这一传播形式容易使得圈内成员倾向于保持自己的观点与圈内观点一致。美国学者凯斯·桑斯坦指出："志同道合的团体会彼此间进行沟通讨论，互通信息，到最后，他们的想法还是和原先一样，只是形式上变得更为极端了。"① 圈子化的传播易使信息窄化，形成群体盲思、群体极化，甚至社会趋于分裂。

人们在网络论坛、社交媒体、朋友圈等转发、传播热点事件信息和观点，借以表达自己的立场。并以此为信息中介，在朋友圈获得意见一致者的认同，增强自我价值感和社会认同感。朋友圈里的重点不是信息，而是圈主的立场和价值观，以及圈内好友的点赞和评论。信息只是圈主和圈友保持联系的一种中介。各位圈主借一次次舆论事件，表明自己关注时事、把握当下、紧跟时代的节奏，并借此维护各种网络关系。此时，海角天涯的事件并不重要，重要的是分散在世界各个角落的我们因同一事件、相近的观点而迅速形成共同体。

四、网络里的我们更真实

互联网是现实社会的一面镜子，照出了网络用户的众生相，但它确实是现实社会的放大、升级版。一方面是因为网络王国中的全体网民远远超过任何一个国家的国民总数。网民数量之多致使网络中的镜像也多。另一方面，很多时候用户将自己的瞬息念头在互联网上留下了痕迹。人的思想和念头总是瞬息千里的，寻医问药等生活琐事会随时找度娘；读书时看到书中提及的某位人物、组织或现象不曾了解，会随手在网上查找了解；工作中突然想到某位故友新知，即刻便会在网上查查对方的情况。没有网络时，很多瞬息的念想只停留在念想阶段就消失了。没有朋友圈时，想了解某位旧友的现状需要付出的精力过多，甚至会惊扰其他朋友获取信息，这个想了解的念想便想想就算了。走在街上看见某位路人穿的服装很是喜欢，没有网络时需要等到哪天逛街偶遇同款式的服装，或者直到这种

---

① 凯斯·桑斯坦：《网络共和国：网络社会中的民主问题》，黄维明译，上海人民出版社，2003，第46页。

| 媒介理论视域下互联网自我呈现行为的演化 |

款式已过时了也没有发现卖家。有了互联网后,淘宝搜搜便可即刻找到同款式的衣服,还可以比价、比信誉。网络得以记录下了我们的瞬息念想。日后再看电脑、手机的使用记录便可了解我们一天的生活与一天中闪现的念想。记录多、杂得本人都觉得当时自己在工作中,心不专,意不坚。实则我们每天的念想都多、杂得无从计数,只是没有网络的使用痕迹时我们自己忽略了而已。正如只有在阳光照进房间时才看得见空气中布满的灰尘。某种程度上,网络里记录的更像真实的我们。网络可以帮助我们的瞬息念想在现实社会中兑现,也因此成功地使我们被那些偶然迸发却并不重要的瞬息念想所困。

第四章
结论：万物皆相连，一切皆生成

移动传播是借助移动客户端实现的信息传播。移动设备可获得性的提高、移动资费的下降、产品体验的升级等，帮我们构建了移动网络与身体同在的场景。"移动互联网不仅是互联网的升级，也是大众传播的升级，它为大众传播带来了新的时空"，[①] 建构了不同以往的传播情境（situation）。

第一节　块茎与手机

移动传播到底建构了一种怎样的传播情境呢？法国哲学家德勒兹（Deleuze）和精神分析学家瓜塔里（Guattari）（1987）的块茎思维或者可以为我们解读这一现象提供路径。块茎思维是相对于"树状思维"而提出的。"树状思维"是中心化、系统化、层级化的，如树上众多的枝条必归于一根茎干，地下蔓延纵横的根也必由茎干统一。而马铃薯等块茎类植物则不同于树，它们会扎下临时的根，生成新的块茎，并不断蔓延。树的逻辑是"存在/成为……"（to be），是什么；块茎的逻辑是"和……和……和……"（and...and...）。德勒兹和瓜塔里指出了

[①] 彭兰：《新媒体传播：新图景与新机理》，《新闻与写作》2018年第7期。

块茎的六大特征：第一，具有连接性（connection）。"块茎上的任何一个点都能够，而且必须与任何其他一个点相联系"。[1] 第二，"不断与他者/异质系列相连接，并有各种生成的可能"。[2] 第三，块茎是一个多元体。[3] 它是"一"，也是"多"。这里的"一"和"多"并非对立关系。"一"可以表征为"无限的一"，即"多"，"无限的一/多"都具有"一"的特性。第四，反意指断裂性（asignifying rupture），即任意切断或曲折都有可能，同时每一次断裂之后都能重新向外连接。[4] 第五，地图制作（cartography）。地图（map）不同于踪迹（tracing），踪迹是有起点和终点的，地图的记录是面向四面八方的、连接的、开放式的、可更新的。[5] 第六，具有后结构主义多元流变拼贴模式（decalcomania）。[6] "块茎"理论的核心可概括为"连接"和"生成"。其中"连接"包括异质连接、断裂再连接、面向四面八方的连接和拼贴式连接等。"生成"是实体或虚拟物质连接后，不断相互影响、作用的动态过程。

杜威认为：人寻求安全有两种途径，"一是同决定他命运的各种力量进行和解，在情感和观念上改变自己。二是发明艺术，通过它们为人们构成一座堡垒，如筑房屋、织衣裳、取火等，这是用行动改变世界获得安全感"。[7] 手机满足了人们希望身体移动到哪里都可以随时与外界建立关系、保持联系的需要。手机已成为我们渴望融入社会与群体的表征，成为我们社会关系的表征。移动传播情境

---

[1] Deleuze, G., & Guattari, F., *A Thousand Plateaus* (B. Massumi, Trans.), Minneapolis：University of Minnesota Press, 1987, p. 7.

[2] Deleuze, G., & Guattari, F., *A Thousand Plateaus* (B. Massumi, Trans.), Minneapolis：University of Minnesota Press, 1987, p. 7.

[3] Deleuze, G., & Guattari, F., *A Thousand Plateaus* (B. Massumi, Trans.), Minneapolis：University of Minnesota Press, 1987, p. 8.

[4] Deleuze, G., & Guattari, F., *A thousand plateaus* (B. Massumi, Trans.), Minneapolis：University of Minnesota Press, 1987, p. 9.

[5] Deleuze, G., & Guattari, F., *A Thousand Plateaus* (B. Massumi, Trans.), Minneapolis：University of Minnesota Press, 1987, p. 12.

[6] Deleuze, G., & Guattari, F., *A thousand plateaus* (B. Massumi, Trans.), Minneapolis：University of Minnesota Press, 1987, p. 15.

[7] 吴国盛：《技术哲学经典读本》，上海交通大学出版社，2008，第204页。

中，手机如同一个个块茎，使用者借助手机与不同时间、不同空间的手机使用者连接，与智能机器连接。移动连接中上线和下线、工作和娱乐的界限已变得模糊，使用者随时可以点开手机中的社交、资讯应用，也可以随时退出各种应用。手持手机的信息生产者、消费者之间，现实与虚拟之间，过去与未来之间，此地与他乡之间，常与变之间……甚至这些异质的因素之间，都产生了诸多连接，并处于不断地"生成"过程中。

第二节 信息生产者："中心"与"之中"

树状模式的主干是枝叶的中心。块茎模式是没有主干、没有层级的，块茎间只是一种结盟的关系，任何一个"我"都在"我们""之中"，而我们没有"中心"。在块茎模式中，没有权力的主要操控者。移动传播情境中，信息生产者的队伍便经历了从树状模式到块茎模式的转变。

PC互联网出现前，社会信息生产主要由传统媒体机构承担，专业记者和编辑是此时信息生产队伍中的中坚力量。在科层式传统媒体的组织架构下，专业记者和编辑分工明确，形成一整套制度化和标准化的专业信息生产运作模式——专业记者到现场采访、写稿，编辑则对稿件进行审核、编辑和排版，这是一种树状的、中心化的、专业化和科层化的信息生产结构，记者和编辑是信息生产的"中心"主体。而在PC互联网出现后，数字设备和互联网技术的普及，打破了传统媒体在信息生产上的垄断权。社会信息生产不再局限于专业记者和编辑。网络论坛、博客、微博以及各种社交平台开始成为新的信息源，原本消费信息的用户也进入信息生产领域。尽管专业记者和编辑仍是信息生产队伍中的中坚力量，但随着用户进入到信息生产领域，传统的树状信息生产流程逐渐开始碎裂，UGC（用户生产内容）开始成为互联网时代信息生产的重要组成部分之一。

在移动互联时代，大数据库技术团队、数据分析员等技术群体进入信息生产

| 媒介理论视域下互联网自我呈现行为的演化 |

领域。移动传播技术的迭代，催生出新的信息生产者，加剧了传统树状信息生产流程的碎裂，为越来越多的块茎主体参与到信息生产领域提供了可能。用户移动端口的"去中心化"和"动态分布"特征促进了智能追踪技术的发展。信息生产者在生产信息之前，通过对用户数据分析，判断用户群体信息选择倾向，再推送匹配的信息。此外，"移动互联网使得身体在特定时空中的位置成为信息"。①使用者携带手机移动，手机导引使用者选择具体的线下应用。追踪网络的使用痕迹、追踪身体的移动轨迹，成为技术团队进行信息匹配时的重要任务。移动互联时代，大数据库技术团队、数据分析员等群体进入信息生产领域，成为"技术"块茎。

智能机器成为新的信息生产者。目前，AI技术可以在没有人工介入的情况下，依照既有的内部程序和最新采集的数据自主生成新闻内容。AI主播和机器人成为新的信息生产者。虽然当前该模式的应用局限于财经和体育新闻领域，但其未来的发展空间有望继续拓展。

信息聚合平台以把关者身份进入信息生产领域。互联网的发展经历了国家通信的经营权从政府向私营公司过渡的私有化进程，这一进程培育了大量的信息聚合平台，如搜索引擎、社交媒体、平台媒体等。这些平台扮演信息传输中介的角色，打破了原有"媒体—受众"的传播模式，构建出"媒体—平台—用户"的传播模式。其依托自身聚合特性和流量优势实现了对新媒体和传统媒体的"收编"，建立起一整套垄断的内容采集与分发体系。平台拥有自主裁量权，决定哪些内容能够通过审核，哪些内容能够大范围分发。图费克奇（Tufekci）将这一审核平台的过程视为"新的新闻把关"。② 聚合平台作为新的"块茎"，以把关人身份进入信息生产领域。

技术人员、智能机器以及聚合平台等"技术"块茎与"专业记者"块茎和

---

① 孙玮：《交流者的身体：传播与在场——意识主体、身体—主体、智能主体的演变》，《国际新闻界》2018年第12期。

② Zeynep Tufekci, "Algorithmic Harms Beyond Facebook and Google: Emergent Challenges of Computational Agency", *Colorado Technology Law Journal* 13, no. 2 (2015): 203—217.

"用户"块茎同处于信息生成领域中，并相互连接。他们之间不是树状的主次关系，只是我"和"你的关系，没有"王"的存在。随着社会的发展，未来还将有更多的"群体"加入信息生产队伍。不确定的是具体哪一社会群体、何种智能机器或人机协同体加入信息生产队伍，确定的是信息生产团队中仍将延伸出新的块茎，并且他们之间仍然没有主次、先后之分，彼此间不断产生新的连接……

第三节 信息消费者："一"与"多"

中国文化历史中一直缺少对"个体""自我"的关怀，对"自我"关怀的长期缺失也导致了对"他者"关怀的缺失。关于"人与媒介的关系"，研究者多关注作为"群体"的人，而作为"个体"的人往往被忽视。诸如人如何使用媒介，人的媒介使用如何帮助人满足自我、实现自我。在消费者选择信息的这一过程中或可得到展现。

是消费者在选择信息吗？首先，PC互联网出现前，传统媒体在信息采集、生产方面更趋向选择大众的、公共的信息，信息分发方面，只能面向自己的消费群做到千人一面。消费者根据自己的兴趣和需求，订阅相关报纸，选择相应的电视节目。其次，PC互联网出现后，各大商业门户丰富了信息供应，出现了按兴趣区隔的分众信息消费趋势。但此时的信息分发只能说是百人一面。最后，移动互联时代，不是消费者和信息间的相互选择，而是位置和关系决定消费者的信息选择。这一时期，消费者越来越倾向于通过移动端和社交端获取、评论、转发信息。CNNIC数据显示，"2016年下半年，通过社交媒体获取新闻资讯的用户比例高达90.7%，在微信、微博等社交媒体参与新闻评论的比例分别为62.8%和

50.2%，通过朋友圈、微信公众号转发新闻的比例分别为 43.2% 和 29.2%"。[①] 关系就是一种连接，关系决定我们会看到哪些信息，位置影响我们会选择哪些信息。

是信息在选择消费者吗？移动互联时代，技术的发展及可获得性的提高，实现了一个移动设备对应一个人，技术得以实现信息分发的个性化。分发平台通过建构使用者、数据、算法、内容之间的闭环，根据消费者使用痕迹推算消费者感兴趣的信息，信息分发做到了千人千面。分发平台做的是帮助内容找到合适的消费者。使用痕迹确实是消费者的真实操作，难道不能代表消费者思考的轨迹吗？或许它比预测和访谈更真实。

那么，是我们的兴趣、位置、关系能代表我们，还是我们的使用习惯能代表我们？兴趣有长期形成的，也有偶然激发的；位置是可以随时移动的；关系可因时因地而建立，也可随时断裂。使用习惯是兴趣、位置、关系的具象，因兴趣、位置、关系的变化而变化。兴趣、位置、关系、使用习惯……都是消费者的一个表征因素。移动传播情境下，消费者是"一"，也是"多"。从群体角度看，消费者是"一"，消费者间可随时因信息而连接成"一"；消费者也是"多"，消费者间的连接又可以随时断开，成为多个"一"。从个体角度看，我是"一"；我又是"多"，因为我的兴趣、位置、关系和使用习惯等不同的特质，并且这些特质在不同的阶段与情境下会呈现出不同的样态。两种角度综合起来看，无限的信息消费者，无限的"一"中又有共同的兴趣、位置、关系、使用习惯……我在与他人、媒介、情境的互动中不断地生成、变化。"千江有水千江月"，你我互为关系而存在。

[①] CNNIC 中国互联网络信息中心：《2016 年中国互联网新闻市场研究报告》，2016 年 12 月。

第四节　信息生产实践："成为"与"生成"

"生成"(becoming)是块茎理论中的一个核心概念,它强调的不是成为什么(being),"成为"是一种状态,意指改变了原有的身份与状态;"生成"是指如何发生的过程,但不一定改变原有的身份与状态,可能同时具有"过去"和"现在"多种身份。德勒兹和瓜塔里曾以胡蜂为兰花授粉为例,阐释两种异质物(动植物)共同生成的块茎图式。兰花通过诱骗胡蜂伪交配的方式实现繁殖,但兰花无法追踪胡蜂的踪迹。在授粉过程中双方分别扮演了交配者和繁殖者的角色。胡蜂和兰花在连接的过程中,没有变成彼此,仍是动物与植物,但胡蜂不仅只是胡蜂,而是一位交配者;兰花不仅只是兰花,而是一位繁殖者,它们都实现了新的角色生成。移动互联时代,这种"生成"无处不在。

首先,传统媒体信息生产者"成为"信息"把关人"。他们"是"(being)把关人这样一种状态,他们对信息展开核实与筛选,决定信息是否被允许进入传播渠道或继续流动在传播渠道,并按主流价值观予以呈现。

其次,PC互联网时代,商业门户网站、自媒体编辑和用户都"生成"信息策展人。随着信息泛滥,新闻工作者的一项重要任务是从海量信息中"强调更重要内容",担当了信息策展人的角色。美国制片人、数字策展人史蒂芬·罗森鲍姆说:"内容策展人的工作不是创作更多内容,而是让其他人创造的内容有意义,即为'找出最佳与最相关的内容,然后以最适当方式呈现之'。"[1] 中国的商业门户网站和自媒体平台都没有新闻采编权。他们的信息生产主要是将传统媒体信息进行拼贴、组合,并起一个叫座的标题。PC互联网时代信息把关人已由传统的

---

[1] 史蒂芬·罗森鲍姆:《为什么搜寻将被淘汰:在内容被淹没的网络世界,策展才是王道》,黄贝玲译,美商麦格罗希尔国际股份有限公司台湾分公司,2012,第20—33页。

| 媒介理论视域下互联网自我呈现行为的演化 |

审核、排版的编辑变成了改编、策划的编辑。用户可以通过转发新闻时添加标签和评论，置换或扭转报道重点和价值取向。他们赋予原生信息新的价值取向，实现了策展人角色的生成。

再次，移动互联时代，技术公司或分发平台由机器和算法做第一次信息筛选，"运营"负责把关，"运营"和智能机器合作"生成"策展人角色。信息分发公司没有编辑岗位，相应地设置了"运营"岗位，负责判断重要新闻。他们和智能机器一起 7×24 小时值班，根据用户阅读、评论、转载等数据情况，判断重要信息，再把关，再根据算法进行千人千面的信息分发。形成了"人工+机器"挑选、分发新闻，"用户+内容"的模式。[①] 技术团队和运营实现了新闻策展人角色的生成，用户或从公共信息的涉猎者生成为个性信息的拥趸者。

最后，"生成"机制在近两年出现的区块链新闻平台中则更为明显。区块链新闻平台以去中心化的信息传播体系，重构平台信息生产者（Writers）、审核者（Rreviewer）、分发者（Publishers）和阅读者（Readers）的关系，帮助他们实现了角色的动态流动与生成。以美国 DNN 区块链创新新闻平台为例，该平台通过智能合约、加密经济，建立起去中心化的"自我维持"和"自我治理"的公共社区。在公共社区内，信息生产者通过发布优质内容、获得用户点赞、向用户众筹的方式获取数字代币。审核者通过竞选产生。平台依据个人的信誉系统和专业方向初定审核人选，发布竞选通知，参选者支付数字代币保证金，获得审核资格。用户可以通过众筹、建议、举报的方式影响生产者的报道选题，进而设置议程。在信息生产实践过程中，区块链新闻平台用户可以实现多种角色的转换。

在信息"生成"的过程中，除用户角色的转变外，生产内容也由"信息"生成了"产品"。传统媒体生产的是信息、资讯，消息一经刊出、发布，这一生产任务完成了，便开始投入下一则信息的生产。PC 互联网时代，当商业媒体开始策展传统媒体新闻的时候，已经考虑"营销"因素了。但"营销"结束便没有其他的"售后"服务了。移动互联时代，信息生产团队生产的已经不仅是信

---

① 本部分内容来源于新浪新闻部调研材料。

息,而是"产品"。"产品"背后映射的是用户思维。用户思维强调的是用户表面需求背后的诉求。哈佛商学院荣誉退休教授西奥多·莱维特(Theodore Levitt)曾经对他的学生说:"人们要的不是一把1/4英寸型号的电钻,而是一个1/4英寸的孔。"[1]如用户倾向于从社交媒体获取信息,因为朋友圈可以帮助筛选过滤部分信息。同时,又可以了解朋友动态。可见,从社交媒体获取信息这一使用习惯背后的诉求是信息筛选和关系维护。基于产品思维和用户思维的公司便着力满足这两点诉求。因此,"今日头条"等信息筛选机构应运而生,腾讯仍可凭QQ和微信变现用户资源。

第五节 "过去"与"未来"

本节从信息生产者、信息消费者和信息生产实践三个维度,讨论了移动传播情境下信息生产实践的变化。这些变化,既为新闻业提供了更广阔的生产场域,也对新闻业的运作带来了挑战。面对变化,信息生产者和消费者有对未来的向往,也有对未知的担忧。为了深入洞析这些变化,本节提出了一个"中心/之中——一/多—成为/生成"的分析框架。移动互联的世界里,信息生产者只是身处信息生产队伍"之中",没有人处于"中心"位置;信息消费者们可因同一信息合而为"一",也可随时再分化成"多"个"一";信息生产实践不再是一种"成为"的状态,而是一种异质因素不断连接、"生成"的过程。在手机建构的随时连接与断开的世界中,任何踪迹都不是线性的,而是一张向四面八方无限蔓延的网。这里亦即亦离、亦真亦幻、无始无终……

在多种"块茎"主体随时连接与断开、协作"生成"信息的新传播情境下,任何主体都不可能长久地成为传统信息生产组织中的"王","块茎"主体之间

---

[1] 西奥多·莱维特:《营销短视症》,《哈佛商业评论(译辑)》2004年第1期。

呈现一种动态平衡的状态。其扁平化的组织结构和去中心化的生产模式决定了当前"专业媒体主导职业化生产和体制内行动者垄断传播资源的传统新闻业态，正转变为多种类型媒体共同参与、多元新闻实践形态并存的新生态格局"。[1] 树状信息生产模式中，从事内容生产的文化精英掌握话语权。块茎信息生产模式中，技术人员、智能机器、聚合平台进入信息生产领域，技术精英开启了与文化精英争夺话语权的模式。传播技术的发展，不断地将技术与人、技术与文化的关系展示在我们面前，引发我们关于主体性的思考。

传播技术的迭代，信息社会的发展并不是线性的。技术的世界里，过去并不一定指向未来。电信公司为在大街架满公用电话而高兴的时候，没有人会知道很快我们的家里都不再安装固定电话了。变的是传播技术，不变的是不同群体对新传播技术的渴望与恐惧，渴望有新传播技术为自己带来更好的安全感，恐惧新技术可能让自己付出的代价。我们无法做到放弃使用技术，"只有提高我们对技术的理解与驾驭能力"。[2] 随着传播技术迭代周期的缩短，人与技术的关系，人在技术使用中的情感满足与自我认同应是未来研究的重要课题。

---

[1] 张志安、汤敏：《新新闻生态系统：中国新闻业的新行动者与结构重塑》，《新闻与写作》2018年第3期。

[2] 彭兰：《更好的新闻业，还是更坏的新闻业？——人工智能时代传媒业的新挑战》，《中国出版》2017年第24期。

| 结　语 |

互联网接入中国已近三十个年头。按当下人的成长周期来看，一个人从出生到入学，再从大学校园走入社会所需时长接近二十五年。而互联网成长的时间可能远远小于人的成长时间。有学者提出研究互联网需要有"互联网时间"观，"十年的时间在社会科学研究的时间段上只是一瞬间，但在互联网时间上堪比万年"。[①] 可见，互联网发展之快。另外，也可见互联网对人类社会和媒介环境影响之大。

最初，中国传统媒体试水触网，开通网络版。随后，商业网站进军新闻传播领域。之后，博客开启自媒体时代，微博、微信推进媒体社会化进程，众多的垂直应用应接不暇。我们的生活、工作已与互联网交织在一起，互联网已不只是一种技术手段，一种媒介，它更是一种思维方式，重构了我们的生存方式，重构了媒介环境。

互联网接入中国以来，伴随自媒体的不断迭代，受众在媒介场中的权力场域不断增加，冲击了传统媒体人的地位和职业荣誉感。伴随商业网站进军新闻传播领域，微博和微信的出现，出现了三次媒体人辞职潮。其中，微信出现后，媒体人辞职规模最大，并且创业比例最高。他们把在传统媒体积累的专业资本、人脉资本等在市场中变现，获取风投。在自媒体领域产生持续影响力的多是辞职媒体人创建的。媒体人辞职创业则是为了争取生存权而战，提供的是服务，以音频和

---

① Brian D. Loader, William H. Dutton. "A Decade in Internet Time. Information – The dynamics of the Internet and society", *Communication & Society*, 2012 (5): 609—615.

| 媒介理论视域下互联网自我呈现行为的演化 |

视频为主要表现形式,市场是吸引媒体人辞职创业的原初动力,也是决定他们生存的最大阻力。

媒体与受众间关系的变化加剧了媒体格局的变化。传统媒体在转型过程中开始探索内部创业模式。媒体内部创业主要是为了重夺话语权、提高主流媒体舆论引导力,做的仍是资讯,仍以图文为主要表现形式,音频、视频为辅,体制是内部创业最初的融资动力,也是它向前推进的阻力。媒体内部创业要面临多种力量的撕扯,既要谈新闻理想,又要市场化运营,也要做舆论引导,不同力量间的撕扯使媒体内部创业行为越发纠结。

伴随互联网应用的迭代,用户出现了从消费明星到消费网红的变化,消费行为从社会关系的外化到符号消费,消费对象由物品到人、由明星到网红,消费关系由保持神秘到亲密互动,网红盈利模式从为品牌代言到自建品牌。

社交媒体的出现本是为方便用户的交流。但社交媒体出现前后人们的孤独体验经历了从独处的孤独到"在一起"的孤独的变化。在这一过程中,社交媒体经历了从"符号表征"到"像素人模拟"的技术演进;用户经历了从"生人社交"到"熟人社交"的变化;用户在借助社交媒体交流的过程中,不断判断投射自我,建构理想自我,重构自我认同。但虚拟世界的自我认同带有一定的表演性,虽与现实世界交织,却不能覆盖现实世界,这种虚拟理想自我的建构可能在自我认同的道路上让我们违背初衷,走得更远。

网络社会的本质是现实社会的反映与投射,网络社会心理则是现实社会心理的放大、升级版。网络对时空局限的超越,让人们看到了更多美好或不遂心意的事情,生起更重的贪婪与怨恨心,互联网强化了这些社会心理。互联网上的情绪表达更多的只是一种宣泄,缺少沟通意识,因此,也难以达成共识。在互联网上,信息作为一种中介,人们通过转发、评论等借以表达自己的立场,增强自我价值感和社会认同感。很多时候用户将自己的瞬息念头在互联网上留下使用痕迹。某种程度上,网络里记录的更像真实的我们。网络可以帮助我们的瞬息念想在现实社会中兑现,也因此成功地使我们被那些偶然迸发却并不重要的瞬息念想所困。

| 结　语 |

　　媒介融合从开始就遵循着一定的文化逻辑。不同于"技术融合"和"产业融合",融合文化视域下的用户从背景位置走到了主体位置;用户不只是互动,而是参与到文化建构过程中;用户对文化生产方和管控方采取的不是抵抗策略,而是战术性合作策略。媒介融合是新旧媒介不断碰撞的过程,也始终是媒介与用户、媒介生产者和媒介消费者力量博弈的动态场域。

　　媒介技术的变迁影响着权力关系格局的转变。新传播语境下新闻生产的逻辑由二元对立的主体性向多元共生的主体间性转变。以主体间性为核心自变量,以新闻生产实践作为因变量的新闻生产系统被投影出四个展面:生产主体由社会被想象式的参与(传统主流媒体)到部分参与(UGC)再到社会全面大数据式加入;生产方式从"暗箱"到互动到合作;生产内容从新闻到信息到服务;生产的时空规律从时空的绝对性及排他性到空间的液态性与时间的兼容性。从而主体间性在转变中得以成为现实。

　　本书重点选取了媒体人转型、媒体集团转型、用户网红消费、用户情感体验、社会舆论变迁、融合文化几个角度对互联网接入中国后的媒介环境进行横切面的展现。互联网对中国媒介环境的重构仍在继续,对人们生存方式的形塑还在进行中,我们需要更多的横切面,更多样的视角来展现这场声势浩大的变迁。

参考文献

中文书籍

[1] 艾里希·弗洛姆. 爱的艺术 [M]. 李健鸣, 译. 上海: 上海译文出版社, 2008.

[2] 安东尼·斯托尔. 孤独 [M]. 凌春秀, 译. 北京: 人民邮电出版社, 2016.

[3] 贝尔纳·斯蒂格勒. 技术与时间: 爱米比修斯的过失 [M]. 裴程, 译. 南京: 译林出版社, 2000.

[4] 彼特鲁斯卡·克拉克森, 珍妮弗·麦丘恩. 弗里茨·皮尔斯——格式塔治疗之父 [M]. 吴艳敏, 译. 南京: 南京大学出版社, 2019.

[5] 蔡践. 情绪心理学 [M]. 北京: 北京日报出版社, 2017.

[6] 陈力丹. 新闻理论十讲 [M]. 上海: 复旦大学出版社, 2010.

[7] 戴维·迈尔斯. 社会心理学 [M]. 侯玉波, 等, 译. 北京: 人民邮电出版社, 2016.

[8] 托斯丹·邦德·凡勃伦. 有闲阶级论 [M]. 蔡受百, 译. 上海: 商务印书馆, 1964.

[9] 弗雷德里克·詹姆逊. 文化转向 [M]. 胡亚敏, 等, 译. 北京: 中国社会科学出版社, 2000.

[10] 弗里德里希·基特勒. 留声机 电影 打字机 [M]. 邢春丽, 译. 上海: 复旦大学出版社, 2017.

[11] 郭庆光. 传播学教程 [M]. 北京：中国人民大学出版社，2007.

[12] 黄涛. 流行语与社会时尚文化 [M]. 上海：上海辞书出版社，2004.

[13] 哈贝马斯. 交往行动理论：论功能主义理性批判 [M]. 洪佩郁、蔺青，译. 重庆：重庆出版社，1994.

[14] 哈罗德·伊尼斯. 传播的偏向 [M]. 何道宽，译. 北京：中国人民大学出版社，2009.

[15] 亨利·詹金斯，伊藤瑞子，丹娜·博伊德. 参与的胜利：网络时代的参与文化. 高芳芳，译. 杭州：浙江大学出版社，2017.

[16] 安东尼·吉登斯. 现代性的后果 [M]. 田禾，译. 上海：译林出版社，2000.

[17] 居伊·德波. 景观社会评论 [M]. 梁虹，译. 南宁：广西师范大学出版社，2007.

[18] 卡尔·马克思. 资本论 [M]. 北京：北京联合出版公司，2013.

[19] 凯斯·桑斯坦. 网络共和国：网络社会中的民主问题 [M]. 黄维明，译. 上海：上海人民出版社，2003.

[20] 凯文·凯利. 技术元素 [M]. 张行舟，等，译. 北京：电子工业出版社，2012.

[21] 克劳斯·布鲁恩·延森. 媒介融合：网络传播、大众传播和人际传播的三重维度 [M]. 刘君，译. 上海：复旦大学出版社，2012.

[22] 理查德·桑内特. 公共人的衰落 [M]. 李继宏译. 上海：上海译文出版社，2008.

[23] 沃尔特·李普曼. 公众舆论 [M]. 阎克文，江红，译. 上海：上海人民出版社，1989.

[24] 雷吉斯·德布雷. 媒介学引论 [M]. 刘文玲，等，译. 北京：中国传媒大学出版社，2014.

[25] 雷吉斯·德布雷. 普通媒介学教程 [M]. 陈卫星，等，译. 北京：清华大学出版社，2014.

[26] 林文刚. 媒介环境学：思想沿革与多维视野［M］. 何道宽, 译. 北京：北京大学出版社, 2007.

[27] 卢岚兰. 阅听人与日常生活［M］. 台北：台湾五南图书出版公司, 2007.

[28] 马克斯·韦伯. 经济与社会（第1卷）［M］. 阎克文, 译. 上海：上海人民出版社, 2010.

[29] 马歇尔·麦克卢汉. 理解媒介——论人的延伸［M］. 何道宽, 译. 南京：译林出版社, 2011.

[30] 尼乐·波斯曼. 娱乐至死［M］. 章艳, 译. 桂林：广西师范大学出版社, 2011.

[31] 尼尔·波斯曼. 技术垄断：文化向技术担投降［M］. 何道宽, 译. 北京：北京大学出版社, 2011.

[32] 欧文·戈夫曼. 日常生活的自我呈现［M］. 冯钢, 译. 北京：北京大学出版社, 2008.

[33] 彭兰. 网络媒体的第一个十年［M］. 北京：清华大学出版社, 2005.

[34] 乔治·H. 米德. 心灵、自我与社会［M］. 赵月瑟, 译. 上海：上海译文出版社, 2008.

[35] 让·鲍德里亚. 物体系［M］. 林志明, 译. 上海：上海人民出版社, 2001.

[36] 让·鲍德里亚. 消费社会［M］. 刘成富, 等, 译. 南京：南京大学出版社, 2008.

[37] 史蒂芬·罗森鲍姆. 为什么搜寻将被淘汰：在内容被淹没的网络世界, 策展才是王道［M］. 黄贝玲, 译. 台北：美商麦格罗希尔国际股份有限公司台湾分公司, 2012.

[38] 石树元. 社交电商生态思维［M］. 北京：华文出版社, 2019.

[39] 石岩. 高等教育心理学［M］. 太原：山西人民出版社, 2014.

[40] 孙向晨. 面对他者：莱维纳斯哲学思想研究［M］. 上海：生活·读

书·新知三联书店，2015.

[41] 西格蒙德·弗洛伊德. 自我与本我［M］. 涂家瑜，等，译. 福州：海峡文艺出版社，2018.

[42] 许燕. 人格心理学［M］. 北京：北京师范大学出版社，2009.

[43] 吴国盛. 技术哲学经典读本［M］. 上海：上海交通大学出版社，2008.

[44] 吴国盛. 技术哲学讲演录［M］. 北京：中国人民大学出版社，2016.

[45] 西美尔. 货币哲学（上）［M］. 北京：华夏出版社，2002.

[46] 雪莉·特克尔. 重拾交谈：走出永远在线的孤独［M］. 王晋，等，译. 中信出版社，2017.

[47] 雪莉·特克尔. 群体性独孤：为什么我们对科技期待更多，对彼此却不能更亲密？［M］. 周逵，等，译. 杭州：浙江人民出版社，2014.

[48] 尤尔根·哈贝马斯. 交往行为理论［M］. 曹卫东，译. 上海：上海人民出版社，2018.

[49] 约翰·杜威. 经验与自然［M］. 傅统先，译. 上海：商务印书馆，2017.

[50] 约书亚·梅罗维茨. 消失的地域：电子媒介对社会行为的影响［M］. 肖志军，译. 北京：清华大学出版社，2002.

[51] 詹姆斯·凯瑞. 作为文化的传播［M］. 丁未，译. 北京：华夏出版社，2005.

[52] 郑永年. 技术赋权——中国的互联网、国家与社会［M］. 邱道隆，译. 上海：东方出版社，2014.

中文期刊

[1] 蔡骐，黄瑶瑛. 新媒体传播与受众参与式文化的发展［J］. 新闻记者，2011（8）：28—33.

[2] 陈一民. 语言学层面的网络流行语解读［J］. 中南林业科技大学学报，

2008（6）：94—97.

［3］丁方舟．"理想"与"新媒体"：中国新闻社群的话语建构与权力关系［J］．新闻与传播研究，2015（3）：13．

［4］范东升．用户联结：拯救纸媒的"诺亚方舟"［J］．新闻记者，2015（9）：5．

［5］范以锦．传统媒体：为何还要坚守？如何坚守？［J］．青年记者，2017（12）：65—66．

［6］范以锦．人工智能在媒体中的应用分析［J］．新闻与写作，2018（2）：60－63．

［7］方文．群体符号边界如何形成？——以北京基督新教群体为例［J］．社会学研究，2005（1）：26—35．

［8］房新宁，李川．网络流行语在新闻语言中的应用［J］．新闻知识，2012（3）：15—16．

［9］郭双．新精神分析学派的心理发展理论述评［J］．社会心理科学，2012（9）：43—47．

［10］何道宽．媒介即文化——麦克卢汉媒介理论批评［J］．现代传播，2000（6）：27．

［11］胡翼青，王焕超．媒介理论范式的兴起：基于不同学派的比较分析［J］．现代传播，2020（4）．

［12］纪莉．在两极权力中冲撞与协商——论媒介融合中的融合文化［J］．现代传播，2009（1）：45—48．

［13］康瑾．原生广告的概念、属性与问题［J］．现代传播，2015（3）：114．

［14］兰洁．自媒体视频节目的传播特性与竞争力提升——以《晓说》和《罗辑思维》为例［J］．青年记者，2014（11下）：74．

［15］李德刚，何玉．新媒介素养：参与式文化背景下媒介素养教育的转向［J］．中国广播电视学刊，2007（12）：39—40．

［16］廖友国. 网络流行语兴盛的心理动因探析［J］. 牡丹江教育学院学报, 2009（1）: 116—160.

［17］刘伟民. 网络流行语研究与话语理论［J］. 编辑学刊, 2009（6）: 55—58.

［18］刘悦笛. 从日常生活"革命"到日常生活"实践"——从情境主义国际失败看"生活美学"未来［J］. 文艺理论研究, 2016（3）: 110—119.

［19］逯彦萃. 网络流行语的传播原因及效应［J］. 新闻爱好者, 2010（8）: 44—45.

［20］陆晔, 潘忠党. 成名的想象: 中国社会转型过程中新闻从业者的专业主义话语建构［J］. 新闻学研究, 2002（71）: 20.

［21］栾春晖. 媒体人的几次离职潮［J］. 青年记者, 2015（3）: 104.

［22］彭兰. 更好的新闻业, 还是更坏的新闻业？——人工智能时代传媒业的新挑战［J］. 中国出版, 2017（24）: 3—8.

［23］彭兰. 新媒体传播: 新图景与新机理［J］. 新闻与写作, 2018（7）: 5—11.

［24］钱奕李. 浙江日报报业集团转型的探索与实践［J］. 新媒体研究, 2018（11）: 98—99.

［25］裘新. 潮来潮往 皆为光辉岁月 争当上海文化品牌龙头［J］. 新闻战线, 2018（3）: 2.

［26］孙玮. 微信: 中国人的"在世存有"［J］. 学术月刊, 2015（12）: 5—18.

［27］孙玮. 交流者的身体: 传播与在场——意识主体、身体—主体、智能主体的演变［J］. 国际新闻界, 2018（12）: 83—103.

［28］王武彬. 传统媒体创业的三条道路［J］. 中国记者, 2015（8）: 29—30.

［29］王宜燕. 阅听人研究实践转向理论初探［J］. 新闻学研究, 2012（113）: 39—75.

［30］王蕾. 亨利·詹金斯及其融合文化理论分析［J］. 东南传播, 2012（9）: 11—13.

[31] 王月. 新世纪中国网络写作的产业化 [J]. 文艺研究, 2012 (5): 86—93.

[32] 西奥多·莱维特. 营销短视症 [J]. 哈佛商业评论（译辑）, 2004 (1) 44—63.

[33] 徐达内. 微信公众号的五类商业"变现"模式 [J]. 新闻与写作, 2015 (7): 13.

[34] 杨国斌. 中国互联网的深度研究 [J]. 新闻与传播评论, 2017 (1): 22—24.

[35] 杨萍. 网络流行语：网民自主话语生产的文化景观 [J]. 新闻前哨, 2010 (4): 87—89.

[36] 岳改玲. 小议新媒介时代的参与式文化研究 [J]. 理论界, 2013 (1): 152—154.

[37] 张志安, 汤敏. 新新闻生态系统：中国新闻业的新行动者与结构重塑 [J]. 新闻与写作, 2018 (3): 56—65.

[38] 郑丹娘. "网络流行语"与青少年"自说自话" [J]. 中国青年研究, 2001 (4): 21—23.

[39] 朱松林. 分化与整合：传统数字化转型中的创业组织模式 [J]. 国际新闻界, 2014 (1): 124.

其他中文参考文献

[1] 白红义. "下个路口见"：中国离职新闻人的告别话语研究 [R]. 上海传媒发展报告2015, 社会科学文献出版社, 2015: 286.

[2] 陈白云. 浙江日报报业集团：以资本之手叩开融合之门 [N]. 中国新闻出版报, 2014-09-02.

[3] 崔洁, 肖水金. "天价烟局长"周久耕案的前前后后是是非非 [N]. 检察日报, 2009-10-20.

[4] 弗里德里希·基特勒. 传播媒介史绪论 [G]. 文化研究（第13辑）.

北京：社会科学文献出版社，2013：235—253.

［5］姬诗文. 网红经济是否终将倒下［N］. 科技日报，2016-06-15.

［6］京畿部长. 从"雨女无瓜"这种网络黑话中，一窥流行语背后的社会心理变迁［DB/OL］. 2019-06-03. https：//zhuanlan. zhihu. com/p/67879434.

［7］刘念. 也说"佛系青年"（民生观）［N］. 人民日报，2017-12-13（13）.

［8］刘阳. "网红经济"，昙花一现还是未来趋势［N］. 人民日报，2016-03-31.

［9］彭晓玲. 疫情蔓延时期，实体书店的死活题与脱困术［N］. 第一财经，2020-03-06.

［10］清博大数据. 2017年十大网络舆情反转案［DB/OL］. 2017-12-05. https：//baijiahao. baidu. com/s？id=1585845132210297442&wfr=spider&for=pc.

［11］清博大数据. 2018年十大网络舆情反转案［DB/OL］. 2018-12-21. https：//www. sohu. com/a/283513757_ 114751.

［12］裘新. 转型发展与产业变局——打造新型主流媒体集团［EB/OL］. 2016-04-11. https：//www. chinaventure. com. cn/cmsmodel/news/detail/ 294580. shtml.

［13］姚亚奇. 逆风飞扬，文旅行业寻找春的消息［N］. 光明日报，2020-03-05（11）.

［14］沈阳等. 网红时代的来临研究报告［R/OL］. ［2015-12-10］. http：//home. gsdata. cn/news-report/research-report/485. html.

［15］王晓易. 网红孵化器助推网红经济［N］. 北京晨报，2016-04-24.

［16］吴姿娴. 从中间开始：论日常中的媒介使用［D］. 台北：台湾政治大学，2014：20-21.

［17］夏嘉雯. 我们无话不谈 却还是很孤独［N］. 南方都市报（广州版），2014-08-25（2）.

［18］严锋新浪微博：https：//weibo. com/yanlaoge？is_ hot=1.

［19］杨岳. 获注资6000万，"上游新闻"靠什么争得上游？［DB/OL］.

2016 - 02 - 04，蓝媒汇，http：//lanmeih. com/show/10000566.

[20] 岳改玲. 新媒体时代的参与式文化研究［D］. 武汉：武汉大学博士学位论文，2010：1—2. http：//203. 95. 6. 45：7081/s/net/cnki/kns/G. https/kcms/detail/detail. aspx？dbcode＝CDFD&dbname＝CDFD1214&filename＝1011065747. nh&v＝B8P54xw24％25mmd2FoZWTBG67VwS6qG4ZXJr8X％25mmd2F2zCFlk7aSBi62Gn1a8RCwUwp-RBcqgrIS.

[21] 张丰. 都市青年的孤独："浅型社交"正改变人际关系本质［N］. 新京报，2018 - 12 - 11（4）.

[22] 张燕. 揭秘网红孵化器：批量生产 新网红月入 10 万［N］. 中国经济周刊，2016 - 04 - 12.

[23] 浙报传媒集团股份有限公司. 浙报传媒集团股份有限公司 2015 年度审计报告［R/OL］，http：//pg. jrj. com. cn/acc/CN_ DISC/STOCK_ TIME/2016/04/09/600633_ nb_ 1202157595. PDF.

[24] 周琼媛. 微信孤独症的五种症状，你占了几条？［DB/OL］. ［2014 - 10 - 13］. http：//read. bbwc. cn/vlthao. html.

[25] 周世玲. 实体书店的疫期自救：开直播带货、建线上社群［N］. 新京报，2020 - 03 - 08.

[26] 朱学蕊. 狂欢理论视域下的"网络红人"现象研究［D］. 兰州：兰州大学硕士学位论文，2010：19 ［2010 - 04 - 01］. http：//203. 95. 6. 45：7081/s/net/cnki/kns/G. https/kcms/detail/detail. aspx？dbcode＝CMFD&dbname＝CMFD2010&filename＝2010130481. nh&v＝Wvb0GOf1jfS7G6RrCVOmK3kpZcvrfIS9r5I％25mmd2F92293B0AXsNo99glWD9Rds8Ysp6H.

[27] 中国互联网信息中心. 1986 年～1993 年互联网大事记［R］. ［2009 - 05 - 26］. Http：//www. cnnic. net. cn/hlwfzyj/hlwdsj/201206/t20120612_ 27414. htm.

[28] 中国互联网信息中心. 1994 年～1996 年互联网大事记［R］. ［2009 - 05 - 26］. Http：//www. cnnic. net. cn/hlwfzyj/hlwdsj/201206/t20120612_ 27415. htm.

[29] 中国互联网信息中心. 1997 年～1999 年互联网大事记［R］. ［2009 - 05 -

26］. http：//www.cnnic.net.cn/hlwfzyj/hlwdsj/201206/t20120612_27414.htm.

［30］中国互联网信息中心.2000年~2001年互联网大事记［R］.［2009-05-26］. http：//www.cnnic.net.cn/hlwfzyj/hlwdsj/201206/t20120612_27417.htm.

［31］中国互联网信息中心.2002年~2003年互联网大事记［R］.［2009-05-26］. http：//www.cnnic.net.cn/hlwfzyj/hlwdsj/201206/t20120612_27418.htm.

［32］中国互联网络信息中心.2004年中国互联网发展大事记［R］.［2009-05-26］. http：//www.cnnic.net.cn/hlwfzyj/hlwdsj/201206/t20120612_27419.htm.

［33］中国互联网络信息中心.2005年中国互联网发展大事记［R］.［2009-06-04］. http：//www.cnnic.net.cn/hlwfzyj/hlwdsj/201206/t20120612_27420.htm.

［34］中国互联网络信息中心.2006年中国互联网发展大事记［R］.［2009-06-04］. http：//www.cnnic.net.cn/hlwfzyj/hlwdsj/201206/t20120612_27421.htm.

［35］中国互联网络信息中心.2007年 中国互联网发展大事记［R］.［2009-06-04］. http：//www.cnnic.net.cn/hlwfzyj/hlwdsj/201206/t20120612_27422.htm.

［36］中国互联网络信息中心.2008年中国互联网发展大事记［R］.［2009-06-04］. http：//www.cnnic.net.cn/hlwfzyj/hlwdsj/201206/t20120612_27423.htm.

［37］中国互联网络信息中心.2009年中国互联网发展大事记［R］.［2010-03-30］. http：//www.cnnic.net.cn/hlwfzyj/hlwdsj/201206/t20120612_27424.htm.

［38］中国互联网络信息中心.2010年中国互联网发展大事记［R］.［2010-05-10］. http：//www.cnnic.net.cn/hlwfzyj/hlwdsj/201206/t20120612_27425.htm.

［39］中国互联网络信息中心.2011年中国互联网发展大事记［R］.［2011-11-30］. http：//www.cnnic.net.cn/hlwfzyj/hlwdsj/201206/t20120612_27426.htm.

［40］中国互联网络信息中心.2013年中国互联网发展大事记［R］.［2014-05-21］. http：//www.cnnic.net.cn/hlwfzyj/hlwdsj/201405/t20140521_47077.htm.

［41］中国互联网络信息中心.2016年中国互联网新闻市场研究报告［R］.［2017-01-11］. http：//www.cnnic.cn/hlwfzyj/hlwxzbg/mtbg/201701/t20170111_66401.htm.

［42］中华人民共和国教育部.汉语盘点：2018年十大网络用语发布［DB/

OL]. http：//www. moe. gov. cn/jyb_ xwfb/gzdt_ gzdt/s5987/201812/t20181219_ 364094. html，2018 - 12 - 19.

英文书籍

[1] Abercrombie, N. , Longhurst, B. Audiences：A Sociological Theory of Performance and Imagination [M]. London：Sage, 1998.

[2] A Ekström, S Julich, F Lundgren, P Wisselgren. History of Participatory Media, Politics and Publics [M]. New York：Routledge, 2011.

[3] Allport, G. W. The nature of prejudice (abridged). Garden City [M]. NY：Anchor Books, 1954.

[4] Charles H. Cooley. Theory of Transportation, The Economic Journal, 1895：70.

[5] Deleuze, G. , & Guattari, F. A thousand plateaus [M] (B. Massumi, Trans.) (p). Minneapolis：University of Minnesota Press, 1987.

[6] Dollard, J. O. H. , Sears, R. R. Frustration and aggression [M]. New Haven：Yale University Press, 1939.

[7] G Ritzer. Sociological theory：Its development and major Paradigms [M]. New York：McGraw – Hill, 1992.

[8] Henri Lefebvre. Critique of Everyay Life [M]. London and New York：Verso, 1991.

[9] Henry Jenkins. Quentin Tarantino's Star Wars? Digital Cinema, Media Convergence, and Participatory Culture [C]. Media and Cultural Studies：Keyworks, Malden：Wiley Blackwell Publisher, 2003.

[10] Henry Jenkins, Convergence Culture：Where Old and New Media Collide [M]. New York ：New York University Press, 2006.

[11] Henry Jenkins. Confronting the Challenges of Participatory Culture：Media Education for the 21st Century [M]. Cambridge：the MIT Press, 2009.

[12] Henry Jenkins, Mizuko Ito, danah boyd. Participatory Culture in a Networked Era: A Conversation on Youth, Learning, Commerce, and Politics [M]. New Jersey: Wiley, 2015.

[13] Jake Batsell. Engaged Journalism: Connecting with Digitally Empowered News Audiences [M]. New York: Columbia University Press, 2015.

[14] Lukacs, G. History and class consciousness [M]. London: Merlin Press, 1977.

[15] Massanari, Adrienne. Participatory Culture, Community, and Play learning from reddit [M]. New York: Peter Lang, 2015.

[16] M De Certeau. The Practice of Everyday Life [M]. Translated by S Rendall. Berkeley: University of California, 1984.

[17] Mirko Tobias Schafer. Bastard Culture! How User Participation TransformsCultural Production [M]. Amsterdam: Amsterdam University Press, 2011.

[18] Nick Couldry, Andreas Hepp. The Mediated Construction of Reality [M]. Cambridge: Polity Press, 2017.

[19] Peplau, Letitia Anne. Loneliness: A Sourcebook of Current Theory, Research and Therapy [M]. Devon: John Wiley & Sons, 1982.

[20] Pertti Alasuutari. Rethinking the Media Audience: The New Agenda [M]. London: Sage Publication, 1999.

[21] T Bennett, D Watson. Understanding everyday life [M]. Oxford: Blackwell Publishers, 2002.

[22] WE Bijker, TP Hughes, T Pinch. The social construction of technological systems: New directions in the sociology and history of technology (Anniversary ed.). Cambridge: MA: MIT Press, 2012.

英文期刊

[1] Adriane J. Brown. Distinctly Digital: Subjectivity and Recognition in Teenage

Girl's Online Self-resentation [D]. Columbus: Ohio State University, 2011.

[2] Armitage, John. From discourse networks to cultural mathematics: an interview with Fredrich A. Kittler [J]. Theory, Culture &Society, 2006, 23 (7-8): 17-38.

[3] Aswin Punathambekar. Reality TV and Participatory Culture in India" [J]. Popular Communication, 2010, 8 (4): 241-255.

[4] Bahroun, Allan, Rewriting the history of computerized media in China, 1990s—today [J]. Studies in Communication & Culture, 2016, 7 (3): 327-343.

[5] Baumeister, R. F. A self-presentational view of social phenomena [J]. Psychological Bulletin, 1982, 91: 2-36.

[6] Belk Russell. Extended self and the digital world [J]. Current Opinion in Psychology, 2016, 10: 50-54.

[7] BernieHogan. The presentation of self in the age of social media: Distinguishing performances and exhibitions online [J]. Bulletin of Science, Technology & Society, 2010, 30 (6): 377-386.

[8] Bjarki Valtysson. Democracy in Disguise: the Use of Social Media in Reviewing the Icelandic Constitution [J]. Media, Culture & Society, 2014, 36 (1): 52-68.

[9] Bortree D S. Presentation of Self on the Web: an ethnographic study of teenage girls [J]. Education Communication & Information, 2005, 5 (1): 25-39.

[10] Brian D. Loader, William H. Dutton. A Decade in Internet Time. Information-The dynamics of the Internet and society [J]. Communication& Society, 2012, (5): 609-615.

[11] Christy Dena. Emerging Participatory Culture Practices: Player-Created Tiers in Alternate Reality Games [J]. Convergence: The International Journal of Research into New Media Technologies, 2008, 14 (41): 41-57.

[12] Cohen C J, Kahne. Participatory politics: New media and youth political action [R]. Chicago: MacArthur Foundation, 2012.

[13] Denise Sevick Bortree, Presentation of self on the Web: an ethnographic

study of teenage girls' weblogs [J]. Journal: Education, Communication & Information, 2005: 25-39.

[14] Dominick J R. Who do you think you are? Personal home pages and self-presentation on the world wide web [J]. Journalism & Mass Communication Quarterly, 1999, 76 (4): 646-658.

[15] Eileen D. Crowley. Digital Media Art-Making in Small Group Faith Formation: An Occasion for Experiencingin Today's Participatory Cultures [J]. Communication Research Trends, 2013, 32 (3): 38-43.

[16] Eileen Y L Ong, etc. Narcissism, extraversion and adolescents' self-presentation on Facebook [J]. Personality & Individual Differences, 2011, 50 (2): 180-185.

[17] Elizabeth Bird, et al. Participations: Dialogues on the Participatory Promise of Contemporary Culture and Politics Part4: Knowledge and Education [J]. International Journal of Communication, 2014, 8 (1): 1216-1242.

[18] Ganaele Langlois. Participatory Culture and the New Governance of Communication: The Paradox of Participatory Media [J]. Television & New Media, 2012, 14 (2): 91-105.

[19] Gonzalez, A. L., Hancock, J. T. Mirror, mirror on my Facebook wall: Effects of exposure to Facebook on self-esteem [J]. Cyberpsychology, Behavior, and Social Networking, 2011, 14: 79-83.

[20] Henrik Örnebring. Alternate reality gaming and convergence culture: The case of Alias [J]. International Journal of Cultural Studies, 2007, 10 (4): 445-462.

[21] Henry Jenkins, Nico Carpentier. Heorizing Participatory Intensities: A Conversation about Participation and Politics Convergence [J]. The International Journal of Research into New Media Technologies, 2013, 19 (3): 265-286.

[22] Hope Jensen Schau, Mary C. Gilly. We Are What We Post? Self-Presentation in Personal Web Space [J]. Journal of Consumer Research, 2003, 2: 385-404.

[23] Hugh Miller, The Presentation of Self in Electronic Life: Goffman on the Internet, Embodied Knowledge and Virtual Space Conference, 1995 [C]. University of London, 1995.

[24] Janice Waldron. User – generated content, YouTube and participatory culture on the Web: music learning and teaching in two contrasting online communities [J]. Music Education Research, 2013, 15 (3): 257 – 274.

[25] Jean Burgess, Joshua Green. YouTube: Online Video and Participatory Culture [J]. European Journal of Communication, 2020, 1 – 4.

[26] Jennifer L Gibbs, Nicole B Ellison, Rebecca D Heino. Self – Presentation in Online Personals: The Role of Anticipated Future Interaction, Self – Disclosure, and Perceived Success in Internet Dating [J]. Communication Research, 2006, 33 (2): 152 – 177.

[27] Jessica Clark, et al. Participations: Dialogues on the Participatory Promise of Contemporary Culture and Politics Part4: Platforms [J]. International Journalof Communication, 2014, (8): 1216 – 1242.

[28] Jones E E, Pittman T S. Toward a general theory of strategic self – presentation [J]. Psychological perspectives on the self, 1982, 1: 231 – 262.

[29] Jung T, Youn H, Mcclung S. Motivations and self – presentation strategies on Korean – based "Cyworld" weblog format personal homepages [J]. Cyberpsychology & behavior: the impact of the internet, multimedia and virtual reality on behavior and society, 2007, 10 (1): 24.

[30] Kane, C. M. I'll See You on Myspace: Self – Presentation in a Social Network Site [D]. Cleveland: Cleveland State University, 2008.

[31] Karen Mccullagh. Blogging: self – presentation and privacy [J]. Information & Communications Technology Law, 2008, 17 (1): 3 – 23.

[32] Katherine Walker. It's Difficult to Hide It: The Presentation of Self on Internet Home Pages [J]. Qualitative Sociology, 2000, 23: 99 – 120.

[33] Kramer, N. C., Winter, S. Impression management 2.0: The relationship ofself – esteem, extraversion, self – efficacy, and self – presentation within social networking sites [J]. Journal of Media Psychology, 2008, 20: 106 – 116.

[34] Kristine E. Raymer. The effects of social media sites on self – esteem [D]. Masters of Arts in School Psychology at Rowan University, 2015.

[35] Liam Bullingham, Ana C. Vasconcelos: "The presentation of self in the online world": Goffman and the study of online identities [J]. Journal of Information Science, 2013, 39 (1): 101 – 112.

[36] Margaret – Anne Storey, Alexey Zagalsky, et al. How Social and Communication Channels Shape and Challenge a Participatory Culture in Software Development [J]. IEEE Transactions on software engineering, 2017, 43 (2): 185 – 204.

[37] Meyrowitz, J. The rise of glocality: New senses of place and identity in the global village [J]. In K. Nyíri (Ed.), A sense of place: The global and local in mobile communication, Vienna, AT: Passagen Verlag, 2005, 21 – 30.

[38] Michikyan, M., Dennis, J. Subrahmanyam, K. Can you guess who I am? Real, ideal, and false self – presentation on Facebook among emerging adults [J]. E-merging Adulthood, 2015, 3 (1): 55 – 64.

[39] Michikyan, M., Subrahmanyam, K., Dennis, J. Can you tell who I am? Neuroticism, extraversion, and online self – presentation among young adults [J]. Computers in Human Behavior, 2014, 33: 179 – 183.

[40] Mikko Villi. Social curation in audience communities: UDC (user – distributed content) in the networked media ecosystem [J]. Participations: The International Journal of Audience and Reception Studies, 2012, 9 (2): 614 – 632.

[41] Monica T. Whitty. Revealing the "real" me, searching for the "ractual" you: Presentations of self on an internet dating site [J]. Computers in Human Behavior, 2008, 24 (4): 1707 – 1723.

[42] Ndirangu Wachanga. Participatory Culture in an Emerging Information Eco-

system: Lessons from Ushahidi [J]. Communication: South African Journal for Communication Theory & Research, 2012, 38 (2): 195-212.

[43] Nick Couldry. Theorising media as practice [J]. Social Semiotics, 2004, 14 (2): 115-132.

[44] Rosanna E, Guadagno, Bradley M, et al. Dating deception: Gender, online dating, and exaggerated self-presentation [J]. Computers in Human Behavior, 2012, 28: 642-647.

[45] Ryan. Gillespie. The Art of Criticism in the Age of Interactive Technology: Critics, Participatory Culture [J]. International Journal of Communication, 2012, (6): 56-75.

[46] Sarah Banet-Weiser, et al. Participations: Dialogues on the Participatory Promise of Contemporary Culture and Politics Part 1: Creativity [J]. International Journal of Communication 2014, 8 (1): 1069-1088.

[47] Shanyang Zhao. The Digital Self: Through the Looking Glass of Telecopresent Others [J]. Symbolic Interaction, 2011, 28 (3): 387-405.

[48] Soraya Mehdizadeh. Self-presentation 2.0: narcissism and self-esteem on Facebook [J]. Cyberpsychology Behavior & Social Networking, 2010, 13 (4): 357-364.

[49] Steffen Dalsgaard. Facework on Facebook: The Presentation of Selfin Virtual Life and Its Role in the US Elections [J]. Anthropology Today, 2008, 24 (6): 8-12.

[50] Strano, M. M. , Wattai, Q. J. Covering your face on Facebook: Suppression as identity management [J]. Journal of Media Psychology, 2012, 24 (4): 166-180.

[51] Tarleton Gillespie. The politics of "platforms" [J]. New Media & Society. 2010, 12 (3): 347-364.

[52] Trammell K D, Keshelashvili A. Examining the New Influencers: A Self-Presentation Study of A-List Blogs [C]. the annual meeting for Signal Processing Conference, 343-347, 2005.

[53] Walther J B, Van DerHeide B, Kim S Y, et al. The role of friends' appear-

ance and behavior on evaluations of individuals on Facebook: Are we knownby the company we keep? [J]. Human Communication Research, 2008, 34: 28 - 49.

[54] Weiyu Zhang, Chengting Mao. Fan Activism Sustained and Challenged: Participatory Culture in Chinese Online Translation Communities [J]. Chinese Journal of Communication, 2013, (6): 45 - 61.

[55] Zeynep Tufekci. Algorithmic Harms Beyond Facebook and Google: Emergent Challenges of Computational Agency [J]. Colorado Technology Law Journal, 2015, 13 (2): 203 - 217.

[56] Zizi Papacharissi. The Presentation of Self in Virtual Life: Characteristics of Personal Home Pages [J]. Journalism & Mass Communication Quarterly, 2002, 79 (3): 643 - 660.

后 记

本书是在我博士后报告的基础上修改完成的。距离进入复旦大学新闻学博士后流动站刚好七年，七年的阶段性思考即将画上句号。还记得七年前决定做这个题目时的欣喜与忐忑。周围有不少声音为我慨叹题目过于宏观，我也在摸索前行中时常感觉力不从心。置身于互联网中，在技术的不断迭代与裹挟中，跟从与适应都来不及，思考这一宏观、待解的问题更是极具挑战。之所以没有放弃，是因为自己确实喜欢这些宏观却又与当下社会息息相关的现象与问题。尽管能力有限，仍愿意在尝试中展现真实的自己，不惧怕期间露出的笨拙。

感谢我的博士后导师孟建老师，恩师在学术与工作中的精进、向前，为人处世、待人接物时的宽和与包容，时刻触动着我，这是我一生的功课！幸遇恩师，唯有谨记师恩，不断向前，不负所获。

感谢复旦大学新闻学院的童兵老师、黄瑚老师、黄旦老师、刘海贵老师、张大伟老师、张殿元老师等各位老师在写作过程中提出的诸多建议与帮助，才使我对"互联网自我呈现行为的演化"这一问题有了更多面、深入的思考。

感谢胡冯彬、张婵、匡淑平、刘兢、刘泱育、陈长松、徐健等的

| 后 记 |

同行与勉励!

　　感谢上海社会科学院新闻研究所所长徐清泉先生、强荧先生,以及新闻研究所全体同仁的支持、关心和勉励,为我潜心研究提供了保证。

　　感谢上海社会科学院新闻研究所的全体研究生们,感恩每一堂课上的思想碰撞,为我提供了更多样的思考视角,帮助我看到了不同的世界。

　　感谢家人的支持、奉献与成全!

　　感恩走过的所有岁月,成全了今日的我!唯有精进向前,不负岁月馈赠!

王　月
2021 年 3 月 29 日

2